“传播法研究”丛书

丛书主编 / 展 江 徐 迅

学术顾问 / 魏永征

探索第三种规范

对媒体法与伦理结合模式的研究

徐 迅◎著

中国出版集团

世界图书出版公司

广州·上海·西安·北京

图书在版编目（CIP）数据

探索第三种规范：对媒体法与伦理结合模式的研究 / 徐迅著. -- 广州：世界图书出版广东有限公司，2015.6
ISBN 978-7-5100-9649-5

Ⅰ. ①探… Ⅱ. ①徐… Ⅲ. ①媒体－文集 Ⅳ. ① G206.2-53

中国版本图书馆 CIP 数据核字（2015）第 129881 号

探索第三种规范——对媒体法与伦理结合模式的研究

策划编辑 赵 泓
责任编辑 汪再祥
封面设计 梁嘉欣
出版发行 世界图书出版广东有限公司
地　　址 广州市新港西路大江冲 25 号
电　　话 020-84459702
印　　刷 虎彩印艺股份有限公司
规　　格 787mm×1092mm 1/16
印　　张 20
字　　数 300 千
版　　次 2015 年 5 月第 1 版 2017 年 2 月第 2 次印刷
ＩＳＢＮ 978-7-5100-9649-5/G·1848
定　　价 48.00 元

“传播法研究”丛书

总序

传播法（communication law），又称媒介法、媒体法（media law）、大众传媒法（mass media law），是指调整与信息传播活动这一特定社会活动有关的各类社会关系的法律规范的总和。通常说的新闻法、新闻传播法，是其中重要组成部分。传播法是一个学术概念，除个别国家外，通常并没有传播法这样一部法律，也不是传统意义上的法律部门。它不是根据调整社会关系的性质和方法为标准，而是以其调整信息传播这个特定社会活动为目标、打破现有法律部门的分野而重新排列组合的一种综合性的法律规范的体系。

我国法律体系中包括宪法相关法、民商法、行政法、经济法、社会法、刑法、诉讼和非诉讼程序法等多个法律部门，在这些法律部门里，只要是用来调整信息传播活动的，就是传播法的内容。传播法涉及所有现行的公法和私法领域，传播法研究主要涉及宪法、诽谤法、隐私法、侵权责任法、知识产权法、诉讼法、保密法、信息法、电信法、广告法等以及关于各类特定媒体的专门法。

我国对传播法的研究始于上世纪80年代。30年来，作为一门跨学科的边缘性研究，新闻传播学界和法学界的众多学人携手合作、相互切磋，作出了重大成绩。许多研究成果，从不同侧面推动了国家社会主义法制建设，从而丰富了现有传播法的内容，同时经过各种阐释和传播，推动广大专业从业人员和以各种方式参与传播活动的人们知法用法，夯实了传播法治的基础。

编选出版这套传播法丛书，希望为有志于传播法研究的广大学人搭建一座平台，推广和交流各项成果，推进整个传播法的研究，这在当前尤其意义重大。

首先，随着传播科技迅猛发展，各类媒体趋向融合，新兴媒体不断出现，整个传播格局发生了颠覆性的变化，单一的专业的大众传播渠道已经变为专业的大众传播和广大自媒体生成内容（UGC）并行互动的局面，媒体的功能也从单一的传播信息而日益进入社会的经济、文化生活的诸多领域（互联网 +），这对传播活动的规范不断提出了新的挑战，如何建立一个既能切实保障人们的表达自由、传播自由，又能有效维护他人各种合法权益和社会公共利益的传播新秩序，这是全世界都面临的一个课题，我国的传播法研究理应为国际社会做出应有的贡献。

其次，在国内，随着我国形成社会主义法律体系，中央又做出了全面推进依法治国的决定，在各个社会领域推进社会主义法治建设。在传播领域，如何进一步弘扬宪法的权威，切实在宪法的实施和监督上下功夫，如何按照全面反映客观规律和人民意愿的要求，克服利益博弈的倾向，推进传播法制建设，都有大量工作要做，传播法研究完全应该也可以对一些重大问题作出科学而有价值的回答。

其三，法律的生命力和权威在于实施，而实施的基础在于得到广大人民群众的广泛认同。某一条法律规定再好，人民群众特别是主要的相关权利和义务主体还不知道、不了解，这样的规定无异束诸高阁，是谈不上切实贯彻实施的，这种现象在传播法领域也时有发现。传播法研究可以通过对现行法律法规的解读、阐述，对其实务应用的评说，将这些规范进一步推向广大人民群众特别是专业工作者，这样才谈得上可能真正实现传播法治。

希望这套丛书能够不断推出传播法研究的成果。

魏永征

2015 年 5 月 5 日于上海悉尼阳光

序

徐迅的学问

——法理、学理与新闻实践的融合

君子之交淡如水。我与徐迅相识于新闻学术会议10多年了，各自都很忙，认识了，但无事都不联系。2006年1月20日，她因为一件学案想听取我的意见，我们才第一次通邮件，持续讨论到3月6日，来回14个邮件，她的办事认真与“法治”态度令人钦佩。2008年4月14日，我有一个涉及新闻法的问题求教于她，4天内我们来回7次邮件，我是求教，她最后的一句话却是：“写下这些，像完成一份作业，您意见如何？”最近我们合作组织一个学术会议，除了直接通电话，20天内我们的来往邮件多达30个，最密集的为一天8个邮件，显现出她对工作的周全考虑和很强的组织能力。

正是由于她具有这样的良好素养，她在媒体法律顾问的岗位上做出了超出新闻传播学教学-学术岗位多数人水平的学术成就，这本书可以明证。徐迅以中央人民广播电台法律顾问的岗位为原点，着力发展与她的法学专业最为接近的新闻法治、新闻职业道德这两个新闻传播学的研究领域，从法学延展到新闻传播学，立足新闻传播实践，横跨“三界”。但她不追求在新闻传播学研究的面上开花，而是在她较为熟悉的两个相对小的专门领域深掘下去，成为新闻传播学界内不多的既懂法律又懂新闻、既懂伦理又懂新闻的专家。她的成长道路，值得作为新闻传播学科人才培养的一种路数来研究。很多年前我看到符号学研究者董小英一本书的序言，她的导师就其研究进程说了一句话：深掘下去，挖出水来，然后再漫开去。徐迅的学术成长，也是循着这个路数。然而，现在我国新闻传播学界的年轻人中，这样做的并不多，哪个热门就写哪个，急于到处开花，显现不出自己有什么研究专长，这很不利于一个人的全面发展。拥有了自己的研究专长之后，再慢慢延展自己的涉猎范围，才是成才正道。

徐迅拥有丰富的关于新闻官司、各种新闻界违规现象和新闻维权问题的一线工作经验，善于观察和思考如何正确处理新闻与法律、伦理的相互关系，又勤于写作和为新闻界授课，因而能够及时跟进新闻传播学的研究步伐，引领新闻法治和新闻职业道德研究的方向。她是我国广电行业规范（节目标准）的主要创建者；她关于媒体报道庭审需要遵循的十条规范，被称为“徐十条”，成为这些年我国媒体报道庭审的职业规范的权威依据；她关于媒体隐性采访、新闻诽谤与侮辱的研究、新闻与隐私权研究等，也对规范我国媒体的职业行为产生了一定影响。认真读她这书，就能进入某种学术情境，她的研究成果并不局限于我说的这几方面，涉猎面还要广些，都很有见地。

新闻传播学是一门应用学科，学理与新闻传播实践的结合颇为重要，但新闻传播业界对于学界的主要意见也在于此，即相当多的新闻传播学论著与业界的工作实际不搭界；同样，学界对业界的批评不断，主要在于业界不遵循新闻传播规律或缺乏职业意识，所写的文章只是经验总结，没有水平。徐迅的论著特点，在于将新闻学理、法学理的专业知识与实际问题的有机结合，因而同时得到了新闻学界和新闻业界的肯定。能够做到这一点的人并不多，所以我在这里建议大家读一读她的这本文集，学界的人和业界的人各自领悟一下，自己为什么不能做到学理与实践的结合，或自己为什么写不出有学理的文章来。

陈力丹

2015 年 3 月 15 日于时雨园

目录

第一章

传播内容规范论

一、探索第三种规范

——对媒体法与媒体伦理结合模式的研究[1]

（一）文化产品的规格标准是什么?

进入到大力发展文化产业，推动文化机制与体制创新的改革开放新时代，包括新闻业在内的文化领域已经不仅仅承担宣传教化的功能，正逐步成为国民经济新的增长点，承担着增强国家软实力的重任。

是产业就会有产品，是产品就应当有规格。但是文化产品并非出产自工厂的生产流水线，什么是评价其质量优劣的科学标准？什么是制止不良传播的合理依据呢？仅以广播电视而言，当我们审视它的节目标准与规格时，常

[1] 本文发表于《国际新闻界》杂志 2008 年第八期。

常会发现它很模糊，作为影响巨大的大众传播工具，它的产品规格总是会成为业内、学术界乃至全社会讨论的热点话题。

2006年世界杯足球赛期间，发生了中央电视台足球评论员黄建翔的“激情解说”事件，社会因此产生巨大争议。赞同者说“中国太缺少这样富有激情的足球评论”，要允许解说者的个性化表达；反对者说公共传媒不是球迷俱乐部，因此黄的表现很不职业。[1] 问题是：怎样的解说才符合职业化的需要？解说员的个性化表达如何才是合乎规范的？

2007年7月，北京电视台因播出“纸馅包子”的虚假新闻而受到公众批评，与之相关的一系列责任人受到行政处分，当事记者訾北佳更因此遭受刑事制裁。然而更令业者关注的是制造假新闻的方式：导演与偷拍——这正是当今中国电视新闻常用的手段。问题是：电视新闻是否可以被导演？电视新闻在何种条件下才可以适用偷拍？

2007年下半年起，国家广电总局频频叫停地方电台的“涉性”节目，被传媒统称为“禁止涉性节目”。但仍有部分地方台“性”趣盎然、“性”致勃勃，以至于2008年初仍然有省级电台因此被责令对“负有领导责任者、直接责任者和相关责任人给予严肃处理。”[2] 观察者注意到，在这一系列行政管理行为中，淫秽、色情、性、下流等概念先后出现。问题是：“性”应该被禁止吗？可能被禁止吗？“淫秽”与“色情”是一回事吗？它们与“下流”又是什么关系？

……

这一切都属于同一个问题——节目标准，也就是本文所称的文化产品规格。在中国，广播电视节目的标准似有若无，它无处不在，却又不见系统而明确的文字。有许多学术著作对这些规范有所表达，或者是法学角度的，或者是伦理学及职业道德角度的，它们虽然各有自己的言说体系，在学科领域占有一席之地，但对广播电视节目的制作者和管理者而言，内在的表达逻辑和操作性才显得最为迫切。

---

[1] 魏南江：《主持人：个性化表达≠个人化言说》，新闻记者2006年第八期。

[2] 《湖北人民广播电台经济广播复播涉性下流淫秽节目被查处》，www.sarft.gov.cn

（二）中外广播电视传播内容规范模式之比较

笔者研究了十几个国家和地区的20余种广播电视节目标准的规范性文件，发现与我国有着非常多的不同，其中重要的一点是作为强制性规范的法律不多，作为没有任何强制性的纯自律规范也不多，真正起主导作用的是由行业组织或媒体自身制定并执行的准法律或准自律的管理规范。其中，准法律的规范是由政府依法指定的专业委员会或行业协会制定的、包括实体和程序在内的规范性文件，参照立法的许多技术性方法，表达相当严谨，以原英国独立电视委员会的《节目标准》为代表；准自律规范是由广播电视媒体自行制定的、集法律、职业道德和编辑经验于一身的规范性文件，风格各异，以CNN《新闻标准与操作指南》等为代表。它们共同的特点是具有鲜明的行业特色（法律并不具这一特点），同时具有很强的操作性，全部内容都是为广播电视从业者的采编制作行为做出指引。

但目前我国广播电视节目内容规范模式中，占据主导地位的是他律性（法律、政策、纪律、甚至口头传达的宣传精神等强制性）规范，虽然经过努力，有一批基本不具强制力的自律性规范[1]相继产生，而准法律或准自律性的规范却是一个空白（见下图）。目前这种传统的内容规范模式虽然有其自身的价值，但也存在难以避免的缺陷，而法律依据不足、缺少弹性、管理成本偏高可能是最突出的问题，同时存在的问题还包括：从业者职业道德疲软，行业自律机制生长缓慢，公众在对节目内容的监管中难以发挥作用等等。这种被学术界人士概括为“他律挤压自律”的情形，不符合执政党依法执政、国家依法治国、政府依法行政的民主法治发展趋势，同时也不利于文化产业的发展与繁荣。

[1] 这些文件包括：《中国广播电视从业人员自律公约》《中国广播电视播音员主持人自律公约》《从事未成年人电视宣传工作自律公约》《中国法制节目编辑记者自律公约》《中国电视剧制作行业自律公约》和《中国纪录片工作者自律公约》。见中国广播电视协会编《中国广播电视行业自律与维权报告书》（2007年卷），中国广播电视出版社2007，第223-237页。

中外广播电视媒体传播内容的规范示意图

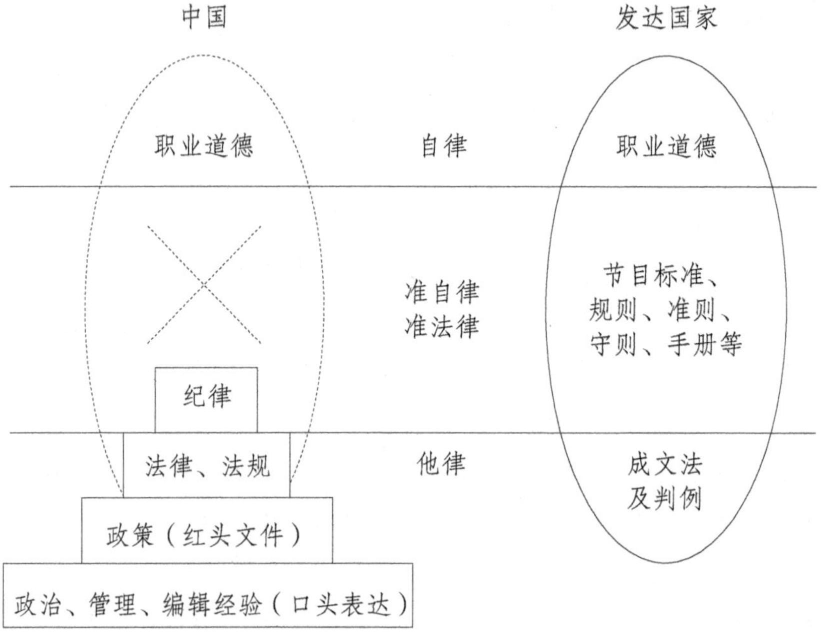

发达国家以准自律或准法律的模式规范广播电视的传播内容并非凭空所想，而是这些国家在长期实践过程中，在两大类基本价值之间不断寻求平衡的结果：一类价值是满足公众知的权利、维护表达（包括言论、出版及艺术创作、科学研究等）自由；另一类价值是保护未成年人、维护公共利益以及实现传媒的社会责任等。显而易见，这两大类价值均十分重要，但它们之间也存在冲突。规范的价值在于，制度的设计者必须在冲突中寻到实现平衡的模式，并通过对这种模式的实践，使人类所追求的、法律所保护的各种正当价值得以实现。

应当承认，西方主要发达国家的上述选择对本国的社会进步做出了贡献。尤其值得高度重视的是，由于表达自由作为基本人权的极端重要性，各发达国家的议会和政府以鼓励行规、推动自律的方式，多次较为成功地避免了以他律限制表达自由，当媒体过于自由、走得太远时，政府或议会或许会发出立法限制表达自由的某种威胁，引导甚至迫使媒介进一步完善自律或准自律机制，却并不轻易通过相关法律加以限制。结果是，一方面，这些国家或政府获得了尊重人权、维护表达自由的好名声；另一面，通过对相关机构的依法管理，对相关人员的依法任免等法律途径，扮演了“后台老板”的角色。显然，这种模式充满了理性与智慧。

处于转轨时期的中国执政党及政府有必要认真研究，吸取其中的有益经验。

（三）我国广播电视现有传播内容规范模式的利弊分析

上图中列举了可以对我国广播电视节目内容产生规范作用的各种因素。当我们用“公开性”“稳定性”“书面化”“约束范围”“约束力”“操作性”等指标加以考察，会发现一些有趣的结论。

	公开性	稳定性	明确性	书面化	约束范围	约束力	行业操作性
法律	公开	最稳定	最明确	文字最少	全体公民、法人及公权力机构	最强	原则性强，行业操作性最差
职业道德	公开	较稳定	明确	文字较多	所有业内人士	无约束力	操作性不一
宣传政策	基本不公开	随时调整不稳定	红头文件表达	文字较多	可接触文件者	较强	政策引导，操作性偏差
宣传纪律	同上	同上	口头表达	基本无文字记录	可听到传达者	很强	具一定操作性
政治、管理及编辑经验	不公开	不稳定	不明确	基本未形成文字	各级管理者职权范围内	终审权的约束力很强	具较强操作性

显然，虽然法律的公开性、稳定性及约束力都是最强的，但它不是给一个行业或一部分人制定的，而是具有普遍的约束力，因此它不可能具有广播电视业为制作节目所需要的操作性。而职业道德虽然具有不同程度的操作性，却因为它主要靠从业者的内心选择，基本不具有强制力，从而降低了约束力。政策、纪律和经验虽然在当下仍然具有较强的约束力和操作性，却因其公开性太差而不符合法治原则，同时它的不稳定也致其规范价值大大缩水。可见，对于制度的设计者而言，以上各种规范不论功效如何，都有明显的缺陷，在鼓励体制创新、制度创新的当今中国，确有必要探索新的规范形式，将以上

各种规范形态的长处加以吸收、归纳与重新组合，产生一个公开的、行业共识的、内容明确的、相对稳定的、书面表达的、具有很强操作性和一定强制力的节目标准。

它的性质应当被定义为“行规”，我将它称为“第三种规范”。

（四）中国广播电视业没有行规

“行规”是“行业规范”的简称。在中国，虽然它远没有发育到成熟的程度，但与媒介相比，目前经济领域中多个行业里，行规建设早已起步，并在规范行业行为方面发挥着日益重要的作用。

关于行规的内容，可以从两个口号先后被提出的过程探寻其中的逻辑：在中国，经济领域最早提出“市场经济就是法制经济”的口号，不久又最早提出“市场经济就是诚信经济”的口号。显然，处于改革开放前沿的中国经济界在自己的实践中切身感受到，法律和道德作为行为规范各有长短，各有不可替代的作用，只靠其中任何一种都难以维系社会的正常秩序——行规应运而生。它是法律与职业道德的结合体，是兼具法律与职业道德的某些特点，又与二者存在诸多不同的第三种规范。

目前，中国的媒体业没有行规可言。最重要的自律文件《中国新闻工作者职业道德准则》已经有 11 年[1]未做修改，它的语言体系是政治化的，同时也缺乏以伦理学为基础而产生的引导力。更为重要的是，十几年来，中国新闻界遇到了一系列崭新的职业道德问题，包括：媒体审判、故意隐瞒事实真相、暴力与血腥、色情与低俗、付费买故事甚至造故事、夸大其辞的炒作、冷漠处理灾难事件和悲剧题材、滥用暗访和偷拍、侵犯公民特别是未成年人隐私、电视业滥用摆拍与再现、接受被采访者的礼品和招待等等，《准则》对这些问题均未做出回答，不能满足实践的需要。广播电视业的情况略好，由中国广播电视协会主持，自 2005 年以来产生了一系列专项自律公约[2]，但操作性差且不具任何强制力还是降低了这些自律规范的应用价值。

---

[1] 《中国新闻工作者职业道德准则》在 2009 年进行了一次修改，本文所指出的问题大多没有做出安排。

[2] 见本书第 3 页注 [1]

比如，虽然任何新闻从业者都承认真实是新闻的生命，但对某些可能挑战“真实”底线的采编方式应持何种态度，在电视业基本没有共识。如果问：新闻可以“再来一遍”吗？可以导演新闻吗？“真实再现”有必要告诉观众吗？不同的媒体、不同的从业者可能有不同的回答和做法。但如果新闻可以“再来一遍”，那么是否可以再来两遍、三遍？如果新闻可以“再来一遍”，那么第二遍是新闻还是表演？如果新闻可以被导演，为什么不可以雇用他人表演以代替现场实况？这些新闻的制作手法是否有必要告诉观众？如果不必告诉观众，那么新闻与电视剧又有什么区别？如此之多的专业问题上电视工作者均没有共同的标准，可以为所欲为，新闻的真实性必被步步蚕食，距真实越来越远，又何以不出“纸包子”的假新闻？遗憾的是，上述有关自律公约也没有提供可操作的规范。

希图让法律这种具有普遍约束力的规范形态专门对新闻或广播电视业加以具体规制是幼稚的；在利益多元化、诚信严重缺失的状态下，指望每个电视从业者都坚守良知更是枉然。此时，行规的规制作用不可忽视。笔者所见的西方广电媒体的准自律或准法律规范中，多数均用相当篇幅规范有关“真实”的传播行为，以确保那些经过不同程度加工的故事不被观众误以为真实，以此防微杜渐，捍卫新闻的真实性。由于这些规范是公开的，它诚实地向全社会宣布，本行业反对什么，主张什么，以此作为标准来接受行业内外的监督，因此违反行规的行为会成为过街老鼠，它被有效地发现，并受到不同程度的制裁，最大量的制裁方式是受到内部或公开的批评，自觉或被迫地向公众道歉，情节较为严重的也可能导致行会罚款甚至被政府吊销许可证。

（五）科学研究为探索行规迈出第一步

我曾在法制新闻采编一线工作 18 年，发现如何处理媒体与司法的关系是个大问题。媒体热衷报道法制题材，理由是满足公众知情的权利；而法庭必须确保当事人获得公平审判权利，因此二者冲突不断。这让我思考如何寻找化解冲突的途径，它首先应当从媒体的自律开始。这一努力的成果是《媒体报道案件的自律规则》，共有十条，[1] 它在2003年底由中国记协和中国法官协会主办的"媒体报道与司法公正研讨会"上首次公开，并获得了法官和记者两界基本一致的认可。有法官明确表示，如果新闻界照这些规则自我约束，那么法庭就没有必要对媒体大加限制，两界的冲突大部分可以消弭。

这给我以启发——自律可以换取自由，自律可以争取自由。举一反三的结果，是我向中国广播电视学会申请一项名为《广播电视节目标准手册》的科研项目。2005年7月，中国广播电视学会委托我开始进行一项名为《中国广播电视节目审议规则（建议稿）》（以下简称《审议规则》）的科研项目。当年，委托人更名为中国广播电视协会，虽然只是"学会"与"协会"的一字之改，但行会确立行规的责任已是义不容辞，进行科研只是确立行规的第一步。

我们的课题组由业内人士为主组成，兼顾了法学、伦理学、新闻传播学等不同的专业背景，成员来自广播与电视、采编与管理、实务与科研等不同岗位。经过一年多的研究后结项，又经过两年等待，该成果终于得见天日。

在"总则"部分，我们为这个文件确定了性质：如果没有法律的授权或政府依法授权，它应当是一个"因会员大会批准而制定的自律的节目内容标准及审议程序"（第一条）。由于规定了"要求更正道歉""建议处理相关责任人""公开批评"等处理方式，它确实具有一定的强制性，这是它与纯自律性规范最重要的不同。它被自愿接受的程度越高，就越是具有行规的性质。

"基本原则"（第三条至第八条）部分是《审议规则》所倡导的一些正面的价值观，也可以说是上限标准。由于人的创造力是无限的，即上限实为无限，因此这一部分主要是原则性倡导。

"审议规则"（第十一条至三十四条）部分是这个课题成果中最重要的部分，也是最成熟的部分。我们遵循了这样一些原则：第一，主要依据法律，同时吸收一些行业内基本形成共识的职业伦理标准，因此它是底限标准，或者是最低标准。第二，必须具有操作性，它的每一行字都应能被采编人员应用。第三，保持行规的自律性特点，不轻易使用"禁止""不得"等法律或政府

[1] 见《新闻记者》2004年月第一期。这十条自律规则成为《审议规则》第三十一条"犯罪与司法"的基础。

惯用的、强制性的文字表达，而采用“建议”“反对”等字眼，以便广播电视采编人员对某些从业行为的是非迅速做出判断，对行动方案直接做出选择。

“审议规则”部分共有24条，属于广播电视采编行为的24个主要问题，它的提出源于广播电视采编的实践，特别对当今广播电视业存在的普遍业务难题（如真实再现、暗访与偷拍等）问题做出的选择，而选择的理论基础是媒体法学、媒体伦理学及新闻传播学。我们在课题成果的“依据”部分，分门别类地列举了“法律依据”和“参考依据”，在“参考依据”部分，又分中外两大部分，分别包括外国法律依据、中外司法判例、中外典型事例、中外新闻职业道德、外国及港台节目标准、理论观点等等。最后，我们以“课题组观点”对所有依据加以分析与取舍，对条文加以论证说明。以此为基础深入研究下去，其中的大部分内容或可以单独成章，甚至成书，而报刊杂志等行业或媒介亦可参考、取舍，产生自己行业的或媒体的自律规则。

“投诉与罚则”是程序性规范，没有程序就没有任何的强制力，即使“审议规则”部分的操作性再强，也与上述那些“道德准则”或“自律公约”没有两样。这种强制力来自以下两大主要因素：第一，以会员代表大会通过的方式公开承认《审议规则》各项条款的规范作用；第二，以《审议规则》的条款为标准实行自我约束，接受社会的监督与行业的管理及处理。这些因素兼具自律与他律的特点。

《中国广播电视节目审议规则（建议稿）》在结项两年后才得以公开发表，说明建立行规的任务艰巨与复杂，因为作为一项科研成果，它只不过是一个建议。两年来，一些新法颁布，目前发表的《审议规则》还未及修改补充。而使这一成果从纸面文字变成真正有效的行规，还需其他多种因素的共同作用。

社会总是需要秩序，维持秩序总是需要规矩。自律（内心选择）、行规与他律（法律等）都是规矩，它们之间的规范力量此消彼长，以不同的模式配置自由与权利，责任与义务。缺少自律，他律必然强大，如果他律无所不在，自由必将丧失殆尽。行规的出现是建立在法治基础上的行业自治结果，它是成熟的公民社会的理性的、必然的选择。行规的作用越充分，业者权利义务的边界就越是富有弹性——行行自我管理，人人自我约束，小政府、大社会的局面方可形成，他律的适用降至最低，和谐社会的景象如是。

二、广播电视节目需要有标准[1]

——介绍课题成果《中国广播电视节目审议规则（建议稿）》

2005年7月，中国广播电视协会对决定对一项名为《中国广播电视节目审议规则》的科研课题立项。作为课题组负责人，我迅速组织课题组展开了研究。经过6次修改，已经在2006年7月结项。课题成果以48条、1.2万字的篇幅，对包括上述问题在内的有关广播电视节目内容标准及执行程序做出了条文式的表达，又以大约14万字的篇幅阐发了这些条文的各种依据和理由。这一成果受到专家及广播电视业内人士的好评，这些评价集中体现在由魏永征、张西明、冯军、陈绚及张振华出具的本课题成果的《专家鉴定意见》及《专家鉴定综合报告》中。

（一）制定节目标准的必要性

改革开放以来，我国的广播电视事业迅速发展，已成为最具影响力的大众传媒，不仅宣传党的方针政策，传达政令，也传播信息，引导舆论，是社会主义先进文化的重要载体，在构建社会主义和谐社会方面发挥着不可替代的作用，是满足人民日益增长的精神文化需求，构建整个中华民族的主流价值观的重要阵地。然而，广播电视播出内容也出现一些新问题，暴力、色情、低俗之风等现象引起了社会关注和公众批评，侵犯名誉权、隐私权的现象也时有发生。2007年下半年以来，作为政府对低俗之风开战的重要举措，国家广电总局就涉性节目采取了一系列禁播手段。但收效似乎并不理想，复播情况仍有发生。它表明，目前我国广播电视的节目内容管理模式已难以适应形势发展的需要，按照党的十六大、十七大提出的依法执政原则，同时按照依法治国的宪法原则，探索适应文化体制改革的新形势，有利于发展社会主义文化事业与文化产业的节目内容管理模式，已成为十分紧迫和重要的课题。

---

[1] 本文发表于《中国广播电视学刊》2009年第七期，标题为《探索基于行业自律的节目内容管理模式》。本书出版时对标题和内容做了少量修改补充。

在这方面，我国广播电视系统的管理者、广大编辑记者和科研人员已经做了一些有益的探讨。

比较发达国家广播电视节目内容的管理模式，会发现与我国有着非常多的不同，其中重要的一点是作为强制性规范的法律不多，作为没有强制性的纯自律规范也不多，真正起主要作用的是由行业组织执行的准自律或准法律的管理规范占了主导地位。但目前我国广播电视节目内容管理模式中，占据主导地位的是他律性（法律、政策、纪律、甚至口头传达的宣传精神等强制性）规范，而准法律或准自律性的规范几乎是一个空白[1]。这种传统的内容管理模式虽然有其自身的价值，但也有难以避免的缺陷——缺少弹性、法律依据不足以及管理成本偏高可能是最突出的问题，同时存在的问题还包括：从业者职业道德疲软，行业自律机制生长缓慢，公众在对广播电视节目的监管中难以发挥作用等等。这种被学术界人士概括为“他律挤压自律”的情形完全不符合建设法治政府的民主法治发展趋势，同时也不利于文化产业的发展与繁荣。

课题组的任务是：力图从推动广播电视行业自律入手，探索符合中国国情的节目内容管理新模式。一方面，在制度框架上，将目前党和政府对节目内容以口头方式直接领导的管理模式逐步转变为党和政府通过指导行业协会以符合法律规范的书面规则方式的政策性引导；另一方面，将我国现行有效的法律、法规、规章、司法解释中与广播电视传播内容有关的规定逐一条文化，以采编播人员和节目制作人便于理解的语言表达，以他们便于使用的格式梳理，以便于操作的程序保证实施。

课题组成员主要来自广播电视业的实务部门，专业背景分别属于法学、社会学、伦理学、新闻传播学和文学；岗位主要来自广播和电视两大领域，是节目制作人、宣传管理者、法律顾问以及职业研究者。所有的课题组成员对节目标准问题都充满兴趣，有不同形式的研究成果，其中多数有硕士以上学位。课题组受到了魏永征、郭镇之等学者的真诚帮助，收集到十几个国家和地区约 20 个广播电视媒体的类似文件以及数十个国家与地区的新闻职业道德规范。由于研究班子具有丰富的专业和职业背景，参考资料丰富，特别是

[1] 见本书第 4 页“中外广播电视媒体传播内容规范示意图”。

对中国广播电视业的实际有真切的了解与较为准确的判断，使课题组有条件制作一个符合中国国情的、便于实际操作的广播电视节目标准，它的全称是《中国广播电视节目审议规则（建议稿）》，以下简称《审议规则》。

（二）《审议规则》的性质及定位

《审议规则》是中国广播电视协会作为行业组织，根据政府的依法指导，按照自身章程规定所制定的节目内容管理规则和程序，它不是法律，属于符合法律原则和协会章程的准法律性（或准自律性）规范。因为设有罚则，因此具有一定的强制性，这种强制性强于自律规则，而弱于法律。强制性可以有三个权力来源：一是因法律授权而具强制性；二是因政府授权而具强制性；三是因会员代表大会授权而具强制性。三者之中，前者的合法性程度最高，而后者的自律性质最突出。

根据我国国情，课题组在第一条中将这三种权力来源均一一列明，给实际应用过程中的现实选择留下了空间。课题组认为，在三种权力来源中，“因法律的授权而制定的准法律的节目标准及程序”是最理想的定位；而“因政府授权而制定的准自律的节目标准及程序”是次理想的定位；“因会员代表大会批准而制定的自律性节目内容标准及审议程序”是已经结项的本课题所有内容所选择的定位。

做出这样设计的原因是：由法律授权而制定《审议规则》，立法程序较为复杂，短时间内难以实现；因政府授权而制定《审议规则》，与目前中国广播电视的节目内容管理模式较易衔接，但政府向行业组织授权的权力也必须有合法的来源并经过合法的程序；而由会员代表大会批准而制定《审议规则》，虽然强制性偏弱，但程序上最为简易，具有最大的可操作性。

（三）《审议规则》的内容及其把握原则

《审议规则》中有大量对节目内容的规范性要求，它主要体现在第四章“审议规则”中。

什么节目内容应当受到准自律性规范的约束，什么不应当被纳入，必须遵循一定的原则。课题组把握的原则是，除少数在业内有公认的职业道德规范（如第十三条[被采访者的知情同意]、第十四条[未经预约的采访]、第十五条[以礼相待]、第十九条[保护消息源]、第二十条[灾难]等）外，一般只选择那些法律有明确规定的内容。本《审议规则》所做的工作，主要是将分散在不同法律规范当中的规定集中起来，加以消化和抽象，以“三个便于（即：以采编播人员和节目制作人便于理解的语言表达，以他们便于使用的格式梳理，以他们便于操作的程序保证实施）”的原则做出条文化的表达。

（四）《审议规则》的几个重要的制度设计及课题组的基本考虑

一些专家注意到了课题成果的创新性贡献，对此给予较高评价。它包括：《审议规则》本身，对设计节目标准委员会和公众投诉制度的构想，对节目分类和编排的构想以及首次试图确立保护秘密消息源的原则等。有专家认为，这是课题组“在借鉴与研究发达国家广播电视节目内容管理制度的基础下，根据中国民主法制进步水准所做出的符合国情的恰当选择，既考虑到国情的承受力，又符合世界潮流”[1]。

1. 节目分时段制度

在对若干发达国家广播电视节目标准类的文件进行研究后我们发现：由于广播电视进入千家万户的特点，家长们对暴力、淫秽色情等不良信息对未成年人的影响的反感与抵制，是各国制定节目标准一类规范性文件的最初动力。因此，发达国家广播电视节目标准大多规定有电视节目分级制度，一方面保护了未成年人，另一方面保证了节目的多样性。我国广电总局规定，涉案剧一般安排在23：00以后播放[2]，这表明我国已经有了节目分级或分时段播出制度的雏形。本课题组对《审议规则》的设计在此基础上向前进了一步——借鉴发达国家和我国香港特区的制度，根据不同节目内容对不同年龄未成年人负面影响的程度，将节目类型分为三类（第九条、第十条），此后多条内容均与这一制度相关联。

---

[1] 冯军：《中国广播电视节目审议规则（建议稿）》专家鉴定意见。

[2] 2004年4月19日国家广电总局《关于加强涉案剧审查和播出管理的通知》，见人民网www.people.com.cn

2. 公众投诉制度

宪法规定，我国的广播电视业为社会主义服务，为人民服务。但在广播电视节目内容的管理方面，公众却常常难以发挥应有的作用——即使公众的某些投诉完全符合法律的规定，也得不到任何答复，因此常常将批评和评论发表在各类媒体上，而广播电视业却缺少与公众沟通的制度性管道。但有时，个别或少数受众对节目的批评又会导致某个或某类节目全线下马，由于尚缺少公开的评价体系和救济制度，节目制作者虽然服从，却也有抱怨。

本课题成果在第五章“投诉与罚则”中第三十七条中，将行业组织启动监管的条件规定为四项，一般的监管因节目覆盖地区一定范围和数量的公众投诉而启动，少于规定数量的投诉不至导致监管与处罚，这是考虑到中国人口众多，众口难调，应当给节目制作者预留创作自由的空间，不至动辄因公众投诉而导致处罚，同时也避免节目制作者间的不正当竞争。行业组织的监管是相对被动的，除非公众投诉达到一定比率，一般不会主动监管，有利于发挥制作和播出机构的创造精神，并促使他们自我约束。但同时，《审议规则》也为行业组织在个别情况下主动实施监管提供了依据。在个别情况下，行业组织认为自己的能力不足以制止不良节目播出时，还可运用第三十七条第三款的规定“建议政府监管”。

3. 对播出机构的处罚制度

首先是对确实违反《审议规则》，情节较为严重，性质较为恶劣的应当做出处理决定。处理决定以《处理决定书》的形式表达，处理方式包括：要求更正、要求向公众致歉、要求修改相关节目内容或调整相关节目播出时间、建议处罚相关责任人、通报行业组织的批评与谴责等。同时要求对行业组织的处理决定书应当以一定的方式公开。对那些违反《审议规则》情节较轻，尚不构成处罚的，行业组织可以对播出机构提出一份警告书或提醒书，播出机构应当在规定期限内提出改进措施。行业组织的处理结果应当书面反馈给投诉人，同时受到处罚的播出机构也有权提起重新审议程序以获得救济。

处罚制度是《审议规则》具有一定程度强制力的重要标志。在这项制度设计中，课题组有两点基本考虑：一是行业组织的处罚不能强于政府的处罚，它应当与政府依《广播电视管理条例》中规定的处罚制度相衔接。二是应当为受处罚者提供救济渠道，这是本《审议规则》第七条确定的原则，重新审议程序（第四十三条、第四十四条）的具体设计体现了这一初衷。这一设计不仅体现公平，也是为《审议规则》这项新制度的实践预留了自我调整的空间。

（五）关于《审议规则》的应用

作为一个应用性极强的科研课题成果，课题组的目的不是成果本身或者出版一本学术著作，而是希望它能最大限度地影响实践。令人欣喜的是，中国广播电视协会对这一科研成果高度肯定与重视，已在内部广泛征求意见，并根据客观需要进行了修改。据本作者的了解，能够将这一科研成果应用于实际，使中国广播电视的行业协会可以在节目内容的监管方面扮演积极的角色，始终都在协会领导层的考虑之中。但作为一项制度性设计，它的实施并不是一个科研成果可以决定的，甚至也不是由协会本身左右的，它需要天时地利与人合。尽管专家对课题成果的实用价值给予高度评价，尽管研究人员及课题的委托人中国广播电视协会对这一成果的应用多方积极推动，但结项一年多来并没有任何实质的进展，课题成果甚至难以公开，这实在是一个令人遗憾的局面。

或许，希望就在坚持一下的努力之中！我们仍将不懈地努力。

附：《中国广播电视节目审议规则（建议稿）》

第一章 总则

第一条（目的）

《中国广播电视节目审议规则》（以下简称《审议规则》）由中国广播电视协会按照本会章程，依据《中华人民共和国宪法》及《广播电视管理条例》及其他相关法律、法规的规定制定。其性质是行业组织（以下只选其一）

因法律授权而制定的准法律的节目内容标准及审议程序。（理想的定位）

因政府授权而制定的准自律的节目内容标准及审议程序。（次理想的定位）

因会员大会批准而制定的自律的节目内容标准及审议程序。（目前的选择）

第二条（适用范围）

1．《审议规则》是广播电视播出机构（见四十五条“定义”）对广播电视节目进行播前审查的标准，以及广播电视行业组织（见四十五条“定义”）处理广播电视节目播出后因节目内容产生的相关问题的依据。

2．《审议规则》适用于公共广播电视频道或频率（见第四十五条“定义”）、公共广播电视频道或频率以外的广播电视节目参照执行。

3．广播电视广告节目的审议规则另行制定。

第二章 基本原则

第三条（正确导向原则）

广播电视播出机构应当坚持为人民服务、为社会主义服务的方向，坚持正确的舆论导向。

第四条（合法原则）

广播电视播出机构播出的节目内容应当符合法律法规，依法行事，不受任何组织和个人的非法干涉。

广播电视播出机构制作、播放节目不得含有下列内容：

1．危害国家的统一、主权和领土完整的；

2．危害国家的安全、荣誉和利益的；

3．煽动民族分裂，破坏民族团结的；

4．泄露国家秘密的；

5．诽谤、侮辱他人的；

6．宣扬淫秽、迷信或者渲染暴力的；

7．法律、行政法规规定禁止的其他内容。

第五条 （承担社会责任原则）

广播电视播出机构制作、播放节目应当遵循承担社会责任原则，维护公共利益。

1．满足公众知晓各类信息和有价值思想的需要。

2．满足公众理解和交流各类信息和有价值思想的需要。

3．尊重人权，尊重人类的尊严和价值。

4．促进社会的和谐。

5．促进各民族文化的创造、继承和发展。

6．尊重人类的共同价值和人类文化的多样性，促进国际友谊和理解。

7．尊重科学。

8．保护未成年人。

9．促进环境保护。

10．保持良好道德和品位。

11．尊重和保护著作权。

某些情况下，保护个人隐私应当与公共利益实现平衡。公共利益包括：

1．保护公共健康和安全。

2．揭露公务中显而易见的低效率。

3．发现并揭露犯罪。

4．防止公众被某些个人或者组织的言论或者行动所误导。

条文中标有 * 的条款显示确实符合公共利益时可以例外。

第六条（真实、公正原则）

广播电视播出机构制作、播放节目应当遵循真实、公正原则。

1．新闻报道应当事实准确，不得捏造、歪曲。

2．广播电视节目应当区别新闻事实报道和新闻事实的评论、解释、预测等内容。

3．不因性别、年龄、职业、宗教、信仰、地区和民族等在传播内容上有所歧视。

4．对争议较大有社会影响的事件，应当全面报道。

5．涉及广播电视机构自身利益时，不片面报道误导公众。

6．不利用技术手段误导公众。

7．反对有偿新闻，从业人员不得接受贿赂。

8．发现错误和失实报道，应当及时以对等的方式的消除影响。

第七条（节目审议制度化原则）

广播电视播出机构制作、播放节目应当遵循节目审议制度化原则。

1．广播电视播出机构应当建立内部审查机制并以书面方式在内部公开。

2．《审议规则》和对广播电视机构的处理决定应当公开。

3．对播出机构的处理或对相关人员的处分应当提供救济手段。

第八条（维护良好形象原则）

广播电视播出机构应当遵循维护良好形象原则。

1．广播电视播出机构应当树立和维护良好的形象，赢得公众信任。

2．广播电视播出机构应当发展自身的专业性、创造性和多样性。

第三章　节目分类与编排

第九条（关于未成年人的节目分类与播出时间）

为保护未成年人，节目分为三类：未成年人单独欣赏节目、未成年人指导欣赏节目和未成年人不宜欣赏节目。

(1) 未成年人单独欣赏节目：未成年人可任意选择节目和频道，适合所有人收听观看，没有裸体、性爱和恐怖场面，除了为教育目的出现极少的戒毒和防暴情节，没有其它吸毒和暴力场面。语言文明，可在日常生活中普遍接受和使用。在工作日 16 : 00 － 21 : 00，节假日 5 : 00 － 21 : 00 播出的节目均可由未成年人单独欣赏。

（2）未成年人指导欣赏节目：未成年人在收听观看此类节目需家长或监护人陪伴与指导。节目中有符合节目或剧情需要的不文明用语、暴力、性爱（较正常的性爱抚、在含蓄地描述性行为及在情欲场面中出现裸体等）、中度暴力、吸毒等场面及恐怖内容，有极个别的吸毒场景，使用了不文明用语及与性相关的主语词，建议未成年人观看时须在家长或监护人指导下欣赏。在工作日 5 : 00 － 16 : 00（未成年人在校时间），21 : 00 － 22 : 00，节假日 21 : 00 － 22 : 00，可以播放此类节目和未成年人单独欣赏节目。

（3）未成年人不宜欣赏节目：节目中有清楚的性爱或裸体场面，大量使用了暴力、恐怖的内容或场景，对吸毒内容的表现较多，或较多使用了脏话和色情语言等。此类节目未成年人不宜收听观看。如果播放只能安排在每天 22 : 00 －次日 5 : 00 间。

此分类标准基于未成年人受众的数量在晚间逐渐减少，因此对播放不适合未成年人收听观看内容的限制，可在 21 点后逐步放宽。

第十条（分类节目的预告与标示）

1．广播电视播出机构应当就未成年人指导欣赏和未成年人不宜欣赏节目可能对未成年人产生的负面影响向家长或监护人做出预告。

2．对于未成年人指导欣赏与未成年人不宜欣赏节目，应当在节目开始时明确说明或标示清楚，特别是不适合未成年受众收听观看的节目，必须清楚标明。

3．标示或预告并不能作为广播电视播出机构对不当播出行为免除责任的理由。

第四章 审议规则

第十一条（真实）

1. 不播发未经核实的信息。对必要报道的未确定事实须加以说明。

2. 不直接编发互联网上的信息、图像、音频、视频制品。

3. 不捏造新闻。

4. 报道新闻不背离事实、任意曲解事实和故意删除重要事实。

5. 除需要对提供信息者保密外，报道中应指明消息来源。

6. 对新闻事实不带任何偏见和个人意见。

7. 不将评论或猜测作为认定的事实发表。

8．标题或介绍应与内容相一致，不可夸大失真。

9.1 时事新闻节目应避免使用情景再现。

9.2 在非真实的节目中模拟新闻报道，或当新闻的表达方式用于戏剧化、娱乐化效果时，应明确标示，确保不被误认为是真实的报道。

10．新闻报道失实或有重大差错，应及时更正，澄清事实，消除不良影响。

第十二条（公正与平等）

1．努力做到从总体上、本质上把握事实的真实性，避免因为报道肤浅、片面、主观而导致受众对事物产生偏差或错误的判断。

2. 尽量从多个角度、全面、平衡地报道意见对立或利益冲突的双方、多方，避免传播单方观点误导受众。

3．报道有分歧的争议事件或公共问题，不应诱发有利于某个个人或组织的结论。

4．表达个人观点的节目，必须明确说明。

5．不徇私或因接受及索取物质利益而播发或隐匿新闻。

6．不从个人或小团体利益出发，作不公正或损害公共利益的报道和评论。

7．不把广告材料当作新闻播送。

8．不在非广告类节目中突出表现有商业目的的产品、服务、商标、品牌、标识或与上述利益有关的人士等内容。

9．避免含有民族、种族、宗教、性别、年龄、职业、婚姻、教育程度、居住地、身体特征、健康状况、经济条件等方面歧视的内容。

10. 尽量保持对所有地区、所有领域及社会各阶层的平等关注，不漠视欠发达地区及社会弱势群体。增进社会稳定和均衡发展。

11. 报道和评论其他国家、地区或特定种族的人和事时，应尊重其人权、法制、文化及风俗习惯，避免加剧不同种族、不同国家、地区间的冲突。

第十三条（被采访者的知情同意）

1. 一般应征得同意后才可开始采访*。被采访者接受采访时应被告知采访者的真实意图以及有无身体危险等风险。

2. 未成年人、智障人士等不具完全行为能力者的采访必须征得其监护人同意，并在节目中明示。

3. 在公众场合对非特定人的摄录，虽不必征求每一个人的意见，但不得使其因所处环境或场所（派出所、医院、公园等）而被观众或听众对其品行产生错误理解。

第十四条（未经预约的采访）

除非同时符合以下条件，并在内部审批程序经有关负责人同意，否则节目中不采用未经事先约定的地点和时间摄录的声音与画面：

1. 被采访对象有法定义务针对重大突发事件必须接受记者采访；

2. 拒访者是重要的当事人，甚至是第一当事人；

3. 拒访者一再拒绝采访或对是否接受采访迟迟不予答复。

第十五条（以礼相待）

1. 不以任何歧视性语言和方式进行采访，不称呼其侮辱性绰号，更不得捉弄被采访。

2. 质疑，并不适合所有的采访对象，不得对采访对象居高临下，更不得训斥被采访者。

3. 不得为了增强戏剧性，人为制造采访对象之间的冲突。

第十六条（名誉）

1．不故意捏造事实或散布虚假信息降低他人社会评价。

2．不以言辞或画面影像侮辱人格。

3．对亡者名誉保持尊重。

4．以下表达将可能损害他人名誉：

（1）针对特定公民、法人或其他组织传播不实信息；

(2) 以暗示、影射或猜测的方法指控他人犯罪或有严重错误；

(3) 错误引用他人原话，即所谓断章取义或歪曲事实；

(4) 在直播节目中对未经核实的信息不加说明；

(5) 在报道中夹入过于偏激、尖刻的评论；

(6) 拒绝播发相关人对严重失实和不公正的内容要求进行的更正和答辩等。

第十七条（隐私*）

1．以下为法律明文保护的隐私：

(1) 私人信息：身体与疾病信息、邮电通信信息 (包括信件、电话、电报、手机短信、电子邮件等）、个人储蓄及合法财产信息等；

(2) 私人空间：住宅、厕所、浴室、更衣室等；

(3) 私人活动：性、性关系、婚姻关系等；

(4) 不被公众识别的个人：涉嫌犯罪及犯罪的未成年人、性侵害事件及案件的受害人、艾滋病病人、违纪及违法犯罪行为的举报人、收养关系当事人（包括送养人、收养人和被收养人）。

2．针对隐私的窃照、窃听、刺探与披露等方式可能构成违规。

3．特别情况：

(1) 披露收养关系需经收养人和送养人双方同意；

(2) 犯罪的未成年人及艾滋病人的姓名、住址、照片及可能推断出其身份的资料均不可披露；

(3) 由于法定原因，对未成年人隐私，原则上不以本人同意或其法定监护人同意为公开披露之理由；

(4) 国家公务员经商办企业及参与营利性活动、参与或者支持色情、吸毒、赌博、迷信等违反《公务员法》五十三条的行为不受隐私保护。

4. 对可能被被采访报道者认为是个人隐私的事项谨慎对待。

5. 隐私可以因以下理由而降低保护程度:

(1) 本人 (不包括未成年人) 或法定人员 (如收养关系当事人) 明示同意，并向受众声明;

(2) 涉及公共利益 (见第五条) ;

(3) 涉及公共人物;

(4) 十分有利于该未成年人成长 (如因严重疾病获得爱心捐助等) 。

第十八条 (隐性采访*)

隐瞒记者身份、隐瞒采访目的或隐藏采访设备进行采访，即通常所说的“隐性采访”或“隐蔽拍摄”“隐蔽录音”，不能用作一种常规的方法，也不能仅是为了增添报道的戏剧性而使用，只有同时符合下述五条原则，才能在节目中使用隐性采访获得的素材:

1. 有明显的证据表明，记者正在调查的是严重侵犯公共利益的行为;

2. 没有其他正常途径收集材料;

3. 暴露记者的身份就难以了解到真实状况;

4. 依内部审批程序经有关负责人同意;

5. 在节目中向听众、观众交代。

另有两种情况也需要考虑上述原则:

1. 使用长镜头往往会使被拍摄者在不知不觉中被拍摄;

2. 利用其他组织 (如司法机关和行政执法部门) 和个人提供的隐性采访所获资料。一般不采用隐性采访方式获取未成年人的画面、声音及其他资料。

第十九条 (保护消息源)

应该明确交代消息来源，除非为了保护消息提供者。一旦承诺，遵守诺言。

第二十条 (灾难)

1. 以同情之心对待自然灾害、空难、车祸、犯罪、战争等意外事件的受害者 (死伤者、受害人及人质) 及其家人，采访活动不应加重受难者及其亲属的痛苦。

2．杜绝任何对灾难事件的娱乐化表达。

3．记者不以灾难消息报告者的身份出现在受害者家属面前。

4．尽量避免以特写方式展示死难者亲属悲痛欲绝、痛苦失态的表情。

5．尽量避免展示死伤者血肉模糊的画面和死难者的特写镜头。

第二十一条（暴力）

1．涉及暴力的节目不论在何种时段播出，均应首先评估其对未成年人的不利影响。

2．以未成年人为对象的频道或节目，除非为教育目的或有充分的理由，不宜出现对于身体或精神方面施加暴力，或怂恿他人使用暴力或攻击性语言的情节。

3．在未成年人单独欣赏节目时间，不应播出以下可能引起受众过度惊恐、焦虑、厌恶的内容。其他时段即使为达到公益目的而必须使用涉及下述内容时，应当尽可能缩短时间并含蓄表达。越是接近未成年人单独欣赏时间的播出安排，越可能构成违反审议规则：

（1）正面表现杀戮、折磨、私刑等行为；

（2）直接表现斩首、勒杀、肢解或伤害身体的一部分；

（3）对肉体痛苦进行详细的描写和夸大的暗示；

（4）刺激性较强的血腥、暴力、恐怖的画面、语言和音响；

（5）以对动物的虐待、杀戮而取乐的情节、场面；

（6）以图像等方式表现或暗示自杀的途径或方法；

（7）过分集中、长时间持续、细致展现或反复播出抢劫、凶杀、强奸、绑架等各类暴力、恐怖事件的情节、手段或意外事故现场。

第二十二条（裸露与性）

1．涉及性的节目不论在何种时段播出，均应首先评估其对未成年人的不利影响。

2．不采用以下不道德的和放肆的男女关系等为基本内容的节目题材。与性相关的表达应避免对受众造成冒犯和厌恶。在任何节目时段，不表现以下内容：

(1) 直接显露男女生殖器官；

(2) 正面裸露男女躯体；

(3) 表现性倒错、群交、强奸、乱伦、恋尸狂、卖淫、嫖娼等情节；

(4) 表现同性恋的性行为；

(5) 表现涉及未满 14 岁或看似未满 14 岁儿童的性行为；

(6) 为强奸、轮奸或者其他性犯罪行为辩解；

(7) 宣扬色情淫荡形象；

(8) 其他令普通人不能容忍的对性行为的淫亵性描写。

3．必要的性爱镜头，一般只限未成年人不宜欣赏节目时间或频道播出。

4．在未成年人单独欣赏和未成年人指导欣赏节目时段，表现性与裸露的情节，应符合内容所需。避免出现以下内容，如有出现也应当尽可能缩短时间并含蓄表达：

(1) 过分淫荡的与性有关的情节；

(2) 时间较长的接吻、爱抚等具有挑逗性、没有艺术价值的画面；

(3) 直接或隐含色情猥亵的语言、文字、图像、音效及背景音乐；

(4) 过度表现与性行为有关的疾病，如梅毒、艾滋病等。

第二十三条（国家秘密）

1．属于绝密、机密和秘密的信息不得以任何方式披露。

2．对拟公开报道的信息是否带有密级界限不清时，应当送交有关主管部门审定。

3.1 带有密级但确需公开报道的信息，应当首先向主管单位建议解密；或采取删节、改编、隐去等措施。

3.2 不论采用以上任何一种措施，其播出内容都均应经过主管部门审定。

3.3 此项规定适用于带有密级的内参。

第二十四条（民族）

1．不以歧视、贬损的态度表现少数民族独特的饮食、婚姻、家庭、医疗、丧葬等习俗。不以任何方式表现藏族的天葬习俗。

2．恐怖主义或犯罪等题材中不刻意强调行为人的民族背景。

第二十五条（宗教）

1．宗教信仰自由包括信仰和不信仰宗教的自由。

2.1 不贬低、歧视某一特定的宗教信仰或批判宗教；

2.2 不嘲笑或蔑视宗教仪式。

3．不渲染宗教极端主义和宗教狂热情绪。

第二十六条（尊重科学）

1．不宣扬邪教。

邪教是“冒用宗教、气功或者其他名义建立，神化首要分子，利用制造和散布迷信邪说等手段、蛊惑、蒙骗他人，发展、控制成员，危害社会的非法组织。(最高人民法院和最高人民检察院的司法解释)

2．不传播伪科学和愚昧迷信。

2.1 不将看相、算命、看风水、占卜等活动作为节目题材或主要内容，涉及此类内容时不细致表现，不使受众误认为是可以接受的科学方法。

2.2 不宣扬因果报应，散布求神问卜、驱鬼治病、算命相面等谣言、荒诞信息。

2.3 避免与节目内容无关的烧香、拜神、拜物等场面。

2.4 如果不是用于合理的研究题材，超自然的事物和现象不应在真实类节目中出现。

第二十七条（尊重家庭）

1．涉及社会伦理和性含义题材，不应伤害健康的家庭价值观。

2．不传播性开放、性自由观念。

3．对婚外恋、多角恋、未婚同居等男女关系不进行着力的处理和肯定，避免渲染情欲、情杀、乱伦等畸情、畸恋。

第二十八条（维护健康生活方式）

1．不以巨额奖金或奖品刺激、诱惑受众。

2. 表现吸毒、赌博、饮酒、吸烟的情节，应限于节目内容或角色塑造的需要。

2.1 避免吸烟镜头，不将吸烟描绘成应有的习惯和吸引人的行为；

2.2 不展现吸毒、赌博、吸烟、酗酒等嗜好引起的感官刺激和生理快感；

2.3 对违禁药物的用法不作详细提示，避免把使用违禁药物和滥用合法药物、酒精饮品表达为可取、有益或有效的解决问题的方法；

3．不将保健食品同药物混为一谈。

4．通过信件、短信和电话提供的医学咨询，应以专业医学观点为基础，保证受众不产生误解。

第二十九条（保护未成年人）

1．未成年人隐私受到特别严格的保护。家长或法定监护人的同意不能成为广播电视播出机构不当披露未成年人隐私并免责的理由。（见第十七条“隐私”）

如果节目确需披露未成年人隐私，必须谨慎权衡和评估可能产生的负面影响，并采取恰当的保护措施。

2．违法犯罪的未成年人及受害的未成年人的个人身份信息披露应严格遵守相关法律的规定。（见第三十一条“犯罪与司法”）

3．不以恐吓、诱骗或收买（如发放奖品、许以钱物）等方法引诱未成年人接受相关的采访报道，骗取未成年人对他们的（个人或家庭）隐私及生活发表看法。

4．尊重未成年人的人格和表达自由，不组织未成年人讨论超过他们判断能力的问题。

5．不以披露其不良行为的方式作为教育和惩罚特定未成年人的的手段。

6．对经过特殊训练获得的能力和行为、死而复生等特定情节要明确提示未成年人不能模仿。除非为教育目的或有充分的理由，在未成年人单独欣赏节目和未成年人指导欣赏节目中，不宜展现渲染以下易被未成年人模仿的行为或习惯：

（1）表现凶杀、赌博、吸毒、卖淫嫖娼等内容。

（2）以肯定、赞许的基调或引人模仿的方式表现以下行为：打架斗殴、虐待和羞辱他人、酗酒、吸烟、仪态不端、污言秽语、随地吐痰、乱扔垃圾、虐待或残害动物等。

(3)具体介绍自杀的方法和描写自杀的场面,如割腕、投水、自缢、吃药等。

(4) 过度宣扬、鼓励或号召未成年人从事超出其行为能力的“英雄壮举”，如面对其无法预见和处置的灾难、危险之“见义勇为”行为等。

第三十条（批评性报道）

1．所谓批评性报道，一般称作调查性报道，特指记者通过独立调查，将损害公共利益（见第五条）的行为予以揭露的节目；批评对象应该是严重危害公共利益的组织、个人和行为。

2．节目应以完整、清晰的证据证明被批评者的确实施了危害公共利益的行为，不得诽谤、侮辱。（见第十六条“名誉”）

3．批评性报道必须以受众能够合理判断其真伪的事实而不是未经证实的传闻或推测作为依据，以避免诽谤之嫌。

4．节目应有多方信息源，应尽量给被批评者表达意见甚至回应的机会。

5．不将局部问题渲染为全局问题，不将涉及某一地区、行业、族群的问题以暗示或明示的方式扩展到其他地区、行业和族群。

6．不渲染、不煽动，倡导理性、善意，着眼于建设性，推进所批评问题的解决。

7．不以涉嫌犯罪的方式进行所谓“体验式调查”。（见第三十一条“犯罪与司法”）

第三十一条（犯罪与司法）

1．在法庭判决前，不做定罪、定性的报道和评论。

2．不以涉嫌犯罪（如假扮犯罪嫌疑人、窃取或泄露侦查秘密）的方式揭露犯罪。

3．表现犯罪题材应最大限度地避免负面作用：

3.1 不将犯罪者的生活方式英雄化；

3.2 不以同情的基调表现犯罪，使罪行显得正当或可以容忍、接受；

3.3 不具体描绘犯罪过程、细节、手段和技巧；

3.4 不泄露警方、检控方的侦破手段和防范技术；

3.5 力戒以不准确、不恰当及夸大其辞的方式表现犯罪；

3.6 不渲染犯罪过程与犯罪现场的血腥恐怖；

3.7 不正面表现不合法、不文明的执法行为。

4.1 对违法犯罪的未成年人及性侵犯案件受害者（包括可能的受害者）中的未成年人，不披露其姓名、住所、照片及其他足以使人辨认其身份的特征资料。

4.2 未经本人（不包括未成年人）同意，不披露犯罪案件相关人（包括国家工作人员、举报人、证人、嫌疑人的近亲属、受害人等）的个人信息。

4.3 不公开审理的涉及国家机密、商业秘密、个人隐私等案件的案情不做详细披露，如有披露，以判决书披露的内容为限。

第三十二条（语言和文字）

1．广播电视节目应以国家通用语言文字为基本的用语用字，节目中的播音、配音、字幕应使用普通话和规范汉字，符合国家颁布的通用语言文字规范和标准，符合《汉语拼音方案》《普通话异读词审音表》的规定。

2．除特殊情形需要，广播电视节目应避免滥用方言词语、文言词语、简称略语或生造词语，不使用有损规范语言的口音、语调、粗俗语言、俚语、行话，不在普通话中夹杂不必要的外文。

3．除特殊频道和节目，播出外国语言节目应配中文字幕或以普通话配音。

4．除了研究、教学、人文传统等相关节目确实需要，一般不使用繁体字、异体字。

5．广播电视节目要尊重少数民族和不同种族的语言习惯和风俗，尊重未成年人、残疾人等群体的感受，避免因语言文字的不当使用而引发的冒犯、冲突和无意间的优越感或伤害。

6．广播电视节目的语言文字差错应控制在万分之一之内。更正语言文字的使用错误是广播电视播出机构的义务。

第三十三条（改编）

1．根据已有的文学艺术作品改编制作广播剧、电视剧等文艺类节目时，遵守与原著著作权人之间的合同约定，避免歪曲、篡改原著，以及本《审议规则》中的各项规定。

2．对于构成中华民族（包括汉族以及各个少数民族）重要文化遗产的名著，改编时应尊重原著的精神和内涵，尊重中华民族的文化传统和民族感情。如果改编其他国家和民族的名著，也应尊重原著的精神和内涵，尊重不同民族的文化传统和民族感情。

3．根据已有的文学艺术作品改编制作广播电视节目的，应于节目播出中的显著位置作出声明，说明已经对原著进行了改编。改编幅度较大的，则应说明已经做出了较大的改编。

第三十四条（著作权）

1．广播电视播出机构使用以下作品，须取得著作权人许可并支付报酬：

(1) 他人未发表的作品；

(2) 改编、翻译他人作品（进入公有领域除外）；

(3) 使用外国（另含我国台湾、香港、澳门）作品（进入公有领域除外）。

2．下列情况下，广播电视播出机构可以合理使用作品，不须经著作权人许可，亦不向其支付报酬，但应以适当方式指明作者姓名、作品名称和出处：

(1) 在节目中，为介绍、评论某一作品，或说明某一问题，适当引用他人已经发表的作品；

(2) 在时事新闻报导中，不可避免地再现或引用他人已发表的作品；

(3) 播放其他报纸、期刊、广播电视播出机构等媒体已经发表的关于政治、经济、宗教问题的时事性文章，但作者声明不许刊登、播放的除外；

(4) 播放在公共集会上发表的讲话，但作者声明不许播放的除外；

(5) 对设置或陈列在室外公共场所的艺术品进行录像。

3．时事新闻，即单纯事实消息，不构成受保护的作品，广播电视播出机构可以自由使用，但应当交待消息来源。但对某一事实消息的具体描述形式则可能构成受保护的作品。

4．广播电视播出机构邀请表演者参加节目录制应履行的义务是：

(1) 表明表演者的身份，即姓名、角色；

(2) 在客观记录表演的基础上，注意不得歪曲表演者形象；

(3) 现场直播时，须事先取得表演者许可。表演者明知录制为现场直播而未提异议，可视为同意；

(4) 应当同表演者签订书面合同，明确所录制节目的使用范围；

(5) 在没有与表演者签订合同的情况下，所录制节目的使用范围应推定为仅限于本台播出。

5. 广播电视播出机构播放已经出版的录音制品中的内容，可以不经著作权人许可，但应当支付报酬。但是，为播放而将已出版的录音制品录制于节目中，则推定该节目仅限于本台播放，任何其它二次利用（如许可他人播放、出版音像制品、网上传播、文字出版等）均需再次取得权利人许可。

6. 广播电视播出机构播放他人已发表的作品，可以不经著作权人许可，但应当支付报酬。播放后任何二次利用（许可他人播放、出版音像制品、网络传播、文字出版等）仍需取得许可后进行。

7.1 广播电视播出机构对已过保护期的作品，可以自由使用：

(1) 电影和以类似摄制电影的方法创作的作品权利的保护期为 50 年，摄影作品（照片）权利的保护期为 50 年；

(2) 公民的作品，其发表权、复制权、发行权、出租权、展览权、表演权、放映权、广播权、信息网络传播权、摄制权、改编权、翻译权、汇编权的权利的保护期，为作者终生及其死后 50 年，截止于作者死亡后第 50 年的 12 月 31 日；

(3) 合作作品，截止于最后死亡的作者死亡后第 50 年的 12 月 31 日；

(4) 法人或其他组织的作品，著作权由法人或者其他组织享有的职务作品，前述各项权利的保护期为作品首次发表后第 50 年的 12 月 31 日。

7.2 著作权人的署名权、修改权、保护作品完整权的保护权不受上述期限限制。

第五章 投诉与罚则

第三十五条（行业组织的监管范围）

对《审议规则》的执行，实行播出机构自我约束为主，行业组织（即广播电视协会）监管为辅的原则。

第三十六条（行业组织的监管机构）

行业组织应当成立广播电视节目标准委员会（或“广播电视节目审议委

员会”等，以下简称“委员会”），负责就制定、修改《审议规则》向行业组织提出建议，并对播出机构违反《审议规则》的行为实施监管。

委员会的组成及工作程序另行规定。

第三十七条（启动监管的条件）

1．委员会只在节目播出后实行监管。

2．委员会因以下原因应当启动监管程序：

（1）一档在全国播出的广播电视节目，在有来自5个省、自治区、直辖市的公众投诉、总数达到20人以上时；

（2）一档在省、自治区、直辖市直辖市出的电视节目，在有公众投诉总人数达到20人以上时；

（3）合法成立的群众团体或非政府组织的投诉；

（4）委员会认为违反《审议规则》的情形比较严重，有必要启动监管时。

3．委员会认为违反《审议规则》情节比较严重时，可以建议政府监管。

第三十八条（监管方式）

1．委员会应当组成不少于五人的审议小组对被监管的节目进行审议，审议小组就监管结果向委员会提出建议。

2．审议小组的组成及工作程序另行规定。

第三十九（监管结果）

1.1 委员会对被投诉或监管的节目经过审议后，应当对其是否违反《审议规则》做出判断和决定：

（1）对于被认为确实违反《审议规则》，情节较为严重，后果较为恶劣的行为，应当做出处理决定；（见第四十条“处理决定”）

（2）对于违反《审议规则》程度较轻，不至于导致处理的，委员会可以对相关播出机构提出一份警告书或者提醒书。

1.2 以上决定应当以书面形式反馈给投诉人。

2．播出机构应当在接到警告书或提醒书后15日内将其改进措施反馈给委员会。

3．对没有在规定期限内向委员会反馈改进措施的，相关警告书或提醒书应当在行业内部公开。

第四十条（处理决定）

委员会的处理决定形式包括：

1．要求违规的播出机构做出更正；

2．要求违规的播出机构向公众致歉；

3．要求违规的播出机构修改相关节目内容或调整相关节目播出时间；

4．建议处理相关责任人；

5．通报委员会对违反《审议规则》的播出机构的批评和谴责；

6．必要时上述处理形式可以并用。

上述各项处理措施均应通过(报刊/网站/广播/电视 选一项)向公众宣布。

第四十一条（处理决定的表达）

1．委员会对播出机构做出处理决定应当以《违反广播电视节目审议规则处理决定书》（以下简称《处理决定书》）的形式告知。

2．《处理决定书》应当包括以下内容：

(1) 违反《审议规则》的日期和时间；

(2) 违反《审议规则》的事实和依据；

(3) 处理决定的内容；

(4) 处理决定的执行方法；

(5) 委员会认为必要的内容。

第四十二条（普遍建议）

委员会认为必要时，可以向全行业作出普遍建议，促使播出机构遵守《审议规则》。

第四十三条（重新审议）

1. 委员会对播出机构的监管实行一审终结制。但播出机构对委员会的处理决定有异议，可以申请重新审议。

2. 重新审议的申请应当启动再审议程序。

3.《重新审议申请书》的内容应当包括：

(1) 申请者的姓名、地址、电话；

(2) 原《处理决定书》的日期、时间和内容；

(3) 申请重新审议的目的和理由；

(4) 申请者的签名盖章。

4. 委员会应当另行组成多于原审议小组人员的重新审议小组，并就重新审议结果向委员会提出建议。

5. 重新审议程序的启动不影响原审议结果的有效性，也不影响相关程序的进行。

第四十四条（重新审议结果）

1. 委员会对重新审议应当做出决定：

(1) 对于原审议结果符合《审议规则》规定的，决定维持原审议结果；

(2) 对于原审议结果在认定事实和适用《审议规则》方面有重大瑕疵的，应当做出纠正；

(3) 对于因《审议规则》规定不明确而导致不同意见的，从符合法律原则和维护公共利益的角度出发做出决定。

2. 重新审议的结果应当书面告知申请人并以原《处理决定书》同样的公开方式及范围重新公开。

第六章 附则

第四十五条（定义）

1. 广播电视播出机构：经国务院广播电影电视行政部门批准设立的全国广播电影电视系统的广播电台、电视台、广播电视台等播出广播电视节目的机构。

2. 广播电视节目标准委员会：由中国广播电视协会依协会章程而成立的对广播电视节目进行播后监管的专门机构。

3. 公共广播电视频道或频率：免费向公众播出节目的频道或频率。

4. 未成年人：未满十八周岁的公民。

5. 真实类节目：没有虚构内容的节目。

6. 非真实类节目：含有虚构内容的节目。

7. 隐性采访：未经被采访者知情同意的秘密采访行为的统称。下列采访行为是其主要表现方式：

（1）隐瞒记者身份的采访。

（2）故意让被采访者错误理解采访真实意图的采访。

（3）以被采访者难以觉察的方式使用声像记录设备的采访。

（4）承诺采访仅为了解信息而不以声像记录或者不公开采访内容，但是违反承诺的采访。

第四十六条（《审议规则》的解释）

《审议规则》由中国广播电视协会解释。

第四十七条（《审议规则》的修改）

1.《审议规则》在有效期内保持稳定。

2.《审议规则》应当根据实践的需要及时修改。

3.《审议规则》修改的程序与《审议规则》制定的程序相同。

第四十八条（《审议规则》的发布与生效）

《审议规则》于？年？月？日发布，并自发布之日起生效。

三、产业年与产品规格（或“节目标准”）[1]
——“三道金牌”撬动内容产业的法制进程

2004年是中国广播电视的“产业年”。产业化风起云涌，新事物层出不穷。而当年4月份，业内最热门的话题无疑应当属于国家广电总局发布电视剧管理的三项新规定。[2] 这一被媒介体称为“三道金牌”的管理政策一出台，就受到了社会的广泛关注，媒体报道和网上评论都很踊跃，[3] 以至于在五一长假期间专门发布了《国家广电总局负责人就加强涉案剧播出管理答问》，及时澄清“社会上对总局加强涉案剧审查和播出管理的政策一些不准确的认识”，[4] 并首次披露“广电总局电视剧管理司正在积极着手研究制定符合我国国情的影视剧分级分类管理办法，使影视剧管理工作更加科学化、规范化、法制化。”

从“三道金牌”的最后一道(即《关于加强涉案剧审查和播出管理的通知》)于4月19日公布，到正式披露“符合我国国情的影视剧分级分类管理办法”正在研究制定中，其间不过短短11天时间，事件发展之快，令人目不暇接。其中最令人振奋的无疑是总局负责人在《答问》中提出了“管理工作更加科学化、规范化、法制化”的目标。这显然是中国广播电视产业年最重要的收获之一。

电视业的统计表明，由电视剧拉动的广告收入占广告总收入的70%，因此有所谓“广告经营就是电视剧经营”[5] 之说。2003年，我国电视剧完成量达到10381集，首次突破万集大关，投资规模约为30亿元左右，[6] 在文化产

---

[1] 本文为作者于2000年5月5日为《广播电视热门话题扫描》一书撰写的文稿。

[2] “三道金牌”亦被媒体称为“三道禁令”，即国家广电总局于2004年4月9日发布的《关于认真对待“红色经典”改编电视剧有关问题的通知》、12日发布的《关于禁播电脑网络游戏类节目的通知》和19日发布的《关于加强涉案剧审查和播出管理的通知》，见 http//www.sarfe.gov.cn/index.html

[3] 新浪网在“热点专栏”设“广电总局净化荧屏”专题，在2004年3月29日至5月2日期间共发布有关新闻信息78篇，读者参与讨论者无数。

[4] 《国家广电总局负责人就加强涉案剧播出管理答问》，2004年5月1日中国新闻网 http://ent.sina.com.cn

[5] 黄升民：《电视剧生死场》，中华新闻报2003年10月15日。

[6] 《涉案剧反腐剧应避免“一刀切”》，北京青年报2004年4月12日。

业市场上已经占有重要份额。电视剧在实现宣传教化功能的同时，也在为经济发展做出贡献。

是产业就有产品，是产品就应当有规格，这是不言自明的道理。但是当我们从产品规格审视电视剧的生产标准时，发现它还相当模糊。仅以《关于加强涉案剧审查和播出管理的通知》中所指出的“展示血腥、暴力、凶杀、恐怖的画面”而言，就极易产生见仁见智的不同的理解。而如果确实依该项通知的规定，将所有“涉案题材”的影视剧统统赶出黄金时段，那么我们的子孙后代今后便难以从电视上了解福尔摩斯那充满智慧的探案故事，更无从欣赏到《尼罗河上的惨案》一类的经典作品，中国青少年将因此与某些优秀的影视文化精华无缘。这显然不是总局发布“三道金牌”的初衷。而通知发布仅一个月，涉案剧上黄金时段便有了松动，[1] 也说明主管机构也在管理与繁荣之间不断找寻平衡。

可见，问题不在于什么类型的剧目，而在于如何拍。正如某些影视剧导演所说：“警匪剧也可以拍得很干净”[2]，“不一定非要打打杀杀，不一定非要暴力、血腥加阴暗”[3]。这个道理在政府官员那里有另外一种表述，总局电视剧司副司长王卫平说：“主要是科学、细致、合理地来划线”[4]——在这里，产品规格（或称“节目标准”）的客观需求产生了。

（一）从涉案剧的内容控制看制定“节目标准”的法律依据

在有关“三道金牌”的报道和评论中，就总局发布《关于加强涉案剧审查和播出管理的通知》（以下简称“涉案剧通知”）的不同意见最多。我们有必要寻找法律依据。

在宪法中，与电视剧创作直接相关的规定主要有：

---

[1] 刘江华：《一般涉案剧可上黄金挡》，北京青年报 2004 年 5 月 20 日。

[2] 王平平、邓秋：《广电总局“严打”涉案剧，名家众说纷纭意见不一》，成都晚报 2004 年 4 月 21 日。

[3] 《涉案剧反腐剧应避免“一刀切”》，北京青年报 2004 年 4 月 12 日。

[4] 张建群：《广电总局人士：电视剧要分级，“成人频道”将现身》，新闻晚报 2004 年 4 月 30 日。

第四十七条：

中华人民共和国公民有进行科学研究、文学艺术创作和其他文化活动的自由。

第五十一条：

中华人民共和国公民在行使自由和权利的时候，不得损害国家的、社会的、集体的利益和其他公民的合法自由和权利。

显然，按照宪法的规定，保护公民的创作自由以及不侵犯他人和自由和权利都十分重要。制定规则时，这二者应当被认真权衡。

按照"以法治国"和"依法行政"的基本原理，政府的行政权力非法律授权而不能为。

而对创作自由、表达自由这种宪法性权利的限制也应当由法律确立规范。由于《广播电视管理条例》作为行政法规，《电视剧审查暂行规定》《电视剧管理规定》作为行政规章，其法律位阶较低，[1]我们必须首先从由全国人大及其常委会制定的法律中寻找依据。

目前，直接限制文化产品创作内容以及加强节目管理的法律依据是1999年6月28日由第九届全国人大民代表大会常务委员会第十次会议通过的《中华人民共和国预防未成年人犯罪法》第三十二条的规定：

广播、电影、电视、戏剧节目，不得有渲染暴力、色情、赌博、恐怖活动等危害未成年人的身心健康的内容。广播电影电视行政部门、文化部门必须加强对广播、电影、电视、戏剧节目及种类演播场所的管理。

上述法律明确提出了广播影视戏剧节目的底限，即"渲染暴力、色情、赌博、恐怖活动等"内容，其原因是"危害未成年人身心健康"。这与总局"三道金牌"

[1] 根据法学原理，位阶最高的是宪法，它的制订程序最为严格，因此也最稳定，以下依次是由全国人大及其常委会制定的法律，由国务院制定的行政法规和省级人大制定的地方性法规，由国务院各部委制定的行政规章。因此，由国家广播电影电视总局发布的《电视剧审查暂行办法》和《电视剧管理条例》是位阶最低的法律规范。根据立法法的规定，下位法不得违反上位法的规定，行政规章只能细化处于上位的法规、法律和宪法的规定，而不能有所违反。

相关规定的出发点不谋而合，但具体内容稍有偏差。[1]

被法律要求的不得渲染暴力、色情、赌博、恐怖活动等内容是广播影视节目的最低要求。由于国家广播电影电视总局1999年4月发布的行政规章《电视剧审查暂行规定》第三章已经在相当程度上细化了审查标准，[2] 因此笔者认为，目前控制涉案剧不良内容的法律、法规及行政规章的依据较为充分，并没有任何一种意见拒绝上述审查标准，问题在于标准的操作性或具体执行。政府需要做的是两方面的工作：一是分级制度的确立，以期最大限度地在保护创作自由和保护未成年人两种重要价值间寻找平衡点。二是进一步细化“暴力、色情、赌博、恐怖”的标准。如，什么情形是“造成强烈感官刺激的接吻、爱抚以及与性相关的不良画面”？显然，不同的人、不同的年龄和生活阅历对“感官刺激”的反应是不同的，究竟应当如何处理，是否需要量化，[3] 都是值得探讨的问题。

由涉案剧的审查标准出发，我们会发现广播电视节目作为文化产品在其他很多方面都缺少规格（或标准），如犯罪题材的表现、历史名剧的改编、以偷拍偷录方式获取素材以及“模拟现场”或“真实再现”的表现手法等，均属于运用广泛又争议较大的情形，但却未有统一的、公开的、书面表达的、相对稳定的、可操作的标准。[4]

目前，我国广播电视节目内容基本是以行政法规为原则性框架，以纪律约束和口头管理为主要手段的管理模式，它虽然具有管理方式灵活，便于随着形势变化及时调整的优点，也存在一些重要的缺陷，如不公开、不稳定、因时而异、因事而异、界限模糊、操作性差等。与宪法所规定的“依法治国”

---

[1] 人大常委会发布的《预防未成年人犯罪法》中列举的不得渲染的内容是“暴力、色情、赌博、恐怖活动等”，而总局发布的《关于加强涉案剧审查和播出管理的通知》中提出要“删减、弱化和调整”的内容是“展示血腥、暴力、凶杀、恐怖的场景和画面”。二者略有出入，而法律规定比《通知》规定的内容更为宽泛。

[2] 《电视剧审查暂行规定》中第三章为“审查标准”，共有2条、16项内容，同时对“暴力”（4项）和“色情”（5项）的内涵进一步细化。

[3] 王永利：《我国影视产品审查制度亟待科学化》，《中国电视》2004年第1期《电视剧审查暂行规定》中第三章第十一条“（一）夹杂淫秽色情内容的：2. ……”。

[4] 笔者自2000年起关注并呼吁制定广播电视节目标准，多篇文章涉及对犯罪题材的表现、历史名剧的改编、以偷拍偷录方式获取素材以及“模拟现场”或“真实再现”的表现手法等争议较大的问题，对应当确立什么样的标准做了一些探讨，同时介绍了各国节目标准的情况。

的治国方略，与党的十六大提出的“依法执政”“依法行政”的理念更不相符。如果说目前以这种模式管理一般广播电视节目尚且有效的话，那么对于产业化程度较高的电视剧制作业来说就显得极不适应。当业者惊呼“连成本的三分之一都收不回来”“最受伤的是投下巨资又收不回成本的制作方”时，[1]“出台更为细致、规范、便于操作的标准，以便投资方、制作方掌握创作尺度”的呼声从电视剧业者中最先出现[2]就不足为奇了。

（二）各国“节目标准”的异同

中国已经加入世贸。当我们讨论广播电视节目的“产品规格”问题时，当然要开眼看世界，必定会注意到许多国家广播电视业一项不约而同的共同选择——节目标准。它们的名称不一，称为“标准”“准则”“政策”“守则”等等，但都属于规范节目内容的、以条文化形式表达的规范。

从性质上看，它们大致分为以下几类：

自律性的节目标准。以英国广播公司(BBC)[3]和美国全国广播公司(ABC)为代表，是旗下所有制作和播出机构对各类重要业务问题的统一标准，文字达数万字，成为一本小册子。由于自律性的节目标准来源既有法律，也有职业道德和编辑经验，因此也是动态性的，几乎每年都修改补充和完善。

自律兼他律（或称“准自律”“准他律”）的节目标准。以英国《独立电视委员会节目准则》[4]和韩国《关于广播电视播出的审议规则》[5]为代表。它是一个主要由社会贤达组成的、政府委任的、代行行政管理权的委员会制定并执行的，具有一定的强制性，违反规则将导致一定的处罚的规范性文件。

他律性的。以我国香港特区的广播事务管理局依据香港《广播条例》而制定的电台、电视台《通用业务守则——节目标准》，规定了不同类别播出

[1] 王平平、邓秋：《广电总局“严打”涉案剧，名家众说纷纭意见不一》，成都晚报 2004 年 4 月 21 日。

[2] 《国家广电总局负责人就加强涉案剧播出管理答问》， 2004 年 5 月 1 日中国新闻网 http://ent.sina.com.cn

[3] BBC Producers’ Guidelines

[4] 陈晓宁主编《广播电视新媒体政策法规研究——国外法规与评介研究》353 页。

[5] 《世界广播电视参考》2004 年三期。

机构及不同节目的底线标准，要求“持牌人不但须遵守本守则所载列的条文，还须遵守其中的精神”，[1]具有强制性。

准自律（准他律）和他律性的节目标准其标准相对较低（因为必须有法律依据），制定程序较为严格，效力也相对稳定。而自律性的节目标准相对较高、较严。

不论何种性质，以上各类“节目标准”都具有如下特点：

一是文件公开。这里的“公开”有两层含义：一是在内部公开，播出机构和制作机构中的从业者人人皆知，甚至人手一册；二是向社会公开，请公众监督，并受理公众投诉。

二是内容丰富。以上标准少则数千字，多则数万字，从新闻采访、获取资料、编辑手法、节目制作、播出原则均一一规范，其内容涵盖真实、准确、平等、公正、多元化等原则，有关女性、未成年人、残疾人、少数民族、专家、嘉宾、犯罪者等群体，具体涉及宗教、迷信、邪说、选举、性及色情、赌博、暴力、毒品、黑社会、公共关系等领域，对诽谤、隐私、国家秘密、著作权等法律问题亦加以细化。

三是操作性强。虽然文字表达风格各有特色，但都以条文化的形式发布，以广播电视从业者便于理解的文字，便于运用的格式加以表达。如美国全国广播公司的《新闻报道政策》，仅在“采访报道骚乱事件”项下，就向记者和编辑提出15条具体要求和建议，操作性极强。而越是具有他律性的节目标准，其文字越是规范，含义越是精确。

四是程序严谨。其中以韩国《关于广播电视播出的审议规则》和英国《独立电视委员会节目准则》的程序性规定最具代表性。其中前者以专章形式规定“审议（节目）的程序”，有“一般程序”和“重审程序”两大部分，内容包括“惩罚措施”“惩罚措施的执行”“相关人的申辩”“重审申请”“重审方法”“重审决议”“重审效力”等，确保规则可以依程序顺利启动并正常运行。而后者则充分运用并体现了程序的价值，将复杂的广播电视业务问题以简单的程序性规定加以规范，从而确定了相关人的权利和责任，充分展示出英国法律文化的精髓。

[1] 香港特区政府网站 http: //www.comsauth. hk/sc/complaints/proceaures/tv_radio/lodging/index.html

五是事后追究。上述所有的节目标准都明确了追惩原则。因此在节目播出之前，标准只是制作和播出机构自我约束的准则，任何（法律的、道义的）责任都产生于播出之后。其中较为例外的是韩国《关于广播电视播出的审议规则》，该文件在第4条“审议方法”的第一段中首先确认了“事后追究”原则，又在第二段中规定：“尽管有上述第（1）段的规定，委员会可以在商业广播开始传播前对它进行审议并决定它是否可以进行传播”。

定有广播电视节目标准的国家和地区除美国、英国、韩国以及我国的香港特区外，还包括：法国、德国、日本、加拿大、澳大利亚、新加坡、马来西亚以及我国台湾省等。

为什么如此众多的国家和地区不约而同地做出了大致相同的选择？这其中的规律、管理理念及价值选择值得中国广播电视业参考。

（三）中外广播电视节目内容管理模式比较

根据笔者的研究，在发达国家，广播电视节目规则呈现“枣核型”，两头小，中间大，即他律少，自律也不多，主要是靠不同程度的准自律规则实现的。因此，发达国家可以实现小政府，大社会。而我国广播电视节目规则基本只有一种形态，即他律性。自律性规则极少，而准自律规则基本没有。由于如上所述的他律性规则的天然缺陷，其结果是：政府成为惟一的管理者，强制力成为惟一的管理手段，管理机制缺乏弹性。管理者任务繁重，管不胜管，小政府无从实现，既不可能关照到所有的（如历史剧的创作原则）问题，更难免顾此失彼，按下葫芦起来瓢。而由于审查或再审查中的不确定性，被管理者无所适从，电视剧的制作和管理成本加大则难于避免。[1]

根据法学原理，自由不是无法无天，任何的自由都有边界。制定规则的目的就是设定边界，它应当是公开的而非封闭的，是相对稳定的而非朝令夕

---

[1] 陈凯歌监制的35集电视剧《吕布与貂蝉》取材于《三国演义》，对观众熟悉的吕布与貂蝉的故事进行了大胆演绎。2002年4月开播后，在若干大城市创造了收视新高，也遭到前所未有的批评。国家广电总局根据部分观众的反映，下达紧急停播的命令，提出近百条修改意见，先后经四轮修改并更名为《蝶舞天涯》，于2003年11月上旬再次通过审查。制片人范小天说：“这次停播让我们损失近1000万元，相当于一部中型电视剧的投资”。见2003年11月26日《京华时报》《新京报》。

改的，是统一的而非因人而异因地而异的，是书面的而非口头的，是明确的而非模糊的，是可操作的而非概念化的。根据笔者的观察，不论性质如何，也不论名称如何，发达国家的广播电视业都有这样一本公开的、相对稳定的、相对统一的、书面的、可操作的广播电视节目标准，它是一本小册子，被广播电视的记者、编辑和制片人称为“圣经”。[1]

这本小册子的好处太多了。有了这种广播电视节目标准，从业者就可以根据这个人人平等的标准选择自己的行为模式（如可否投资），预期自己行为的后果（如是否赚钱、风险多大）。而非公开的、随时变化的、因人而异、因地而异、因时而异的、口头表达的、界限不清的标准，则是典型的经验型、人治化的管理模式。表面看起来没有什么成文规则，似乎很自由，但只要来自管理机关，不论什么时间（如播出前、播出时或播出后）、不论什么问题（如有一个人或几个人提出意见）、不论什么方式（如有时书面决定，有时口头通知），不论有无损失（如有的节目已签订合同），有权确立规则却成了人人皆知、户户必守的潜规则，给管理的随意性留下了巨大的空间，也极易造成资源的浪费。

因此我们可以说：没有规则就没有自由，而没有自由也就当然没有繁荣。在《宪法》规定“依法治国”，中共十六大报告提出党要“依法执政”、政府要“依法行政”的今天，人治为主的内容管理模式已经显得越来越不适应，电视剧制作业内人士呼吁“为历史题材电视剧立法”[2]正是这一政治大背景下的必然呼声。

值得注意的是，各国对广播电视传播内容的要求严于平面媒体，其规则也比平面媒体的规则要细密，这正是广播电视作为进入千家万户的、影响巨大的大众传媒与其他传媒的重要区别。

---

[1] 徐迅《编辑记者和制片人的“圣经”》，《中国记者》2001 年 11 期。

[2] 范小天从事电视剧制作已近 10 年，他的公司是于 2003 年首批获得国家广电总局颁发的《电视剧制作许可证（甲种）》的八家非公有制机构之一。他在电视剧《吕布与貂蝉》修改并更名为《蝶舞天涯》后呼吁：“要尽快为历史题材的电视剧立法”。见 2003 年 11 月 26 日《京华时报》《新京报》。

（四）建议制定中国广播电视节目标准

根据中国广播电视业发展的现状，参照国际间同业的成功经验，尽快产生公开的、条文化的、相对稳定的、操作性强的节目标准，以自律和他律相结合的规范化管理为主的管理模式，逐步替代纪律约束和口头管理为主的管理模式，已经成为中国广播电视业法制建设的重要课题。

本文在此提出一项建议：由国家广播电总局或中国广播电视学会牵头，投入一定人力、财力，在目前已有的各类规范的基础上，广泛听取各方意见，本着实用、可操作的原则，制定一部每年修订的、可以公开发行的、广播电视业人手一册的《中国广播电视节目标准》或中央广播影视集团《节目标准》。

1. 标准的来源

标准的来源十分丰富，标准制定者所要做的工作是将之整理、抽象并表达出来。

(1) 宪法

(2) 法律（全国人大及其常委会制定，以中华人民共和国主席令发布的相关规范）

(3) 法规（国务院制定，以国务院总理令发布的相关规范）

(4) 规章（总局制定，以部长令发布的相关规范）

(5) 司法解释（最高人民法院、最高人民检察院发布的相关规范）

(6) 规范性文件（总局总编室制定，以总局文件形式发布的多项相关文件）

(7) 纪律（包括中宣部文件，以国家广电总局2002年发布的两个较为详细的纪律性规范为主）

(8) 职业道德（以中华全国新闻工作者协会制定并发布的《中国新闻工作者职业道德准则》为主）

(9) 编辑经验（包括外国同行共同认可的若干职业理念）

其中前7项带有不同程度的强制性，属他律性质，而第8、9两项是自我约束的规范，属于自律性质。

2. 标准的内容框架

根据广播电视工作流程的特点，节目标准大致应当包括三大部分：

(1) 广播电视工作者与相关个人和机构的关系原则，主要调整广播电视从业者（包括记者、编辑、制作人、播出机构）与各类相关人（包括权力机构、公关机构、消息提供者、被批评者、著作权人、嘉宾等机构和人员）的关系。

(2) 广播电视节目的审查原则，主要解决播出内容与各类规范的协调一致。主要内容应当包括：准确，格调与品位，时政、外交，国家秘密，突发事件（如交通事故、重大安全生产事故、有毒物泄露事故等），灾情（地震、水灾、泥石流等），疫病，犯罪，司法，未成年人，色情，暴力，民族，宗教，涉及港澳台，语言与文字，广告，违规责任等。

(3) 程序性规定，主要解决节目标准的运行规则。包括如何启动节目审查程序，如何确认是否违规，构成违规如何确认责任，如何承担责任，如何启动再审查程序，标准的修订与效力等等。

（五）中国广播电视节目标准的实现途径

1. 展开科研。

投入一定人力、财力，由总局或广电学会牵头，组织一个结构合理的班子。其主要任务是：

(1) 广泛收集资料。包括所有相关的规范、外国及港台的节目标准、国内外研究成果等。

(2) 进行研讨。对于某些尚无明文规范，存在潜规则或存在争议的业务问题抽象出既符合法治精神，又切合实际的成文规则。

提出草稿。据此为基础，广泛征求各方意见，进行修改完善。

(3) 撰写教材。在起草节目标准草稿的同时，对各条标准的内涵加以剖析，从法理、法律、纪律、政策、道德、国内外及理论与实践等多个角度深入分析，为实施标准而展开的培训准备教材。

2. 推广使用。

根据以科研成果方式出现的节目标准的成熟程度，可以分别采取不同形式推广。

(1) 如果标准较为成熟，可以作为总局文件下发，要求基层执行或参照执行。由于标准可以根据实践需要每年修订，给初生的节目标准留下了充分的调整空间，制定者和实施者对标准的修改完善都抱有预期，因此标准的修改不会招致“朝令夕改”的批评，也就是说标准的稳定性不会产生法律危机。

（2）如果认为节目标准尚需实践的检验及磨合，可以选择试点单位，如中央广播影视集团、北京广播影视集团试行。试行的结果将充分检验节目标准的实用价值，丰富节目标准的内容。

（3）如果政府不宜直接出面推行，该科研成果可以公开出版，向社会公布，由各广播电视播出机构有选择地自愿实施。

3. 培训从业者

对于实施节目标准的广播电视播出机构而言，让所有从业人员了解标准的内容、内涵是正确实施标准的前提条件，这个“了解”的过程可以通过业内培训来实现。标准实施的范围大小，决定了培训规模的大小。由于科研成果中包括“节目标准”和“培训教材”两部分，因此制定节目标准的过程也就是锤炼培训教材的过程。如果培训是成功的并逐步走向成熟，则“按照节目标准制作节目”，可以成为广播电视播出机构与劳动者签署聘用合同的必要条款；而“广播电视节目标准的理论与实践”也可以成为新人入台教育及在职从业者继续教育的必修课。

四、电视剧生产应当有规则[1]

——电视剧《吕布与貂蝉》一案的法律视角

事件背景：陈凯歌监制的35集电视剧《吕布与貂蝉》取材于《三国演义》。该剧汇集众多演艺明星，对观众熟悉的吕布与貂蝉的故事进行了大胆演绎。2002年4月开播后，在若干大城市创造了收视新高，也遭到前所未有的批评。国家广电总局根据部分观众的反映，下达紧急停播的命令，提出近百条修改意见，经三轮修改，出品方才明确了修改的主要方向：必须就该剧对三国经典人物和故事的颠覆与戏说进行修改。在第四次修改中，出品方对该剧动了关键手

[1] 本文发表于《中国广播电视学刊》2004年第三期。

术，更名为《蝶舞天涯》的该剧于2003年11月上旬正式通过审查。对该剧遭停播一事，陈凯歌曾以“无话可说”表示无奈。该剧制片人范小天说：“这次停播让我们损失近1000万元，相当于一部中型电视剧的投资”，他“希望对历史题材电视剧要尽快立法，降低非市场原因给电视剧生产带来的不确定因素。”

资料来源：2003年11月26日《京华时报》《新京报》

2003年，我国电影的生产数量为193部，[1] 而获得拍摄许可的电视剧有9000多集。统计表明，在电视业的整个广告收入中，电视剧占了70%，因此有所谓“广告经营就是电视剧经营”[2] 之说。毫无疑问，在文化产业市场上，电视剧已经占有重要份额。电视剧在实现宣传教化功能的同时，也在为经济发展做出贡献。

是产业就有产品，是产品就应当有规格，这是不言自明的道理。但是当我们从产品规格的角度审视电视剧的生产标准时，发现它还相当模糊。《吕布与貂蝉》停播并四次修改的命运说明了这一点。在播前审查的制度框架[3] 下，这个案例可以引发哪些思考？

（一）可能为历史题材电视剧立法吗？

市场经济就是法制经济。刚刚迈入市场经济的中国，对法制呼唤之强烈，对立法的期待之迫切不仅超过中国历史的任何时代，恐怕也超过当今世界上任何一个国家，以至于冷静的学人提醒说：“在中国，法制或法治可能成为一种‘神话’，被人们不加批评，不加置疑，盲目信奉”。[4] 事实上，法律并不万能，许多事情法律不管，不能管，也管不了。如果法律将人们所有的行为都一一明文加以规范，那将是一场灾难：一方面，社会运行的机制没有了弹性，丧失了任何回旋的余地；另一方面，人们没有了选择的空间，自由将丧失殆尽。这不

[1] 张英：《中国电影改革：没有三级片》，《南方周末》2003年11月13日。

[2] 黄升民：《电视剧生死场》，见《中华新闻报》2003年10月15日。

[3] 《广播电视管理条例》第三十三条规定：广播电台、电视台对其播放的广播电视节目内容应当依照本条例第三十二条的规定进行播前审查，重播重审。

[4] 朱苏力：《社会转型期不能过分迷信法治》，见凤凰网 http://news.ifeng.com/exclusive/lecture/special/zhusuli/ 最后访问日期2015年6月2日

仅与现代法治文明风马牛不相及，而且将造就一个空前恐怖的法律帝国。

法律不能、也无法包打天下，法律只能设置底线。法律除了要明文禁止一些恶劣的行为外，也规定人们的基本权利义务。在法律的禁止性规范与权利性规范之间，有一个相当大的灰色地带。依据“法无禁止即为权利”的现代法治理念，这块地带应当属于行为人选择的空间。于是，自由出现了。与电视剧创作密切相关的自由，在宪法上体现为言论自由、出版自由和创作自由等，在学理上称为表达自由。由于法律的禁止性规范是人们行为的底限而非上限，因而自由是广泛的；又由于法律的禁止性规范是明晰的，因而自由的空间也应当是能够找到边界的。

显而易见，不可能为历史题材电视剧立法。从法理角度看，对于创作内容的法律限制，是对出版自由和创作自由这一公民宪法基本权利的限制，这种限制非法律而不能为，也就是说，只有全国人民代表大会及其常委会制定的法律才可以限制。国务院发布的行政法规和由国务院部委发布的行政规章都只能对法律已有的禁止性规范加以梳理和细化，而不能有所超越或增加，否则就构成对公民宪法权利的侵犯。从目前我国宪法和法律已有的规定看，显然不可能对历史题材的电视剧创作制定什么法律规范。[1] 再从技术角度看，如果真的为历史题材电视剧立了法，那么其他题材的电视剧又如何？比如警匪剧、言情剧、战争剧、名著改编剧等等。既然电视剧立了法，那么其他剧种又如何？既然戏剧立了法，那么其他艺术形式又如何？比如绘画、摄影、电影、歌舞等等。果真如此，创作者就会有一本永远学不完、搞不懂的法律天书，创作自由就没有了呼吸的空间，所谓双百方针、繁荣创作也就徒有虚名。

据报道，电视剧《吕布与貂蝉》亦或《蝶舞天涯》的投资人范小天从事电视剧制作已近10年，他的公司是首批获得《电视剧制作许可证（甲种）》资格的八家非公有制机构之一，当属较有代表性的业内人士。他关于“对历史题材电视剧要尽快立法”的呼声应当引起重视。依笔者理解，他所说的“立法”并非严格意义的法律概念，他想表达的核心意思是“电视剧生产需要规则”。本文主题与之不谋而合。

---

[1] 郭镇之:《法制、自由和新闻监督》，见第三届“新世纪新闻舆论监督”研讨会论文集第55页。

（二）电视剧生产需要什么规则?

是产业即有产品，是产品就要有规格。制定“规则”或称“标准”的目的是保证产品符合规格。

规则按其性质分为：他律、准自律和自律。他律性规则专指法律，不遵守法律规范[1]将导致强制力的处罚，如罚款、吊销许可证等后果。他律由政府或法院执行，受法律制约。准自律规则是由行业管理机构或行业协会制定的，这里的“管理”不是指政府管理，而是由一个政府委任的机构代替政府对行业行使部分行政管理权。根据若干发达国家的经验，[2]所谓“部分行政管理权”是指程度不同地包括：节目标准制定权、公众投诉受理权、裁决权以及处罚权等。这个机构依法组成，其权限界于法律和自律之间，带有程度不同的强制性，实际上是解决广播电视节目在法律灰色地带的操作规则。这种规则具有较强的业务性，需要符合行业的特点及规律，广泛吸收实务界的操作经验和学术界的研究成果，具有高度的业内认同和较强的操作性。自律性规则是同业自己制定的非强制性规范，也可称道德规范，它靠从业者的内心共识而存在，违反自律规则不会导致任何处罚，却会导致公信力下降，市场萎缩。

规则按其内容分为：实体性和程序性。所谓“实体性规则”是指有关节目内容的一些规范，如历史剧创作应当遵循的原则，有关色情、暴力、赌博影像的限制等等。所谓“程序性规则”包括，节目审查者的主体资格、[3]权限、时限、停播的具体条件、启动重新审查的条件、申诉的规则等。

根据笔者的研究，在发达国家，广播电视节目规则呈现“枣核型”，两头小，中间大，即他律少，自律也不多，主要是靠不同程度的准自律规则实现的。因此，发达国家可以实现小政府，大社会。而我国广播电视节目规则

[1] 这里所说的“法律规范”包括：全国人大及其常委会颁布的法律，国务院颁布的行政法规，省、自治区、直辖市人大及其常委会颁布的地方性法规，国务院各部委颁布的行政规章。除此之外的规范性文件不应属于“法律规范”的范畴。

[2] 据笔者收集到的资料，BBC 及美国各大广播公司均有自律性节目标准，英国、日本及我国香港特区均有准自律性质的节目标准。

[3] 导演尤小刚曾经向媒体发表谈话，认为“电视剧审查‘婆婆’太多”。他说：“有的剧在审查时，除了政府主管部门审查外，一些行业的管理部门也来审定，势必形成政出多门的情形。‘婆婆’一多，电视剧生产单位就很难适从。”见《北京广播电视报》2003 年 9 月 8 日。依笔者理解，尤氏在这里提出的其实是一个电视剧审查者的主体资格问题。

基本只有一种形态，即他律性。自律性规则极少，而准自律规则基本没有。由于如上所述的他律性规则的天然缺陷，其结果是：政府成为惟一的管理者，强制力成为惟一的管理手段，管理机制缺乏弹性。管理者任务繁重，管不胜管，小政府无从实现，既不可能关照到所有的（如历史剧的创作原则）问题，更难免顾此失彼，按下葫芦起来瓢。而由于审查或再审查中的不确定性，被管理者无所适从，电视剧的制作和管理成本加大则难于避免。[1]

根据法学原理，自由从来不是无法无天，任何的自由都有边界。制定规则的目的就是设定边界，它应当是公开的而非封闭性的，是相对稳定的而非朝令夕改的，是统一的而非因人而异、因地而异的，是书面的而非口头的，是明确的而非模糊的，是可操作的而非概念化的。根据笔者的观察，不论性质[2]如何，也不论名称[3]如何，发达国家的广播电视业都有这样一本公开的、相对稳定的、相对统一的、书面的、可操作的广播电视节目标准，它是一本小册子，被广播电视的记者、编辑和制片人称为“圣经”。我相信，这就是范小天先生所追求的规则。

这本小册子的好处太多了。有了这种广播电视节目标准，从业者就可以根据这个人人平等的标准选择自己的行为模式（如可否投资），预期自己行为的后果（如是否赚钱、风险多大）。而非公开的、随时变化的、因人而异、因地而异、因时而异的、口头表达的、界限不清的标准，则是典型的经验型、人治化的管理模式。表面看起来没有什么成文规则，似乎很自由，但只要来自管理机关，不论什么时间（如播出前、播出时或播出后）、不论什么问题（如有一个人或几个人提出意见）、不论什么方式（如有时书面决定，有时口头通知），不论有无损失（如有的节目已签订合同），管理者有权做出决定却成了人人皆知、户户必守的潜规则，给管理的随意性留下了巨大的空间，也极易造成资源的浪费。

因此我们可以说：没有规则就没有自由，而没有自由也就当然没有繁荣。

---

[1] 显然，电视剧《吕布与貂蝉》是曾经经过审查，获得发行许可证的。重新审查、四轮修改后再重新获得许可证，无疑都加大了该剧的生产和管理成本。

[2] 在性质方面，英国《独立电视委员会节目准则》、韩国《关于广播电视播出的审议规则》等是准法律性质的；而BBC、NHK及美国三大广播公司的节目标准是准自律或自律性质的。

[3] 在名称方面，各国有“节目标准”“节目准则”“审议规则”“业务准则”“报道政策”“业务手册”等各种称谓。

在《宪法》规定“依法治国”，中共十六大报告提出党要“依法执政”、政府要“依法行政”的今天，人治为主的内容管理模式已经显得越来越不适应。范小天先生呼吁“为历史题材电视剧立法”正是这一政治大背景下的必然呼声。

值得注意的是，各国对广播电视传播内容的要求严于平面媒体，其规则也比平面媒体的规则要细密，这正是广播电视作为进入千家万户的、影响巨大的大众传媒与其他传媒的重要区别。因此，我赞同电视剧创作的自由空间要小于其他艺术形式。

（三）规则应当由谁来制定?

首先，政府负有推动规则细化的责任。不能说目前我国电视剧管理没有规则。但基本特点是法规等级偏低，[1] 而且部分规章还需要解决与法律的衔接问题，[2] 另有大量规则属于内部文件，[3] 并不公开，属于政策行政而非依法行政。在这方面，电视剧管理法制化的任务十分繁重。如果吸取发达国家制定节目标准的经验，对现有规则还需大大细化。来自国家广电总局总编室的王永利先生提交论文，提出我国与国际接轨，明确电视剧审查制度的科学量化，就属于类似的建议。

行业应有产生规则的自觉意识。目前我国电视剧每年投资拍摄上万集，这是一个相当大的生产规模，那么电视剧行业组织有没有一个设想或者共识，争取政府的支持和指导，总结某些电视剧的经验教训，从而确立一些共同遵循的自律性规则呢？科学表明，自律与自由有着天然的联系，一个健康的社

[1] 目前，我国尚没有与电视剧管理相关的法律。国务院颁布的行政法规只有《广播电视管理条例》，其中只规定了电视剧生产者必须获得许可证，并未规定电视剧作品必须获得播出、发行许可证。而为电视剧的播出、发行及出口等设定许可的《电视剧审查暂行规定》和《电视剧管理规定》都属于行政规章，是最低等级的法律规范。

[2] 本文所涉及的行政法规和行政规章与 2004 年 7 月 1 日起生效的《行政许可法》有许多相悖之处，包括自行设置许可、许可条件不够公开、被许可人无救济渠道、撤消许可无赔偿等等，亟待修改，以与上位法相一致。

[3] 查阅由国家广播电影电视总局办公厅编辑的《广播电视工作重要文件汇编》，涉及电视剧管理方面的文件，1999 年有 4 件，2000 年有 6 件，2001 年有 5 件。其中除有 3 件以“总局令”的形式发布外，其他 12 件全部以“通知”形式发布，发放到“各省、自治区、直辖市广播电视局（厅）、中央电视台、解放军总政治部宣传部艺术局、中直有关单位”。《广播电视工作重要文件汇编》的“编辑说明”中指出：“《汇编》属内部资料，请注意保存”。

会是一定需要规则的，不讲自律，不实行自我约束，就会出现他律，就会导致强力限制。不能主动吸取经验教训，就会出现下一轮停播禁演。从这个意义上说，自律的媒介最自由。承认这个道理，电视剧业联合起来，将以往的经验教训加以梳理抽象，在符合法律和道德的基础上产生一个业内共同认可的自律性规范，如电视剧《吕布与貂蝉》亦或《蝶舞天涯》修改四轮、损失一千多万的故事或许可以在一定程度上避免重演。

学术界应当为制定规则提供研究成果。以往有关电视剧的学术研究，属于戏剧美学、主旋律等方面的成果较多，规则层面的较少。笔者从2000年起关注并研究广播电视节目标准问题，发现有相当多的内容与电视剧有关。加之电视剧生产量大，产业化程度高，对规则的呼声强烈，而且现有规则的基础较好，因此，在广播电视节目内容规则的确立方面，电视剧率先起步应当仁不让。问题在于组织和资金，如果有人出面组织协调，并获得资金支持，学术界完全可以也应当与业界携手，提供研究成果。

（四）从本案出发可能产生的准自律规则

以电视剧《吕布与貂蝉》亦或《蝶舞天涯》为例，可以产生关于实体和程序两方面的若干准则。

1. 众所周知的历史名著不宜做改变基调的改编。

这是一条实体性准则。

在电视剧产品中，名作改编剧是一个重要品种，但不少名作改编剧播出后往往受到批评。有报道将电视剧《吕布与貂蝉》亦或《蝶舞天涯》称为历史剧，恐怕并不准确，严格地说它应当属于名著改编剧。因为吕布与貂蝉故事源于古典名著《三国演义》，而《三国》中有关吕布与貂蝉的故事又与历史事实有很大出入。某些观众难于接受的是电视剧对三国故事的颠覆，而不是对历史事实的颠覆。因此，将电视剧《吕布与貂蝉》称为名著改编剧更为恰当。

其实，在以往的电视节目中也曾有类似的现象出现：诸如某些编导将《白毛女》改成了黄世仁（债权人）跪地哀求杨白劳（债务人），用以讽刺当今借债不还的恶劣风气，将一部反映被压迫者反抗斗争的历史名剧的基调改变了；还有的将《梁山伯与祝英台》改成了搞笑剧，令一部千古流传的爱情悲剧变成了闹剧。此类做法或者受到了节目内容管理者的批评，或者在节目审查中未获通过。这与电视剧《吕布与貂蝉》亦或《蝶舞天涯》的类型几乎完全相同。于是我们可以抽象出一条节目标准，这就是“众所周知的历史名作不宜做改变基调的改编”。

所以抽象出这样的标准，是出于如下理由：第一，电视剧是由电视这种大众传媒传递的文化产品，是民族文化的主流传承载体，应当符合最大多数受众的审美习惯。如果很多电视剧将大众已经熟悉的历史名作改变了基调，如丑变美、坏变好、奸变忠、恶变善等，不仅不符合名著的历史地位，也容易导致子孙后代对名著的曲解。因此，电视剧应当秉承这样的标准。而其他艺术品种的改编创作则可以更为自由和大胆。第二，既然是改编，就应当允许相当程度上的再创作，因此，不宜改变的只是“基调”而非其他。第三，中国历史上的文学艺术名作很多，不能不加区别地限制电视剧创作者的改编，因此只有那些“众所周知”的历史名作才应当适用这个标准。第四，“不宜”不是“不应”，这体现了准自律节目准则的性质。“不宜”只是一个提醒，不带有强制性，它告诉所有的改编者，颠覆名作基调的改编可能会使部分受众难以接受，进而导致不同程度的不利后果。

2. 一定数量的公众投诉可以启动再审查程序。

这是一条程序性准则。

显然，电视剧《吕布与貂蝉》在停播之前是获得了许可证的，是由于公众的投诉才导致停播和修改，说明该电视剧对历史名作的“大胆演绎”超过了部分观众的承受力。但是，我国是一个人口大国，也是一个政治、经济、文化发展极不平衡的国家。电视受众中，既有金领、粉领和白领，也有灰领和蓝领；既有亿万富翁，也有尚未满足温饱的贫困人口，还有少量文盲，因此，对一部电视剧产生不同的反响是极其正常的现象。如果只要有人投诉，不论数量多少，就必然导致停播，不仅可能损害创作自由，也可能损害其他喜欢这部电视剧的观众的欣赏需要。因此，关键在于要掌握恰当的“度”，启动再审查程序的规定就是把握这个“度”的操作法。

此类规定应当包括如下一些要素：第一，投诉量。比如，一个全国播出的电视剧，如果投诉人总数超过一定数量（如100宗），地域分布达到一定数量（如10个省），将自动启动再审查程序。而对只有少量或个别投诉者的作品不能轻率启动再审查程序，以保证原审查后发放的许可证的严肃性，也避免不正当的商业竞争。第二，再审查人。应当规定，对被投诉电视剧进行再审查的人数要多于原审查者，人员组成要来自多方并有代表性，最初参加审查的人士应当回避。第三，再审查结果，可以判断改编作品“构成违规”，也可以结论为改编作品“不构成违规”，关键是要在保护创作自由和满足大众文化需求之间实现平衡。第四，对再审查结果的执行，包括公布再审查结果、要求部分修改、决定停止播出、对构成违规者的公开批评等。第五，对不服再审查结果者的救济。应当规定，改编者对审查或再审查的结果不服，可以公开表达意见，也可以对撤销播出许可证的行为请求政府行政复议或法院依法裁决。

本文从法律的视角，分析电视剧《吕布与貂蝉》禁播、四轮修改，最终更名为《蝶舞天涯》重获许可证的个例，说明电视剧制作、审查应当有标准。不能期望法律解决所有的问题，而尽快制定准自律或准法律性的行业标准将可能是最佳选择。

五、网络时代的表达标准需要共识与规范[1]

2011 年，中央人民广播电台法律事务处处理的涉及传播内容的投诉与诉讼共有七起，比上一年度增加了数倍，绝大部分发端于网络。另根据北京市海淀区法院的统计，[2] 发端于互联网的媒体侵权诉讼在过去的五年间已经超过传统媒体，其发案总量近于传统媒体发案量的三倍。这说明，网络媒体侵权诉讼已经或正在成为媒体侵权案件的主体。

---

[1] 本文为作者于 2011 年底为中央人民广播电台召开的“微博客与法律研讨会”提交的论文。

[2] 见《海淀区人民法院关于媒体侵权案件的调研报告》，载《回顾与展望：媒体侵权责任法律适用研讨会论文集》第 40 页。

（一）互联网表达标准尚待确立

作为媒体的法律顾问，我常常吃惊于网络表达内容法律标准的混乱。

比如：河北某个博客圈制定自律公约，其中有一条内容是“不反对政府”。虽然可以理解制定公约相关人的出发点，但我们要问：我国宪法四十一条规定“中华人民共和国公民对于任何国家机关和国家工作人员，有提出批评和建议的权利；对于任何国家机关和国家工作人员的违法失职行为，有向有关国家机关提出申诉、控告或者检举的权利”。那么，公民的这一宪法权利与“反对政府”是什么关系？温家宝总理指出：“必须创造条件让人民批评和监督政府”[1]与“反对政府”又如何划清界限？怎样表达才是科学、合法的？

再比如：当事人打官司，律师代理诉讼，一边在法庭上较量，一边在网络上开辟“第二战场”——大打口水战，各色人等、各类角色都在网上传播没有经过法庭认定的各种事实，并以法律之外的各种标准评说案件的是非曲直，那么宪法所规定的“人民法院依照法律规定独立行使审判权，不受行政机关、社会团体和个人的干涉”如何得以实现？

还比如，前不久网上热议著名学者的“三妈之骂”事件，有网上调查结果表明，竟然有超过半数的投票者认为“该骂”[2]。但侮辱他人是我国宪法明确规定的禁止性表达，一个群体或一个人、一个机构该受批评、甚至批判，与该不该骂人是两回事，不应混为一谈。遗憾的是不光普通网民在网上骂人，连公务人员也公开骂人，因此已经引起两桩名誉权诉讼。[3]最近甚至发展到有人要在微博上直播打架，通过网络传播殴斗等暴力行为。[4]可见某些网友走到了多远。

最令人不安的是某些法院的裁判，对一些公然揭露他人隐私，侵犯他人

[1] 见《温家宝：必须创造条件让人民批评和监督政府》，中国人大网 http://www.npc.gov.cn/npc/dbdhhy/11_4/2011-03/14/content_1646518.htm

[2] 据人民网对 53 万多网民的调查结果，只有 2 万多人认为“教授说脏话有辱斯文”，而 50 余万人认为“可以理解，一些记者和媒体该骂”。见人民网强国论坛 http://bbs1.people.com.cn/postDetail.do?id=113831787

[3] 一起是 2009 年记者成德林起诉湖南省石门县县委宣传部副县长部长贺欣初侵害名誉权案，见《宣传副部长公函骂记者：记者因举报与官司员交恶》http://news.sohu.com/20100111/n269496802.shtml；另一起是学者于建嵘诉某市委宣传部部长、文明办主任侵害名誉权案，目前正在立案程序中。

[4] 见天涯社区 http://www.tianya.cn/publicforum/content/free/1/2289435.shtml

权益的意见领袖，不仅不加制止，反而为其确立了比普通人还要低的表达标准，使胜诉者成为网民的恶劣榜样。[1] 这样的司法裁判，对传统媒体已经初步建立起来的表达秩序没有维护之功，却有破坏之力。

（二）就表达标准确立共识，强制力（法律）只是选项之一

大众传播法的基础理论告诉我们：法治对表达自由持最小限制原则，即限制表达自由时应尽可能采取最小范围、最低程度、最小代价的限制手段，[2] 而法无禁止即为自由。此外按照法治政府的要求，政府的具体行政行为将面临司法审查，没有法律依据的行政行为属于违法行政，必然损害政府的权威与公信。可见，法律不可能无处不在，它只能解决最坏的表达，其内容集中表现在“禁载十条”[3] 的规范中。因为法律面前人人平等，法律不可能给互联网设立单独一套表达标准，法律的禁止性规范对任何人、任何媒体都是一样的，网络等新媒体与传统媒体的区别仅仅是证据形态和责任的分担有所不同。那么，除了法律，还有哪些规范形态应当受到重视，又通过何种形式成为整个社会的共识呢？

（三）就表达标准形成共识，功夫在网外

我以为，传统媒体在长期传播实践中所形成的表达标准可以并且应当为社会做出表率，成为全民共识的基础。同时也必须承认，传统媒体那些不符合法律规定与法治精神的内容传播也在对公众的表达标准产生负面作用。

---

[1] 见《陆幽直面电视谈侵权案：我还会继续申诉》，人民网 http://legal.people.com.cn/GB/203936/13601228.html

[2] 齐小力：《论表达自由的保障与限制》，载《中国人民公安大学学报》，2010 年第 2 期。

[3] 所谓“禁载十条”是指有关传媒的一系列行政法规中规定的禁载规范，以《出版管理条例》为代表，经 2011 年修改后表述为：“第二十五条　任何出版物不得含有下列内容：（一）反对宪法确定的基本原则的；（二）危害国家统一、主权和领土完整的；（三）泄露国家秘密、危害国家安全或者损害国家荣誉和利益的；（四）煽动民族仇恨、民族歧视，破坏民族团结，或者侵害民族风俗、习惯的；（五）宣扬邪教、迷信的；（六）扰乱社会秩序，破坏社会稳定的；（七）宣扬淫秽、赌博、暴力或者教唆犯罪的；（八）侮辱或者诽谤他人，侵害他人合法权益的；（九）危害社会公德或者民族优秀文化传统的；（十）有法律、行政法规和国家规定禁止的其他内容的。”

比如：传统媒体尤其是影视节目内容不区别成年人和未成年人，没有内容分级或分时段播出制度，结果将法律（主要指《未成年人保护法》及《预防未成年人犯罪法》）所规定的对特定对象（未成年人）限制传播的内容（渲染暴力、色情、赌博、恐怖等）变成了普遍（对包括成年人与未成年人在内的所有公民）禁止传播的内容。于是，在政府的相关要求中就出现了如禁止涉性节目[1]、将“淫秽”与“色情”同等对待，共同列入“不得发行、播出”的范畴[2]等违反法律规定的标准。

再如，我国刑事诉讼法在1997年修改时已基本确立了无罪推定的制度，但近15年来，“无罪推定”远未被我国传统媒体消化并认真贯彻，违反无罪推定原则的新闻报道不断出现，远的有新华社对刘涌案的报道，[3]近的有《中国青年报》对李庄案的报道。[4]

又比如：西藏自治区政府曾经发布文件，禁止以任何方式表现天葬，[5]但央视的纪录片频道还在播出相关内容。

这些发生在传统媒体的违法传播，本应通过诉讼被法院制止。但在一些明显违反法律的传播纠纷中，法院却以“这是宣传部门的权利”[6]、“是正面报道”[7]为由予以支持，免除了媒体的侵权责任，其实是维护了媒体的法外特

[1] 《广电总局：去年停播19套涉性节目和一部电视剧》，凤凰网 http://news.ifeng.com/mainland/200806/0617_17_600035.shtml

[2] 此说见《广播电视宣传管理手册》（2010年试用版）第76页。问题在于，“淫秽”是我国刑法禁止传播的内容，有严格的判断标准，但法律从未将“色情”设为禁止传播的内容，只在《预防未成年人犯罪法》中将其列为对特定对象（未成年人）限制传播的内容，表达为“不得向未成年人渲染……”；而我国刑法在第三百六十七条第一款规定了“淫秽物品”的标准，而第二款、第三款先后规定“有关人体生理、医学知识的科学著作不是淫秽物品”；“包含有色情内容的有艺术价值的文学、艺术作品不视为淫秽物品”。这说明，色情内容并不在禁止范畴内，而什么是有文学艺术价值的作品法律也未给出明确的定义，足见问题的复杂性。

[3] 见《沈阳黑道霸主覆灭记》，http://unn.people.com.cn/GB/channel286/692/1749/200101/19/32051.html；《黑道霸主刘涌是如何当上人民代表的》，见 http://hi.baidu.com/799299986/blog/item/58d1a2f7ceb52b0c6c22eb56.html

[4] 《中国青年报》2009年12月14日题为《重庆打黑惊曝律师造假门》的报道被著名律师撰文批判，见陈有西《法治沉沦：中青报奇文批判》，见陈有西学术网 http://www.ynlawyers.org/newLawyerSite/index.aspx?user=10420

[5] 《西藏规定天葬活动禁止参观拍摄》，见 http://www.beelink.com/20060111/2010238.shtml

[6] 见赵家洪诉大石桥电视台、市广电新闻中心侵害名誉权案，（2000）营民字第368号民事判决书。

[7] 见李固珍诉团结报社侵害名誉权案，（2000）州民终字第171号民事判决书。

权。司法对传统媒体的这些宽纵如同交通信号灯出了故障一样，红灯绿灯胡乱闪烁，模糊了界线与标准。

上述司法行为通过传统媒体日复一日的传播越来越固化，更从负面影响着新媒体的表达标准。试问，传统媒体可以搞有罪推定，网络为什么不可以？传统媒体上可以将淫秽、色情不分，网络为什么一定要分？传统媒体可以违法表现天葬，网络为什么不可以表现？仅仅限制与管制互联网是没有意义的，也是不公平的。再加上我国国民的媒介素养教育水平偏低，人们对表达的标准共识少等重要因素的存在，我认为，在表达内容的标准方面，我国还缺少基本的制度性框架。

（四）法律之外应有行规

媒体传播的内容十分丰富，“禁载十条”显然不足以调整媒体内容传播中的所有问题。那么，法律之外还有什么规范呢？对于传统媒体而言，除了法律，还有政策（通知等红头文件）、纪律（多通过口头传达）、从编辑到媒体领导层的经验、记者编辑的职业道德以及专业规范等。

我曾经用一些重要的指标[1]来评价上述各种不同规范的价值。

在互联网领域，作为表达平台的网站是数百万个民营企业；表达者是亿万网民，多年来可以有效作用于传统媒体及职业新闻工作者的执政党纪律规范、政策规范等所固有的一些缺陷暴露出来，包括：不公开、不稳定、难以书面化、行业操作性差等等，传统媒体的这套规范体系不可能对接到互联网上。即使在互联网领域有黑名单、注销帐户等公司行为，由此对网民的表达加以控制，但也难免违约诉讼的司法审查。[2]

传播道德是否可以成为共同的规范？不可以。道德与法律同为人的行为规范，所不同的是道德是每一个人的内心标准，它靠人的良知与社会舆论作用于人的行为选择，它没有任何的强制力。因此，某些“缺德”的表达，只会受到批评，却难以或无法受到法律的追究。因此毫无疑问，只有法律，才

[1] 见本书第 5 页表格。

[2] 见《女子诉新浪封杀微博》，http://www.donews.com/net/201107/532964.shtm

是所有人的共同标准。不论传统媒体还是互联网，法律标准其实没有区别。

所以，仅仅有法律（或强制力）明显不够，还需要自律，特别是行业自律。如果以“强制力”作为座标，将我国传统媒体表达规范格局与西方发达国家表达规范的格局作一比较，会发现最大的不同在于我们的强制力规范过多，而具有不同程度强制力的行规却过于薄弱，甚至是空白。

通常认为，传统媒体的表达规范严于新媒体，职业新闻工作者的表达标准高于普通公民，这种“严”或“高”主要不是由法律决定的，除了上表所列的纪律、政策等因素外，还由于传统媒体在百余年的发展过程中形成了一整套行业规范，它的来源包括法律、职业道德以及专业标准，它的表现形式在西方发达国家是各种手册类的文件，它的性质是行规，但它在我国传统媒体几乎是一片空白。

在西方发达国家，传统媒体的行规基本都是公开的，公众可以据此向行业组织或媒体投诉。这些行规经过反复地适用与修改，在实践中逐渐成为公众的共识，对互联网时代的公民表达标准当然会产生潜移默化的影响。在我国，传统媒体的表达规范难以对公众产生影响存在多种原因，最根本原因是标准不公开。如上表所示，纪律、政策、经验等基本是不公开的，当然也难以示范于整个社会。

本文的结论是：互联网时代，我国传统媒体有必要加强行业规范的建设，表达标准要力图避免违法传播，尽可能地追求稳定性、书面化、可操作，并且必须公开透明，接受公众监督。惟有如此，传统媒体才可成为公民表达标准的积极榜样，标准接近了、统一了，整个社会的表达才能和谐有序，才有条件改变传统媒体与互联网“两个舆论场”[1] 的局面。

[1] 新华社前总编辑南振中很早就注意到，在当下中国，客观存在两个舆论场。一个是党报、国家电视台、国家通讯社等“主流媒体舆论场”，忠实地宣传党和政府的方针政策，传播社会主义核心价值观；一个是依托于口口相传特别是互联网的“民间舆论场”，人们在微博客、BBS、QQ、博客上议论时事，针砭社会，品评政府的公共管理。见人民网评《打通两个舆论场》，http://opinion.people.com.cn/GB/15119932.html

第二章 诽谤法论

一、中国宪法 41 条公民权利在互联网时代的突破性实践 [1]

提要：中国宪法 41 条赋予公民对国家机关及国家工作人员的批评建议权的实现，不是靠司法的努力，也不是靠不同资本进入媒体，而是拜互联网这一新技术所赐。中国网民在网上举报黑幕日益具有理性、法制和充分享用新技术的特点。随之而来的问题是追究言者诽谤责任的情形全面开花，公权力机关滥用诽谤法、网民和意见领袖滥用言论自由的情形同时存在。

作为长期关注中国媒体法发展的研究者，我一直在关注中国宪法 41 条的规定如何实现。这条规定说："中华人民共和国公民对于任何国家机关和国

[1] 本文系作者参加清华大学与法国巴黎政治大学于 2011 年 12 月 14 日在清华大学法学院召开的"中法法治对话研讨会"的演讲稿。

家工作人员，有提出批评和建议的权利；对于任何国家机关和国家工作人员的违法失职行为，有向有关国家机关提出申诉、控告或者检举的权利，但是不得捏造或者歪曲事实进行诬告陷害”。显然这不是一个孤立的规定，它总是和言论自由以及人格尊严的保护相伴。

中国宪法41条所规定的监督批评对象是“任何”，没有一点保留。这是被中国一位著名的维权人士周泽律师认为比美国公共人物制度更明确、更清晰地保障了公民对公权力机构和公权力人士的监督权、批评权的宪法依据。然而，这一公民权利的实现困难重重。2002年我曾经发表文章《中国新闻侵权纠纷的第四次浪潮》[1]，指出当时在中国正集中出现公权力机关（包括：社会治安综合治理办公室、文化节办公室、公安局、法院）和公权力人士（包括国有企业的厂长、经理、税务干部、政府农工部长、文化局长、卫生局长、市长、县委书记、首长秘书、警察、法官）起诉媒体侵犯名誉权的案件，像是一波浪潮。更加值得注意的是，在各种不同身份（包括普通公民、企业法人、文化体育名人）的原告中，公权力机构和公权力人士获得了最高的胜诉率，这是根据中外学者在不同时期、针对不同数量的样本统计研究的结果。[2]于是，出现了不少正当的新闻批评止于诉讼的现象。所以，我在当时提出，期待未来几年中出现公民批评监督权与公务人员人格尊严在宪法层面产生冲突并获得司法调整的精彩实践。

不过，这股诉讼浪潮在2003以后逐年退潮，我所期待的“精彩实践”并没有发生，而中国因加入世贸等因素，媒体改革的构想在几经反复后也逐步明朗，各种不同性质的资本逐步进入中国传媒业，利益的多元化，导致各种不同意见产生，人们对公共决策的科学、民主以及公开、透明的要求更高了。我在想，不同资本的进入，可能会使宪法41条所规定的公民权利获得新的实践空间。然而，实践领域并没有出现明显的突破。曾有一度，中国主流媒体上的新闻批评十分艰难，与之相伴的是传统媒体娱乐化倾向严重，大量介入公民私生活领域，以侵犯隐私，传播色情、血腥、暴力赚取发行量或收视率。因此在3年前，我甚至担心真正负责任的新闻批评会死掉。

[1] 这一文章的主要观点发表于《中国青年报》2002年2月11日，收入本人的作品集《中国新闻侵权的第四次浪潮》，中国海关出版社2002。

[2] 见本人的论文《中国媒体侵权法制亟待发展》，收入《新闻（媒体）侵权研究新论》，法律出版社2009。

然而互联网时代的到来几乎彻底改变了宪法41条实践的现状，由于互联网的各种技术特点，让每一个人都成了新闻发布者，在其中首先获益的是公民对公权力机关及公权力人士的监督与批评。只要有证据，曝光易如反掌；控制手段几乎没有价值。我们曾经担忧《侵权责任法》第36条对互联网表达自由的不合理限制，但是法律生效半年来几乎没有发现有价值的判例。我个人每天在互联网上浏览，收集有关媒体法制的各种信息，令人欣喜的是，涉及公民实践宪法41条的信息最多，最丰富。与之相对应，互联网、博客、微博成为传统媒体新闻批评的主要消息源，由互联网爆料、传统媒体跟进深入调查真相，互联网的敏锐便捷与传统媒体的专业调查相互补充，已经成为当今中国新闻批评的基本模式。中国公民宪法41条权利的实现，不是产生于司法的努力，也不是因媒体资金状况的改变，而是拜新技术所赐，在实践中产生了真正的突破。网民对涉及公共事务黑幕的举报日益显示出理性、法制、充分享有技术优势的特点，同时反过来又带动了传统媒体在这一领域的突破。

当然，在享有新技术好处的同时，它的弊端也在放大式地作用于中国社会。一方面，公权力机构与公权力人士打压监督批评的手段也在升级，几乎见不到被批评者打民事侵犯名誉权的官司了，而是直接适用刑法的诽谤罪提起公诉，或者适用治安管理处罚法中的诽谤条款抓人、关人，这些案件已大部分被证明是错误适用法律。其严重程度，甚至引起中国最高法律监督机关的重视——最高检察院2010年7月底发出通知，试图遏制这种滥用公法惩治表达者的势头。另一方面，滥用表达自由侵犯公民人格尊严的情形，也出现前所未有的惨烈局面，受害人说，互联网在一秒钟内就可以毁掉一个人的名誉，不可挽回，难以修补。这些现实问题给中国的媒体法理论研究、立法及司法都提出巨大挑战。只说诽谤法，仅2010年12月份，刑事诽谤案[1]、民事诽谤案[2]以及行政诽谤案[3]均先后出现。短短一个月之间，诽谤法在实践层面全面开花，新案件目不暇接，新问题层出不穷——互联网时代，中国诽谤法的实

[1] 见人民网《甘肃一青年举报公务员招考作弊遭宁夏跨省追捕》2010年12月01日 http://legal.people.com.cn/GB/13363828.html

[2] 见中国新闻网《央视女记者诉黄健翔案终审败诉 法院批评黄健翔》2010年12月20日 http://www.chinanews.com/ty/2010/12-20/2733357.shtml

[3] 见京华时报《网民拍摄强拆被以诽谤拘留，长沙警方称其诽谤任志强，任志强称没报案》2010年12月18日。

践与研究也进入了一个日益艰难又机会无限的时代。而在所有相关情形中，宪法41条规定的公民的批评权、监督权与35条规定的言论出版自由及38条规定的公民人格尊严的冲突与平衡，仍然是关于表达自由的最基础议题。

二、中国诽谤法：刑法与民法的博弈[1]

提要：学理上的中国诽谤法只有30余年的短暂历史，分为两个阶段。自2001年开始的第二阶段显示诽谤法的发展进入了深水区——如何调整媒体及公民就公共议题的表达成为典型困境。这一问题至今没有明确的制度设计。在学界的争论与立法机关的犹豫中，民法的发育绵软无力，给刑法和行政法的发展与适用留下了空间。两高就网络适用刑法的司法解释的适用将成为观察与研究中国诽谤法的新重点。

本文所称“中国诽谤法”是一个学理概念，是指中国法律规定在宪法、刑法、民法（特别是侵权法）以及行政法（特别是治安管理处罚法）中有关诽谤的相关规定及其相关司法解释，以及由此形成的诽谤法律体系。其中与媒体及专业媒体从业者相关的诽谤问题存在着某些独特的规律，一直是中国诽谤法研究的重点，也深为法学界及社会关注。

与英美诽谤法历经几百年的历史不同，中国诽谤法只有短短30余年的历史，它的起点是1979年刑法。如果回顾中国诽谤法的历史与司法实践，我认为大体可以分为两个阶段。

第一阶段：1979-2001。以1979年刑法设诽谤罪为开端，到2001年最高人民法院《关于精神损害赔偿的司法解释》出台止。这一阶段的特点是中国诽谤法从无到有，初步搭建起框架，司法实践经验丰富。

这一阶段时间跨度相对较长，共22年，刑法和民法各自适时发展，一些

---

[1] 本文系作者2013年12月提交香港大学“互联网时代的媒体法和政策”研讨会的论文，2014年6月30日修改定稿。

基本的、主要的问题初步有了制度设计，实际是以极快速度走过了发达国家诽谤法一两百年甚至数百年走过的道路。（详见本文附件表一）这一阶段学术界研究成果较多，但学术争议不多。值得注意的现象有二：一是有了民法通则后，刑事诽谤罪基本不再适用于记者的职务行为；二是国家机关及工作人员起诉媒体的现象逐渐增多。它说明中国诽谤法的发展开始面临深层次的问题。

第二阶段：2001-2013。以2001年最高人民法院《关于精神损害赔偿的司法解释》出台为开端，至2013年两高《关于办理网络诽谤等刑事案件司法解释》出台。（详见本文附件表二）这一阶段的特点是，民法发育绵软无力，对社会关系的调整力度相对减弱；而刑法及行政法从立法到实践都大步前进。中国诽谤法的发展与改革进入深水区，确立公共议题的表达规则成为典型困境。

这一阶段出现如下特点：

其一，民事诽谤立法止步不前。

从本作者提供的附件表二上可以发现，从2001年起，中国在诽谤方面的民事立法似乎进入了一个停滞不前的状态。期间虽有两项人大立法，[1] 但都不直接规定诽谤问题。而《中华人民共和国侵权责任法》至2014年7月1日已生效已四年，司法解释仍未出台。也就是说，十几年间，民事诽谤法即名誉权制度几乎没有任何新发展。

究其原因，我认为主要有两条。一是上世纪90年代中国经济起飞，需要民法解决的问题很多，在经历了是否制定民法典的争论后，目前选择的立法模式是分几部法律先后出台。所以合同法、物权法、知识产权法、婚姻法等不仅陆续制定颁布，有的已经修改了数次，而人格权法则迟迟没有动静。二是经过此前最高法院对审理名誉权案件的两个司法解释，[2] 民事诽谤法的基本框架已初步搭建起来。如果需要安排一个时间顺序的话，诽谤法的发展似乎不如经济建设的立法需要来得迫切。

其实，中国学术界与新闻界完善民事诽谤法的努力一直存在。2002年民

[1] 指2010年7月1日生效的《中华人民共和国侵权责任法》及2012年底出台《全国人大常委会关于加强网络信息保护的决定》。

[2] 指最高人民法院1993年颁布的《关于审理理名誉权案件若干问题的解答》、1998年颁布的《关于审理理名誉权案件若干问题的解释》。

法学界已有专家受全国人大委托开始起草《< 中华人民共和国人格权法 > 草案建议稿》。[1] 此后，中国人民大学法学院杨立新教授所主持的相关重要研究至少有两项。[2] 而中国新闻界也感觉到实践中民事诽谤法“不够用”的情况，中华全国新闻工作者协会在 2006 年立项完成了《中国新闻侵害名誉权、隐私权新的司法解释建议稿》，并于 2007 年 4 月正式提交给最高人民法院，但未获正式回音。[3] 侵权责任法草案征求意见过程中，传播法学界及中国记协召开的专题会议也曾有书面建议，主张在侵权责任法中设“媒体侵权”的专条或专节，但这一意见仍未被采纳。[4] 这些建议、意见和研究成果表明：虽然学术界就“媒体侵权”的概念存在争议，[5] 但业界与学界对于民事诽谤法相对滞后的现实早有关注，对其发展与完善抱有期待并做出了积极的努力，但立法及司法机关均未有所回应。学术界及业界存在的不同意见，使本来犹豫不决的立法机关放缓或暂时搁置了民事诽谤法的立法议题。而十几年间，有关名誉权的司法解释也没有任何发展。

其二，随着新媒体发展，对公共议题的信息传播及意见讨论持何种规则成为典型困境，公权尝试以各种方式调整表达行为。

有统计表明，中国自 1987 年颁布民法通则以来，国家机关和国家工作人员起诉媒体侵害名誉权的案件就有发生，最初并未形成引人注目的影响。但从 1995 年开始，此类诉讼出现明显上升趋势，到 1999 年形成高峰，以后逐年下降，到 2007 年已降为零。[6] 也就是说，民事侵权法对国家机关及国家工作人员起诉媒体或表达者案件的调整，从无到有，形成高峰后，又从有到无，

[1] 见王利明主编《中国民法典草案建议稿及说明》一书之“序言”，中国法制出版社 2004。

[2] 指在 2006 年征求意见的《中华人民共和国侵权责任法草案专家建议稿》和已公开出版的《中国媒体侵权责任案件法律适用指引》，人民法院出版社 2013。

[3] 该《建议稿》全文见徐迅主编《新闻（媒体）侵权研究新论》337-340 页，法律出版社 2009。

[4] 见《新闻侵权不可等闲视之》，《检察日报》2009 年 2 月 23 日；《侵权责任法草案：四大悬念待解开》，《检察日报》2009 年 11 月 2 日。记者黄秀丽《中国记协：媒体应享有四项豁免权》，《南方周末》2009 年 10 月 29 日。

[5] 在侵权责任法征求意见过程中，就“新闻侵权”或“媒体侵权”是否应当单独规制的问题产生了激烈的争论。以中国人民大学法学院的两位知名教授为代表，有新闻侵权“否定说”和“肯定说”两种对立的意见。

[6] 见朱莉、杨慧臻《中国媒体侵权案件统计报告》，徐迅主编《新闻（媒体）侵权研究新论》第 64 页，法律出版社 2009。

大约经历了十几年时间。2007 年以后，在这方面几乎没有产生有影响的民事诽谤诉讼——在有关公共议题表达的领域里，民法名誉权制度已被原告（自认为被损害名誉的国家机关及国家工作人员）弃之不用。

与此同时，公诉的诽谤罪开始频频亮相。有统计表明，从 2006 年至 2010 年，以公诉诽谤罪遭起诉、或涉嫌诽谤而被行政拘留的案件有 20 余起，所谓“诽谤者”既有普通公民，也有职业记者，而所谓“被诽谤者”几乎都是区县市一级党政负责人，其中大部分案件后来被撤销或改正。[1] 虽然公安部在 2009 年发出通知，指出“一些地方公安机关不能正确办理侮辱诽谤案件”[2]；最高人民检察院在 2010 年也发出通知，决定将公诉诽谤罪的批捕权力上提一级，[3] 但仍然难以从根本上消除滥用公权遏制公共表达的现象。时任重庆市公安机关负责人王立军不仅公然以违背法律规定的“双起论”[4] 威胁媒体及记者，更是滥用劳动教养制度制裁批评者，先后产生了数起案例，[5] 因而成为劳动教养制度退出中国法制的历史契机。

以上情况表明，如何调整与规范涉及公共议题的表达，涉及公民对国家机关及其工作人员的批评、建议、控告、申诉的权利方面，中国诽谤法的民法部分发育迟缓绵软，十几年无所作为，以至于民事诽谤法不够用、不好用，这给诽谤法的刑法及行政法的适用与发展让出了空间。加上新媒体技术对社会进步的提速作用，刑法和行政法前进的势头已经是可以预见了。

其三，两高《关于办理利用信息网络实施诽谤等刑事案件适用法律若干问题的解释》从公诉诽谤罪的入罪条件开始，以图强力调整诽谤行为。

中国刑法明文规定诽谤罪“告诉的才处理”，也就是说，诽谤罪是自诉案件。

[1] 见雷丽莉的硕士论文《诽谤的除罪化研究》，中央民族大学 2009 年。

[2] 公安部 2009 年 4 月 3 日发出《公安部关于严格依法办理侮辱诽谤案件的通知》，指出：“一些地方公安机关不能正确办理侮辱诽谤案件，直接原因是对有关法律理解不当，定性不准，深层次的原因是对新形势下人民内部矛盾缺乏清醒认识”。见法宝网。

[3] 最高人民检察院在 2010 年开始推行诽谤罪案件批捕权上提一级制度，要求“在今后一段时间内，对于公安机关提请逮捕的诽谤案件，受理的检察院经审查认为属于公诉情形并有逮捕必要的，在作出批捕决定之前应报上一级院审批”。见 2010 年 8 月 7 日《检察日报》。

[4] 时任重庆市公安局长的王立军说：“今后，凡是报纸歪曲事实真相攻击我公安机关和民警的，就以单位起诉当事报社和撰稿人，如果他提及民警个人，且造成后果的，民警拿着证据去法院起诉记者，公安机关起诉报社。这就叫‘双起’。”见 2010 年 11 月 19 日《重庆晚报》文章“警察正当维权与王立军‘双起论’”。

[5] 《“重庆纠错第一案”胜诉引发被劳教人员申诉浪潮》，见 2012 年 10 月 26 日《都市时报》。

此后留有“但书”：“但是严重危害社会秩序和国家利益的除外”。2013年9月10日生效的两高《关于办理利用信息网络实施诽谤等刑事案件适用法律若干问题的解释》重点细化了“但书”的入罪条件，这既意味着公诉的诽谤罪可能会更多地被适用，也可以理解为公诉诽谤罪的入罪条件日益严格。司法解释同时也对何为“捏造事实诽谤他人”，何为“情节严重的”做出了细化安排，由此大大丰富了中国的刑事诽谤法。

两高解释颁布后的司法实践尤其值得关注。号称“第一起”适用解释的案件发生在甘肃，被羁押的是一名17岁少年。警方对法律的曲解与胡乱适用不仅导致了普遍的批评，也产生了戏剧化的结果，[1] 这一案件提醒社会警惕公权力对表达自由的粗暴干涉。自两高《关于办理利用信息网络实施诽谤等刑事案件适用法律若干问题的解释》于2013年9月出台后，真正受到公诉诽谤罪追究的被告为数极少，名符其实的“首案”于2014年4月17日做出宣判，秦志晖（网名“秦火火”）因诽谤罪和寻衅滋事罪两罪并罚，被北京市朝阳区法院一审判处有期徒刑3年。本人服判未上诉。[2] 截止本文修订结稿之日，并未有第二例适用公诉诽谤罪的任何报道。

诽谤诉讼的威胁是表达自由的第一个敌人。由于法治对表达自由持最小限制原则，因此我们当然主张：对于表达的规制，能自律，就不他律；能民事，就不刑事；能自诉，就不公诉；能适用附加刑（如剥夺政治权利、罚金等）就不适用剥夺人身自由的刑罚。从诽谤法角度看，公诉诽谤罪（也包括商誉的诽谤）只能是国家的最后手段，应当持最严格的司法审查标准。但是，从上述几个特点出发，我们也必须得出一个结论，在诽谤法领域，民法与刑法

[1] 17岁少年杨某在网上发贴质疑本地警方在办理一起命案中不作为，警方称其“利用网络平台虚构事实，扰乱公共秩序，发贴转发超过500次以上”，以涉嫌寻衅滋事罪拘留。见2013年9月19日《京华时报》。消息传出后，舆论广泛质疑：所谓“转发超过500次”的规定只适用于诽谤罪，并不适用于寻衅滋事罪。警方后因“杨某系未成年人，且能够积极配合调查，悔罪态度诚恳，情节较轻，经省市县公安机关研究决定，依法撤销刑事案件，对其予以从轻处罚”，行政拘留七日。见中国广播网2013年9月23日。所谓“戏剧性的结局”是，由于网民广泛关注此案，当地的一起陈年旧案因判决没有执行，受到网民批评，致涉案的当地公安局长被停职。见2013年9月24日《京华时报》报道：“张家川官网深夜发消息宣布公安局长白勇强被停职”。

[2] 见新华网2014年4月17日《秦火火案判决要点》。

及行政法有一种客观的、此消彼长、你进我退的关系。自由与秩序是一对矛盾，当民法不好用、不够用、不被适用时，特别是当政府认为它不足以维持秩序时，刑法和行政法就有了前进的理由和空间。

我以为，虽然诽谤法的国际趋势是去刑化，即从刑法中取消诽谤罪，[1] 我国也有学者提出了解决“因言获罪”的四步走战略，[2] 但出于较多的理由，目前中国并不存在取消公诉诽谤罪的条件。虽然法律对诽谤的禁止性规定是十分明确的，但受文革遗风的影响，也限于国民的媒介素养，不仅普通人对好的表达标准严重缺乏共识，即便是知识精英，也会因侮辱、诽谤而承担法律责任，[3] 即便是专业媒体，其自律机制与专业规范的水准与客观需求也差距甚远。在“人人都有麦克风”的网络时代，确有个别抱有恶意的诽谤表达严重损害社会秩序。[4] 当然，社会及公众也必须警惕滥用公诉诽谤罪的倾向。

中国真正实现诽谤的去刑化，还需要一系列重大的制度调整，首先就是民法的进步。从当前看，中国民事诽谤法应当尽快结束十几年无所作为的局面，使《侵权责任法》36 条（亦称为“网络专条”）的司法解释尽快出台，同时《中华人民共和国人格权法》也应早日进入立法程序，从而丰富并完善民事诽谤法。立法之外，还需要法官勇于探索，在司法实践中对以上所说“典型困境”问题有所回应，有所突破。什么时候公诉的诽谤罪可以做到利剑高悬，备而不用，则中国的诽谤去刑化才会有真正的开端。而什么时候中国宪法中的表达自由

[1] 郑文明《西方国家诽谤法中若干重要问题》，见徐迅主编《新闻媒体侵权研究新论》第 299 页，法律出版 2009 年版。

[2] 展江、乔振祺《解决“因言获罪”的四步走战略》，见徐迅主编《新闻媒体侵权研究新论》第 135 页，法律出版社 2009。

[3] 这方面的典型案例为“孔庆东之骂”和“张显之谤”。前一案被告为北京大学中文系教授孔庆东，他因在博客上辱骂网友是“狗汉奸”，被北京海淀区法院一审判决构成侵害名誉权。见《北京晚报》2013 年 5 月 13 日报道：“‘孔庆东微博骂人案’原告自述我告孔庆东这一年”。后一案被告为西安电子科技大学副教授张显，他因在博客和微博中散布药家鑫（一名死刑罪犯）及其父药庆卫的大量不实之词，包括“军二代”“富二代”“军队蛀虫”“药家有四处房产”等，2012 年被西安市两级法院判决构成侵害名誉权。见《新京报》2012 年 8 月 11 日报道：“药庆卫诉张显名誉侵权案胜诉”。

[4] 如发生在 2009 年的“艾滋女闫德利事件”，男女双方恋爱失败，男方杨勇猛蓄意报复，冒名女方闫德利名义开博客，自称患有艾滋病，因对人生无望，希望“烂的出名”，杨同时将闫女的 200 余位电话通讯人名录假以“性接触者通讯录”名义公布，引起广泛关注与大量网民转发，在部分地区引起恐慌。此案以公诉的诽谤罪、侮辱罪判处杨勇猛有期徒刑三年。见 2010 年 4 月 10 日《京华时报》报道：“河北艾滋女闫德利事件制造者被判三年”。

可以真正落地，同时媒体行业的自律、媒体的自律以及媒体工作者的自律机制真正建立起来时，理想中的言论自由才会真正到来。

附件：

表一：中国媒体诽谤法发展的第一阶段（1979-2001）

立法	年份	司法实践
刑法设诽谤罪，新中国法律首次出现"诽谤"概念。	1979	
82宪法颁布，38条规定禁止侮辱与诽谤。	1982	
	1985	杜融自诉《民主与法制》杂志两名记者诽谤罪，中国新闻官司第一案在上海出现。[1]
民法通则生效，101条规定公民法人享有名誉权。	1987	上海出现告记者热，原告多为普通公民。
	1990	北京出现告记者热，原告多为文体明星。
《最高人民法院关于审理名誉权案件若干问题的解答》出台，11条内容细化民事诽谤法，包括：民事诽谤的立案标准、管辖、死者名誉、新闻批评、真实的标准、责任的承担等。	1993	出现工商法人告媒体的高潮，全国各地都有诉讼。
	1996	四川出现媒体侵权判决最高赔偿500万元。
刑法修订，221条设商誉诽谤两个罪名。刑事诽谤法开始区分自然人与法人。	1997	深圳福田区法院诉工人日报侵害名誉权案获胜诉。为中国法院起诉媒体第一案。[2]
《最高人民法院关于审理名誉权案件若干问题的解释》出台，11条内容进一步细化民事诽谤法，包括：内参、转载、内部处理决定是否受民法调整、控告检举与诽谤、国家机关新闻来源、一般新闻来源、对产品和服务的监督等。	1998	

[1] 本案诉讼及申诉情况详见王松苗《新中国新闻官司第一案，让人一声叹息》，《中国新闻（媒体）侵权案件精选与评析五十例》第397页，法律出版社2009。

[2] 见广东省深圳市中级人民法院民事判决书（1995）深圳特区中法民初字第021号。

立法	年份	司法实践
	1999	国家机关及国家工作人员起诉媒体侵害名誉权案达到高峰，16 案 / 年。[1]
最高人民法院《关于精神损害赔偿司法解释》出台，民事诽谤法逐步完善	2001	媒体侵权诉讼进入 3-5 年的相对平稳期。

表二：中国诽谤法发展的第二阶段（2001-2013）

科研及立法建议	立法情况	年份	司法实践
		1999	国家机关及国家工作人员起诉媒体侵害名誉权案达到高峰，16 案 / 年。
	《最高人民法院关于确定民事侵精神损害赔偿责任若干问题的解释》出台。	2001	媒体侵权诉讼开始进入 3-5 年的相对平稳期。
徐迅指出国家机关及工作人员起诉媒体现象对法制提出挑战。[2]		2002	范志毅诉东方体育日报案败诉，为中国法院适用公众人物概念第一案。[3]
		2005	上海公民单志东认为网站删贴侵犯言论自由，提起民事诉讼，被法院驳回。单志东被称为“国内首位为自己争取网络言语权的网民”。[4]

[1] 见朱莉、杨慧臻《中国媒体侵权案件统计报告》，见徐迅主编《新闻（媒体）侵权研究新论》第 64 页，法律出版社 2009。

[2] 见徐迅《中国新闻侵权纠纷的第四次浪潮》，《中国青年报》2002 年 2 月 11 日。

[3] 见上海市静安区人民法院民事判决书（2002）静民一民初字第 1776 号。

[4] 综合 2005 年 4 月 7 日《青年报》、4 月 8 日《山西晚报》、6 月 14 日《东方早报》报道。

科研及立法建议	立法情况	年份	司法实践
杨立新完成《侵权责任法草案专家建议稿》，设“媒体侵权”专节共9条，包括网络侵权。[1]全国人大法工委向媒体业征求意见，与会者意见不一，中国记协代表反对。		2006	滥用公诉诽谤罪制裁表达者的案件，如五河短信案[2]、彭水诗案[3]等先后出现。这些案件最终大都获得纠正。
中国记协正式向最高人民法院提交《新闻侵害名誉权、隐私权新的司法解释建议稿》，共10条。[4]未获回音。		2007	国家机关及工作人员起诉媒体侵害名誉权案件经逐年下降后，本年度为0。[5] 北京电视台记者訾北佳因“纸包子”虚假新闻被判损害他人商品声誉罪[6]，成建国以来因虚假新闻剥夺人身自由的记者第一人。
围绕侵权责任法是否应对媒体侵权问题单独做出调整，学术界展开公开争论。[7]		2008	辽宁西丰县警察以涉嫌诽谤罪抓捕记者朱文娜未成，撤案。[8]此案成有诽谤法以来，以公诉程序追究记者诽谤罪第一案。

[1] 见杨立新《中华人民共和国侵权责任法草案建议稿及说明》，法律出版社2007。

[2] 见《五河教师短信案引出贪官书记》，2010/06/11 01:18 来源：YNET.com 北青网 北京青年报 李晨

[3] 详见百度百科“彭水诗案”词条。

[4] 见徐迅主编《新闻（媒体）侵权研究新论》第337-340页，法律2009年。

[5] 见朱莉、杨慧臻《中国媒体侵权案件统计报告》，徐迅主编《新闻（媒体）侵权研究新论》第64页，法律出版社2009。

[6] 见北京市第二中级人民法院刑事判决书（2007）二中刑初字第1763号。

[7] 这一争论中的双方代表性文章是：张新宝：《新闻（媒体）侵权否定说》，载《中国法学》2008年第6期；杨立新《我国的媒体侵权责任与媒体权利保护——兼与张新宝教授“新闻（媒体）侵权否定说”商榷》，《中国法学》2011年第6期。

[8] 见《西丰县公安局撤销对朱文娜的立案、拘传》，新华网2008年1月9日。

科研及立法建议	立法情况	年份	司法实践
中国政法大学传播法研究中心、中国记协等两度组织研讨，提出侵权责任法对“媒体侵权”应当做出安排。[1] 未获草案采纳。	公安部发出通知，强调“侮辱诽谤案件一般属于自诉案件”。[2]	2009	2009 年 10 月底到 2010 年 8 月，发生在重庆比较典型的 16 个网络事件中，涉及县委书记的就达 10 件。[3]
杨立新启动《媒体侵权责任案件司法手册》项目，研究内容包括侵权责任法中民事诽谤法的审判原则。[4]	侵权责任法生效，仅 36 条涉及到网络侵害各项民事权益问题。 最高检察院发出通知，公诉诽谤罪批捕权上提一级。[5]	2010	重庆市原公安局长王立军抛出著名的“双起论“。[6] 全国出现多起公诉诽谤罪案。[7]
		2011	长沙一网民因微博言论被警方以涉嫌诽谤而行政拘留。但“被诽谤者”任志强称并不知情。[8] 全国出现多起因涉嫌诽谤而行政拘留的案件。

[1] 黄秀丽：《中国江协：媒体应享有四项言论豁免权》，见《南方周末》2009 年 10 月 29 日。

[2] 公安部 2009 年 4 月 3 日发出《公安部关于严格依法办理侮辱诽谤案件的通知》，指出：“一些地方公安机关不能正确办理侮辱诽谤案件，直接原因是对有关法律理解不当，定性不准，深层次的原因是对新形势下人民内部矛盾缺乏清醒认识”。

[3] 《半月谈》文章《网络“大字报”让县官“妖魔化”》，见人民网 2011 年 1 月 12 日。

[4] 见杨立新主编《中国媒体侵权责任案件法律适用指引》“出版说明”。人民法院出版社 2013。

[5] 最高人民检察院在 2010 年开始推行诽谤罪案件批捕权上提一级制度，要求“在今后一段时间内，对于公安机关提请逮捕的诽谤案件，受理的检察院经审查认为属于公诉情形并有逮捕必要的，在作出批捕决定之前应报上一级院审批”。见 2010 年 8 月 7 日《检察日报》

[6] 时任重庆市公安局长的王立军说：“今后，凡是报纸歪曲事实真相攻击我公安机关和民警的，就以单位起诉当事报社和撰稿人，如果他提及民警个人，且造成后果的，民警拿着证据去法院起诉记者，公安机关起诉报社。这就叫‘双起’。见《重庆晚报》2010 年 11 月 19 日文章“警察正当维权与王立军的‘双起论’”。

[7] 雷丽莉的硕士论文《诽谤的除罪化研究》，中央民族大学 2009 年。

[8] 见《羊城晚报》《网民拍摄强拆被以诽谤拘留，任志强称没报案》，见搜狐焦点 2010 年 12 月 8 日。

科研及立法建议	立法情况	年份	司法实践
3位律师就“一坨屎”案向全国人大建议对劳动教养制度提起违宪审查。[1]	全国人大颁布《关于加强网络信息保护的决定》，开始实行网络实名制。	2012	重庆出现以劳动教养制度制裁网络批评者的“一坨屎”案等数起案件。[2]这些案件陆续获纠正。
	两高《关于办理利用信息网络实施诽谤等刑事案件适用法律若干问题的解释》，刑事诽谤法大幅细化。	2013	有记者因涉嫌诽谤罪被检察机关批准逮捕。[3] 甘肃少年涉嫌网络犯罪案最终撤案。[4]成两高司法解释生效后第一案。

三、诽谤罪不用、少用的前提是民事法律够用、好用[5]

最高人民检察院关于将诽谤罪批捕权上提一级的通知[6]虽然只是一纸通知，既不是司法解释，也声明是“今后一段时间内”，而不是一项制度性安排，但作为我国最高法律监督机关的文件，其重要性仍然不可低估。如果说在我国存在着有关诽谤的法律制度的话，那么这一通知几乎可以视为2001年《最

[1] 见正义网袁裕来律师的博客文章《一坨屎劳教案第三案：给全国人大常委会的违宪审查建议》，2012年6月26日。

[2] 《“重庆纠错第一案”胜诉 引发被劳教人员申诉浪潮》，见凤凰网2012年10月26日。

[3] 《新快报》记者刘虎因涉嫌寻衅滋事罪被北京警方拘留；检察机关以涉嫌诽谤罪批准逮捕，见2013年10月11日《新京报》。

[4] 《甘肃张家川因言被拘5年杨辉昨获释》，见海峡都市报电子版2013年9月24日。

[5] 本文系作者参加2010年8月18日在中华全国新闻工作者协会召开的诽谤法沙龙活动时的演讲提纲。

[6] 见正义网专题“最高检将上提诽谤案件批捕权”，其内容提要中指出：近年来，我国公民因以发短信、发帖等方式批评地方官员，被冠以“诽谤罪”而遭牢狱之灾的案件屡有发生。对此，最高人民检察院表示：“今后一段时间内，对于公安机关提请逮捕的诽谤案件，受理的检察院经审查认为属于公诉情形并有逮捕必要的，在作出批捕决定之前应报上一级检察院审批。”http://www.jcrb.com/zhuanti/jczt/stfbpbq/

高人民法院关于确定民事侵权精神损害赔偿责任若干问题的解释》出台以来在国家层面最重要的一个进步。它透射出一个信息：警察和检察官的身影不要轻易出现在涉嫌诽谤的纠纷中，涉及言论自由和公民表达，公权力要保持必要的克制与谦抑。在这一领域，能自诉就不要公诉。进而，能民事诉讼解决问题就不要刑事诉讼。

显然，这并不是刑法一个部门法的问题。公民人格尊严（宪法三十八条）与言论出版自由（宪法三十五条）以及公民对任何国家机关及国家工作人员批评建议的权利（宪法四十一条）之间的平衡是宪法层面的问题，是一个系统工程。在这一领域中要做到刑法不用或少用，其前提条件是民法够用、好用。

我们仅从记者和新闻单位与诽谤罪及名誉权诉讼的关系看。资料表明，自 1987 年民法通则生效以后，针对记者的诽谤罪指控就基本匿迹了，因为人们可以打名誉侵权诉讼。但随着 1997 年修订的刑法生效，商誉诽谤从诽谤罪中分离出来，原来的一个罪名（诽谤罪）变成三个（诽谤罪、损害他人商业信誉罪、损害他人产品声誉罪）。2003 年起，商誉诽谤开始适用于记者。到 2008 年 1 月《法人》杂志记者朱文娜被辽宁西丰县警方决定以诽谤罪拘传，针对记者的诽谤罪追究又全面地卷土重来。记者也是公民一份子，并不是特殊公民，但记者是职业的表达者，记者的命运是公民表达者命运的一个缩影。我们注意到，与记者命运相伴的是连续出现公权力机构（警方和检控方）追究公民表达者诽谤责任的案件，以至于到了最高检察院不得不关注的程度。

反观近年来民事司法的表现，在通过名誉权、隐私权诉讼调整言论自由、公民批评监督权与人格尊严之间的冲突中却缺乏应有的力度。2002 年我曾发表文章《中国新闻侵权的第四次浪潮》，指出我国正面临着一次公权力机构和公共官员起诉媒体侵犯名誉权的诉讼浪潮。在这类案件的审判中，民事司法虽然有不少精彩作为，但并没有对一些核心问题做出回答，比如公权力机构到底是不是名誉权案的诉讼主体？举例来说，深圳市的公安机关和法院都曾经与媒体打名誉权官司，最后均获胜诉。而最近网络披露：重庆市警方负责人提出著名的“双起论”，又再次公然将公安机关（而不是警员个人）因新闻报道而提起民事侵权诉讼作为“民警维权的正当手段”。再比如，官员因其职务行为而受到公民和媒体批评时，其名誉权、隐私权是否应当向公共利益做出某些退让？到目前为止，我们先后通过几个课题已经研究了上千例新闻侵权案件，并没有见到任何一起民事案件判决或司法解释对这些问题做出符合宪法原则的精彩回答。而诉讼的结果，公权力机构和官员成为新闻侵害名誉权诉讼中胜诉率最高的原告（详见附表，这是几个中外研究者在不同的时期分别做出的统计研究，却得出了几乎一致的结论）。与此相伴而生的是诽谤的刑事制裁手段增多，二者间几乎形成了此消彼长的关系，也就是说民事手段调整弱了，公权力介入多了。那么，既然公权力机关（包括立法、司法、行政）享有民事上的名誉权，那么不打民事官司，而诉其"诽谤政府罪"的出现似乎也有点道理；既然官员的名誉权受到民事法律较为严格的保护，那么一旦条件适合，对公民批评官员的情形直接适用刑事诽谤罪也将顺理成章。

因此，民法与时俱进，够用、好用，是刑法不用或少用的必要前提。这一结论可以在观察英国诽谤除罪化过程中获得支持。

2008 年和 2009 年，英国先后颁布两部成文法实现了诽谤全面除罪化，这将对诽谤除罪运动产生世界性影响。但特别值得重视的是在诽谤除罪前，英国法院通过审理"德比郡议会诉时报有限公司案"和"雷诺兹诉时报有限公司案"，实现了民事诽谤案件有利于言论自由的保护。也就是说，除罪化的先声是民事诽谤法的进步。

近年来，中国新闻界在这方面曾做出过数次努力。比如，2006 中国记协委托的课题组完成了《新闻侵害名誉权、隐私权新的司法解释建议稿》的科研工作，2007 年 4 月，记协向最高法院正式提交了这一科研成果，正式提出了 10 条具体建议，这是最高人民法院《关于司法解释工作的规定》生效后来自人民团体的第一份正式建议。2009 年 10 月 22 日，记协组织"《侵权责任法》草案媒体侵权立法问题研讨会"，中国政法大学传播法研究中心在会上提出了《侵权责任法》设"媒体侵权"特殊条款的具体建议。这两项建议均不同程度地涉及到对公共机构及公共官员的新闻批评以及新闻报道涉及公共利益的问题。遗憾的是，这些建议均未获采纳和任何回复。或许法治的进步需要时间，或许我国民法确实没有能力或者条件在这个领域中承担更多的责任，这正是某些舆论呼吁制定新闻法的原因之一。

不过我还是寄希望于《侵权责任法》的司法解释可以对相关问题做出具体安排。在互联网时代，这些安排与规范将会深刻地影响公民公共表达的格局，更会影响记者作为职业表达者的命运，我们拭目以待。

附：各类原告胜诉率统计比较表[1]

<table>
<tr><th>统计者</th><th>统计时间</th><th>样本数(例)</th><th>各类原告综合胜诉率</th><th>公权力机构</th><th>官员</th><th>公司法人</th><th>名人</th><th>普通公民</th></tr>
<tr><td>[美]陈志武</td><td>2003</td><td>210</td><td>60-66%</td><td></td><td>71.79%</td><td>51%</td><td>65%</td><td>64.66%</td></tr>
<tr><td>[美]李本</td><td>2006</td><td>223</td><td>68%（一审）</td><td colspan="2">69%</td><td>74%</td><td>65%</td><td>63%</td></tr>
<tr><td>朱莉</td><td>2008</td><td>26</td><td></td><td></td><td>65%</td><td></td><td></td><td></td></tr>
<tr><td>“新闻侵权案例精选与评析”课题组</td><td>2009</td><td>800</td><td>46%（仅限于判决被告败诉）</td><td>56%</td><td>56%（不包括媒体承担责任居多的调解结案9%）</td><td>38%</td><td>44%</td><td>9%</td></tr>
</table>

四、中国媒体侵权法制亟待发展[2]

——建立在若干统计数据基础上的研究报告

内容提要：中国媒体侵犯人格权特别是侵犯名誉权诉讼呈现地域广、共同被告多、法律关系复杂、诉讼时间长、赔偿数额多、影响大的特点。中外有关媒体侵权制度安排体现出的特殊性是大众传播与媒体侵权法关系的必然结果。我国现行相关法律较为原则，法官自由裁量权过大，致使媒体行业出现了较为强烈的完善立法呼声。呼唤媒体侵权法制与时俱进，不仅仅是我国发展文化产业以及反对媒体传播内容低俗化的需要，仅仅为了避免经常适用刑事手段调整相关纠纷，为了避免同案不同判现象的发生，也有必要细化现行的媒体侵权法。而在立法过程中，可以重点考虑确立“公共利益特权”和“公正评论”的抗辩理由，以及增加媒体相对特权的规定。

[1] 资料来源：徐迅《中国新闻侵权法制亟待发展——建立在若干统计数据基础上的研究报告》，见《新闻（媒体）侵权研究新论》第 14 页，法律出版社 2009。

[2] 本文系作者作为项目负责人参加由中国青年政治学院新闻与传播系与美国耶鲁大学中国法律中心合作项目“中国新闻侵权案件精选与评析”的研究成果之一，收入《新闻（媒体）侵权研究新论》法律出版社 2009。

《侵权责任法（草案）》（第二稿）征求意见过程中，就“新闻侵权”或“媒体侵权”是否应当单独有所规制产生了激烈的争论。以《新闻（媒体）侵权否定说》一文[1]和《关于<侵权行为法>是否需要单列“媒体侵权法”的意见》[2]为代表，反对将相关内容纳入该法；以《论中国新闻侵权抗辩及体系与具体规则》一文[3]及中国政法大学传播法研究中心举行的《侵权责任法（草案）》研讨会上的主流意见[4]为代表，主张《侵权责任法（草案）》对媒体侵权问题有所规制。

本文认为：鉴于媒体侵权问题的特殊性以及我国社会经济文化发展的需要，《侵权责任法》有必要对媒体侵权问题专门加以规制。本文将以一系列调查数据（见附件一）为主要依据论证上述观点。

（一）媒体侵权诉讼的特殊性

本文所指的“媒体侵权”，是指媒体，包括报刊、图书、广播、电视、互联网、手机等任何一种可以广泛影响大众的传播中介的主办者以及它的作者、信息提供者及其他相关人通过内容传播侵犯公民、法人的名誉权、隐私权、肖像权的诉讼。简称“媒体侵权”。[5]

1. 我国媒体侵权诉讼与一般侵犯人格权诉讼特征比较

（1）媒体侵权行为地域广。根据中国青年政治学院新闻与传播系与美国耶鲁大学法学院中国法研究中心合作研究项目对八百个中国新闻侵权案例的统计（以下简称“八百例统计”），真正按照“原告就被告”原则起诉的媒体侵权案件只占所有案件的17%，而与一百起无媒体因素的普通名誉侵权诉

---

[1] 张新宝：载中国侵权责任法立法研究论坛，http://www.civillaw.com.cn/qqf/weizhang.asp?id=42648

[2] 魏永征：见传媒学术网，http://academic.mediachina.net/article.php?id=5817

[3] 见《河南省政法管理干部学院学报》2008年第五期。

[4] 《新闻侵权不可等闲视之》，见《检察日报》2009年2月23日，http://newspaper.jcrb.com/html/2009-02/23/content_11941.htm

[5] 杨立新在《中华人民共和国侵权责任法草案建议稿及说明》一书中使用“媒体侵权”概念，定义为：“媒体机构或者个人利用媒体作品损害他人人格权的行为”。第172页，法律出版社2007。

讼[1]进行统计（以下简称为“普通侵权统计”）的结果两相比较，媒体侵权诉讼“被告就原告”的比例比普通侵权诉讼高出了3倍。白净[2]的研究结果（以下简称“白净论文”）也得出了大体相当的结论，[3]这意味着越是全国性媒体，越是面临着全国各地打官司的威胁。而随着互联网的发展，原告人更是可以在任何一个地方起诉媒体。同时数据也表明，由原告住所地法院管辖的案件，原告胜诉的机会更多。白净论文的研究结果是：“原告在所在地起诉，一审胜诉率为66.7%，高于55%的平均胜诉率，而如果原告选择在被告所在地起诉，一审胜诉率只有27.6%，远低于55%的平均胜诉率。”[4]美国哥伦比亚大学中国法学者李本的研究成果也得出了大体一致的结论：原告选择在原告所在地起诉的一审胜诉率为82%，而在被告所在地起诉的原告一审胜诉率为51%，原被告所在地为同一地方时，原告一审平均胜诉率为55%。[5]

媒体侵权诉讼共同被告多。白净论文中的统计数据表明，我国媒体侵权诉讼中有36%是两个或两个以上被告。[6]另据八百例统计，媒体侵权每个诉的被告一方平均为2.37人，而普通侵权诉讼平均每个诉的被告仅为1.46人。[7]这意味着，媒体侵权诉讼比普通侵权诉讼案件平均每案多一个被告。虽然在法院的统计中媒体侵权案件仅为一起诉讼，但其实同时有2.37个媒体或媒体相关因素[8]介入其间，最多的一例是13个被告。[9]

尤其值得注意的新问题是，由于互联网的兴起，因为一篇文章被多家转载，而陆续产生多个诉讼的情形在最近两年正在增多，最多的因一篇报道会有百

---

[1] 本文作者组织助手从北大法意案例库中收集任意100例普通名誉侵权案例，以相关数据与媒体侵权案例加以比较。

[2] 白净，中国传媒大学媒介政策与法规方向博士研究生，导师为魏永征。。

[3] 白净的学位论文标题为《中国内地与香港媒体诽谤问题比较研究》，2008。

[4] 白净论文第115页。

[5] 本杰明・李本：《在困境中前行－对中国诽谤诉讼的实证研究》，《哈佛国际法律评论》2006年第64卷第1期，第53页。（*Benjamin L.Liebman. Innovation Through Intimidation: An Empirical Account of Defamation Litigation in China*.. Vol.47.1Harvard. Int’l J 53(2006).

[6] 白净论文第57页。

[7] 我的助手在北大法意的案例库中任意抽取100例媒体侵权案件获得了这一数据。

[8] 所谓媒体相关因素包括作者、消息源，有时还有广告商等。

[9] 此案为茅慧芳诉罗学蓬、胡晓虹、河南文艺出版社等11家媒体侵犯名誉权案，（2000）沪一中民初字第301号。

家媒体涉诉。[1] 这是因为我国互联网所发新闻大部分来源于传统媒体，网站基本不能采写新闻并核实真相，一旦首刊的传统媒体在诉讼中被判失实，转载失实报道的互联网几乎没有任何胜诉的机会。法律对此应当有较为明确的指引，以避免整个社会为这种诉讼所支付的综合成本过高。

媒体侵权诉讼法律关系复杂。媒体、作者和消息源是媒体侵权诉讼的三大主要被告，而有时广告主、广告经营商、发行销售商、媒体的行政主管单位也会成为共同被告。媒体成为被告的机率居首位——只有 18.75% 的诉讼未将媒体列为被告，而媒体单独成为被告的诉讼占 48%。[2] 近年来，出于对秘密消息源（亦称“举报人”或“报料人”）的保护，媒体会千方百计地独自面对诉讼，以避免出现对消息源不兑现保密承诺的情形，这使得媒体的责任担当加重于无形。

媒体侵权诉讼时间长。据普通侵权统计，结案时间平均为 8 个月；据八百例统计，[3] 媒体侵权诉讼平均为 12 个月结案，其中最长的是 147 个月。[4] 据中国政法大学传播法研究中心对 9 家纸媒集团的问卷调查（以下简称“纸媒问卷”）报告，针对“新闻侵权诉讼对媒体造成的影响”一问的回答中，“诉讼耗时过长，影响媒体的正常运行”成为报纸传媒选择率最高的两个选项之一。[5]

媒体侵权诉讼赔偿额度高。据八百例统计结果，媒体侵权赔偿在 1994-1995 年达到高峰，这两年的平均赔偿额都是 40 余万元，这与 1992 年以后一个阶段内工商法人起诉媒体的诉讼增多不无关系，中国媒体侵权诉讼中最高

---

[1] 《医师告广州某网站侵权》，见《新快报》2008 年 6 月 12 日，报道说原告自称“已经告了一百多家媒体”。http://www.ycwb.com/ePaper/xkb/html/2008-06/12/content_231293.htm《冤老总起诉网站讨名誉权 雅虎已赔 5000 元》，见《京华时报》2008 年 3 月 18 日，报道称原告“起诉近百家媒体讨要名誉权”。http://tech.163.com/08/0318/07/47A6IN7D000915BF.html

[2] 这些诉讼将作者或消息源等作为被告 . 见“八百例统计”表 14。

[3] 见“八百例统计”表 13。

[4] 见范应莲诉敬永祥案。1989 年 8 月范应莲向成都市中级人民法院起诉敬永祥、《新闻图片报》《星期天》。2001 年 11 月，四川省高级人民法院回复敬永祥的申诉状，称“请息诉服判”。从起诉到结案共 12 年 3 个月。资料来源：刘海涛、郑金雄、沈荣：《中国新闻官司二十年 1987-2007》，中国广播出版社 2007，第 257-274 页。

[5] 见纸媒调查报告图七。

的判赔额 500 万元也是出现在这一阶段，[1] 此后基本处于平稳状态。据八百例统计数据与普通侵权统计数据比较，2002 年以来，媒体败诉赔偿额最大为 87 万，平均为 41910 元；普通侵权被告败诉赔偿最大额为 5.92 万元，平均为 6847 元。这些数据间的比较并不说明公正与否的问题，但可以说明在媒体侵权诉讼中，胜诉的原告实际上遭受到更为严重的损害，以至于获得比普通侵权平均高出 5 倍的赔偿额。

媒体侵权诉讼影响大。普通的名誉侵权诉讼基本没有多少关注度，而媒体侵权诉讼却经常成为社会的热点话题，在不同层面产生巨大影响：有的案件涉及各级法院，[2] 许多案件均轰动全国，[3] 某些富有创新意义的裁判被舆论热烈地赞许，[4] 还有一些案件因涉及的问题极端复杂而被学术界长久地讨论。[5] 国内有关新闻侵权或媒体侵权问题的学位论文有数百份，专著有数十本，而外国学者也有重要研究成果。[6] 各层面如此持久、如此高的关注度在普通的侵犯人格权领域并不常见。

2. 媒体侵权制度安排的特殊性

在我们研究的媒体侵犯人格权的各类诉讼中，名誉权案件居于首位，大约占八成左右，如果将隐私权诉讼也纳入其中，则占九成以上。因此，名誉权是媒体侵权诉讼的核心问题。

（1）我国现行制度的特殊安排。民法通则涉及名誉权等人格权仅二百余

---

[1] 见成都恩威集团公司诉四川经济日报社侵害名誉权案，四川省高级人民法院民事判决书（1996）川民终字第 24 号。

[2] 如奚弘诉《人民日报》及两名记者侵害名誉权案，“由最高人民法院、北京市高级人民法院和朝阳区人民法院派人共同到上海做奚弘的思想工作”。见刘海涛、郑金雄、沈荣著《中国新闻官司二十年》第 9 页，中国广播电视出版社 2007。

[3] 此类案件不胜枚举，每年都有代表性案件。

[4] 如范志毅诉《东方体坛周报》侵犯名誉权案、广东华侨房地产公司诉《中国改革》杂志侵害名誉权案等。

[5] 如发生在 1996 年的深圳市福田区人民法院诉《民主与法制》杂志侵犯名誉权案至今仍然不断被研究者论及。

[6] 外国学者研究中国新闻侵权问题的代表作有：[美] 陈志武《从诉讼案例看媒体言论的法律困境》，见《媒体、法律与市场》第 72-103 页，中国政法大学出版社 2005；[美] 本杰明·李本：《在困境中前行－对中国诽谤诉讼的实证研究》，《哈佛国际法律评论》2006 年第 64 卷第 1 期，第 53 页。（*Benjamin L.Liebman. Innovation Through Intimidation: An Empirical Account of Defamation Litigation in China*.. Vol.47.1Harvard. Int’l J 53(2006).）

字，十分原则，而最高人民法院先后颁布的四部司法解释[1]承担了司法实践操作规范的主要角色。仅从文件名称即可知，1993年生效的《解答》和1998年生效的《解释》是专门指导名誉权审判的，共22问、22答。法律面前人人平等，所有的内容当然都规范媒体侵权案件的审理，但需要特别指出的是，其中有九个问答中出现了“新闻报道”“发表文章”“新闻出版单位”“提供新闻材料”“批评评论”“转载作品”等文字，属于直接或专门规范媒体侵权诉讼的，在22个问答中占了四成，表现出媒体侵权问题在制度上确实存在着特殊或独有的安排。

一个可以参考的信息是由世界法学家协会主办的世界法律大会，它曾经两次在中国举办，[2]“司法与传媒”均是基本议题之一。[3]这是一个包括诽谤法在内的综合议题，表明媒体法律问题始终都是世界范围内被法学家高度重视的命题。而在英美法中，诽谤法更被视为媒体最基本的法律问题，是“媒体法皇冠上最闪亮的明珠”。

事实上，发达国家人格权法的进步与大众传播的发展确实存在着难以分割的关系。英国的诽谤诉讼被专家形容为“内容过于复杂，程序过于古老、经济赔偿过于高昂”，[4]著名法官丹宁勋爵也认为诽谤“案件的审理消耗了过长的时间”，[5]法官们提出“需要纠正诽谤法长期以来不利于新闻媒体的弊端”，因为“英国需要更多的严肃的调查性新闻，诽谤法应对此予以鼓励”。[6]而美国的传播法专家也认为“较为古老的诽谤法仍然对美国媒介构成着普遍的、深入的法律威胁”。[7]有鉴于此，为求得言论自由与损害名誉之间的适当平衡，

[1] 这四部司法解释分别是：《关于贯彻执行＜中华人民共和国民法通则＞若干问题的意见（试行）》（1993）、《关于审理名誉权案件若干问题的解答》（1993）、《关于审理名誉权案件若干问题的解释》（1998）、《关于确定民事侵权精神赔偿责任若干问题的解释》（2001）。

[2] 由世界法学家协会举办的世界法律大会曾经两次在中国举办，分别是1990年的第十七届，2004年的第二十二届。见 http://www.law.ruc.edu.cn/Article/ShowArticle.asp?ArticleID=15

[3] 《本届世界法律大会的主题及议题》，见 http://news.xinhuanet.com/video/2005-04/14/content_2827598.htm

[4] 见徐迅《中国新闻侵权纠纷的第四次浪潮》第344页。

[5] [英]丹宁《法律的未来》211页，法律出版社1999。

[6] 转引自白净论文，[港] Doreen Weisenhaus & others. Hong Kong Media Law［M］.Hong Kong University Press, 2007：48

[7] [美]约翰.D泽莱兹尼著、张金玺、赵刚译《传播法，自由、限制与现代媒介》第104页，清华大学出版社2007。

自上个世纪60年代以来，各国诽谤法先后做出一些重要调整；90年代以来，国际学术界对诽谤法展开多次讨论，并于2000年在英国伦敦召开的国际研讨会上形成某些共识，[1] 反映出诽谤法发展的国际趋势。而按照美国学者爱泼斯坦的看法，美国诽谤法在近几十年的发展主要有赖于大众传播的发展以及对言论自由的特别保护。[2] 这对只有20余年名誉权历史的中国、同时也是期待抓住新一轮信息革命历史机遇的中国应当具有重要的启发意义。

（2）媒体侵权抗辩理由具有特殊性。在英美诽谤法中，真实、公正评论、特许权是三大基本抗辩理由，均与媒体的内容传播密切相关。《香港诽谤条例》所附的列表中，甚至单独列出了“享有受约制特权的报刊陈述”的特权名录。[3]

在我看来，涉及媒体损害他人名誉，无非两大基本问题，即事实与观点。事实的载体是报道，具客观性，以“真实”抗辩；观点的载体是评论，具主观性，以“公正”抗辩。

关于“真实”抗辩。目前我国名誉权相关法律规定中，涉及真实的标准较为原则，表述为“基本真实”“基本属实”“严重失实”“基本内容失实”等，而何为“严重”、何为“基本”属于法官自由裁量的空间。在很多媒体侵权诉讼中，媒体常常被要求从源头上证明客观事实，这其实是司法机关也难以做到的事情。近几十年来发达国家的制度调整，其主要方向之一是逐步减轻媒体对真实的证明责任，[4] 以鼓励媒体在符合公共利益的前提下积极传播信息。

“特许权”也是应运而生的主要制度之一，它有关媒体证明真实的责任边界。按照英美诽谤法中的特许权概念，[5] 媒体基本不享有绝对特许权，而享有

---

[1] 见《诽谤的定义：言论自由与保护名誉的原则》，托比．门德尔著、中欧人权对话研讨会会务组译，载于陈力丹编《自由与责任：国际社会新闻自律研究》一书169-192页，河南大学出版社2006。

[2] 转引自王利明：《人格权法研究》第290页，中国人民大学出版社2005。

[3] 见 http://translate.justice.gov.hk/gb/www.legislation.gov.hk/chi/home.htm

[4] 如美国产生了公共人物制度，在涉及公共利益的诉讼中直接规定由原告承担举证责任，证明被告具有实际恶意，相关的学术研究非常多；而英国除了特许权制度有条件地直接免除媒体对事实的核实责任外，也有1999年的雷诺兹特权，其核心内容是涉及有关公众利益的出版受特权的保护。

[5] 特许权是指：为了公众利益或保护个人合法利益，可以作诽谤性的陈述而不需承担法律责任。参见魏永征：《新闻传播法教程》（第二版）第182页，中国人民大学出版社2006。

相对特许权，媒体不得拒绝针对绝对特许权的更正、答辩等发表要求。探究这一制度的产生根源，仍然是为了有利于关乎公共利益的信息与观点的表达与传播，客观上也为媒体确定了侵权免责的法定事由，从而合理地减轻了媒体对真实的证明责任。目前我国司法解释中，只有一条关于特许权的规定，比较《香港诽谤条例》的特许权列表，[1] 实在是太少太少，这也意味着媒体在侵权诉讼中对真实的证明责任确实很重。近年来，有些媒体以“权威消息源”理由抗辩获得了法庭的支持，[2] 但因为“权威消息源”本身并不是法定的抗辩理由，何为“权威”，何为不“权威”根本不能统一认识，也属于法官自由裁量的空间。

关于“公正评论”抗辩。事实有真伪，而观点无对错。《世界人权宣言》第十九条规定“人人有权持有观点”，只有实践才是检验真理的惟一标准。在英美诽谤法中，“公正评论”可以免责；在香港的诽谤诉讼中，“公正评论”也是位居第一的抗辩理由。[3] 在我国名誉权相关法律规定中，涉及观点的制度安排处于起步阶段，目前仅限于针对“消费与服务的批评与评论”范畴。但事实上，媒体的评论多种多样，既有新闻评论，也有文艺评论、科技评论、人物评论。据李国民[4] 对 83 个评论侵犯名誉权案例的统计研究（以下简称“评论案例统计”）结果，[5] 涉诉的评论案件中，有关产品与服务的评论只占总数的 8%。也就是说，法院审理大部分评论侵权的案件时处于无法可依的状态，这又是一个法官自由裁量的空间。司法实践中，虽然出现了若干被告（媒体或作者）依“公正评论”的理由抗辩获得胜诉的案例，甚至不乏富有创新精神的判决，但只属个例性质，由于法律制度明显缺失，审判实践中对“事实”

[1] 香港《诽谤条例》第 14 条“报刊的受约制特权”用两个附表的形式加以规范，附表 1 是毋须答辩和解释的特权，包括：对立法机构、政府机构等官方纪录公正和准确的报道；对法院公告的报道等等。《诽谤条例》第 14 条附表 2 是须经答辩和解释才享有的受约制特权，包括：对本地成立的社会团体例如专业团体、商会、工会等，股份有限公司以及依法成立的其他组织作出的决定、举行的会议以及对内部人员进行的处分等行为、对任何政府部门向市民提供资料而发出的公告文本、对消费者委员会发出的任何公告或其他事项、对根据《申诉专员条例》作出或发表的任何报告文本的公正准确的报道。见香港政府网站 http://www.hkrr.org

[2] 纸媒问卷结果表示，约有 1/3 的“权威消息源”抗辩获得了成功。

[3] 见白净论文第 92 页。

[4] 李国民：《检察日报》社编辑。

[5] 李的文章标题为《中国法院审判评论侵权案件总体情况的统计分析——以 83 个评论侵权案件为样本》。

和“观点”基本不加区分，常常以针对事实的客观性标准来衡量主观产品（评论），以“真实”的标准来评价观点的合法性。虽然司法解释要求文章内容“基本真实”，但主张发表观点的人要对他所评价的事实之真伪承担绝对责任者大有人在，有的还是高级法官。[1] 据评论案例统计结果，评论侵权案件的被告败诉统计中，大约有一半的被告为他评论所涉的事实之真伪承担了责任。此外，有的法官还将裁判之手指向观点之争，在判决书中针对那些道德之辩、艺术或科技领域的学术争鸣，以“观点欠妥”“结论不当”或“评论意见正当”等词语加以裁判。在利益多元化的今天，司法机关以国家强制力介入学术之争或道德之辩，完全超越了审判的基本职能，自由裁量空间之大，到了不讲逻辑的程度。这当然首先与法律没有明确的制度安排有关。

媒体侵权到底有哪些独有的抗辩理由？杨立新在《论中国新闻侵权抗辩及体系与具体规则》[2] 一文中提出了 15 种完全抗辩和 7 种不完全抗辩，[3] 较为系统地阐述了媒体独有的各项抗辩理由的理论框架，值得进一步深入研究。除了全国记协委托的科研项目成果《新闻侵害名誉权、隐私权新的司法解释建议稿》提出的 13 项具体建议外，本文也将在第三部分提出具体建议。

（3）行业对完善立法呼声之高独有

自 2001 年最高人民法院《关于确定民事侵权精神赔偿责任若干问题的解释》生效以后，我国在媒体侵权领域就再也没有新的规范出台。然而实践中新问题不断涌现，媒体开始呼吁出台新的规范。2007 年 4 月 1 日最高人民法院颁布《关于司法解释工作的规定》生效，其中规定“社会团体的建议”是司法解释立项的来源之一。中国新闻工作者协会在这一规定生效十日内即向最高法院提交了《中国新闻侵害名誉权、隐私权新的司法解释建议稿》，正式提出了 10

---

[1] 如原江西省高级人民法院院长康为民主编《传媒与司法》一书中主张：“只有客观真实或法律真实才能成为媒体评论的客观依据”，从而排除了任何依据连续报道的事实进行评论的可能。第 175 页，人民法院出版社 2004。

[2] 见《河南省政法管理干部学院学报》2008 年第五期。

[3] 十五种完全抗辩是：(1) 事实基本真实；(2) 权威消息来源；(3) 连续报道；(4) 报道特许发言；(5) 公正评论；(6) 满足公众知情权；(7) 公众人物；(8) 批评公权力机关；(9) 公共利益目的；(10) 新闻性；(11) 受害人承诺；(12) 为本人利益或者第三人利益；(13)“对号入座”；(14) 报道、批评的对象不特定；(15) 配图与内容无关和配图与内容有关。七种不完全抗辩是：(16) 已尽审查义务；(17) 已经更正、道歉；(18) 如实报道；(19) 转载；(20) 推测事实与传闻；(21) 读者来信、来电和直播；(22) 文责自负。

条具体建议，[1] 新闻行业呼声之高，是《关于司法解释工作的规定》出台以后，来自社会团体的第一份正式建议，颇具深意。而这一建议未获最高法院认同，说明媒体侵权问题缺乏上位法依据，全国人大的民事立法应当有所作为。

（二）媒体侵权制度进步的紧迫性

有专家指出，进入新世纪以来，媒体侵权案件相对平稳。[2] 虽然没有绝对数字的支持，[3] 但从平均赔偿额的变化不大等一些调查数据分析，[4]“相对平稳”的评价应当有一定的数据支持。但是，随着互联网的急速发展，诸如“因一篇文章告百家媒体”的诉讼形态正在形成，它应当被高度注意。这说明目前的媒体侵权法律制度即使在“相对平稳”的情况下也需要与时俱进，日新月异的信息革命可能正酝酿新的暴风骤雨，媒体侵权法律制度的进步迫在眉睫。

1. 发展文化产业需要媒体侵权法的保障

文化产业正在成为我国国民经济新的增长点。是产业就会有产品，是产品就该有规格。

文化产业亦称“内容产业”，而有关传播内容的产品规格标准中居于首位的就是有关“他人的名誉与权利”，它是全世界公认的限制表达自由的最重要的理由。[5] 它说明，一国有关保护名誉的法律制度不仅涉及公民个人的表

---

[1] 这份建议稿是中华全国新闻工作者协会（简称“记协”）于 2005 年立项的科研课题。一个主要由在媒体工作的法律人组成的课题组提出了十三条建议，记协在向最高法院正式提交时删去了争议较大的三条。

[2] 魏永征：《关于＜侵权行为法＞是否需要单列“媒体侵权法”的意见》，见传媒学术网，http://academic.mediachina.net/article.php?id=5817

[3] 各级法院的案件统计中并不区别媒体侵权与一般侵权，因此没有任何一项统计可以直接说明到底发生了多少媒体侵权案件。魏永征认为，媒体侵权大约占人格权侵权案件的 20% 左右。见：魏永征：《新闻传播法教程》第 156 页，中国人民大学出版社 2006；而周冲在北大法宝的裁判文书库检索到的 315 个名誉权纠纷案例中，涉及媒体侵权的案例有 207 个，占 65.7%。

[4] 八百例统计表 15。

[5] 我国政府于 1998 年签署联合国《公民权利和政治权利国际公约》，其中第十九条规定“表达自由得受限制，一，为了维护他人的名誉和权利。”见 http://news.xinhuanet.com/ziliao/2003-01/20/content_698226.htm

达自由，也关乎内容产业的成长与发展。世界上文化产业发达的国家，同时也是诽谤法发育较为充分的国家。[1] 有外国学者更是直接以“新闻媒体是市场经济的必要机制”为命题，以 77 个国家做样本，论证对媒体的保护程度与证券市场在一国 GDP 中所占的比例成正比。[2]

世界已经进入信息革命时代。我国能不能抓住这个难得的历史机遇，实现跨越式发展，法制的完善与保障至关重要。在有关媒体侵权法制是否完备的问卷中，认为“十分不完备”（22%）和“不太完备”（67%）的媒体占了 89%。而“权利义务不够清晰”（50%）、“法律位阶过低”（60%）、“相关法律概念和媒体责任有待进一步拓清”（70%）[3] 都是他们的期待。这是对媒体侵权法制的直接呼唤。

2. 在大众传播领域反对低俗之风需要媒体侵权法的规制

大众传播内容中的低俗之风一直是令官方头痛的大问题。当这些问题与产业发展交织在一起时，更显得异常复杂。在笔者看来，如果用法言法语翻译“低俗之风”的概念，它主要涉及两大法律问题，一是侮辱诽谤，揭人隐私；二是暴力、色情、恐怖、赌博等不良信息。前者有关媒体侵权法制；后者有关保护未成年人的法制。因此，完善媒体侵权法制恰恰是解决第一类问题的治本之道，它无疑十分紧迫。

3. 近年媒体侵权案件相对平稳是多方面原因共同作用的结果

八百例统计的研究者曾经对百名服务于传统媒体的新闻工作者进行问卷调查（以下简称“百名记者问卷”），结果显示，他们认为媒体侵权案件平稳甚至减少的原因是多方面的，依次是：传统媒体对新闻侵权的防范意识增强，防范措施得力（52%）；网络媒体兴起，成为舆论监督的主阵地，传统媒体主要是做跟进报道（26%）；传统媒体受的约束较多，难以积极开展新闻监督，所以纠纷也减少了（23%）；因为有了政府信息公开制度，有关部门隐瞒公共信息现象减少了，媒体用不着以侵权方式获得新闻信息（22%）等。

---

[1] 据《世界经济年鉴》《世界经济文化年鉴》统计 2004 年美、澳、日等国文化产业在国民经济所占比重均在 15% 以上，当年中国这一指数为 7.5%。

[2] 陈志武《媒体、法律与市场》第一部分“新闻自由与市场发展”，中国政法大学出版社 2004。

[3] 见纸媒问卷报告图九、图十。

表面看来，“传统媒体对新闻侵权的防范意识增强，防范措施得力”一项似乎是个积极的效应，但其中也不乏过度的自我审查与克制的情形。在纸媒问卷调查中，有1/4的媒体认为“由于相关法律缺失及媒体与相关人的法律责任界定不明确，使媒体在发表批评性文章等负面报道时多有顾忌”。[1] 亦有央视的记者告诉笔者，自北京电视台记者訾北佳因制作“纸做的包子”的虚假新闻而被判刑后，不少做产品质量调查的记者很紧张，不做了，害怕对行业的监督批评有风险，正所谓“寒蝉效应”。近一两年来，“先由网络曝料，多家传统媒体跟进调查，相关部门做出回应，逐步查清真相”正在成为舆论监督的新模式。在网络媒体迅速兴起的时代，由多家媒体共同实现的新闻监督越来越多，具有官方背景的传统媒体主导舆论的作用有削弱之势。这与传统媒体“防范意识增强”之间的关系，大有深入研究的必要。

4.避免适用刑罚制裁诽谤行为的前提是有较完善的侵权责任法

近年来，表达者错误地受到诽谤罪刑事追究的新情况也必须被认真考虑。[2] 其实逐年密集的诽谤罪制裁中，受到追究的不仅有普通公民，也不乏职业记者。以《法人》杂志记者朱文娜被辽宁省西丰县警方追究诽谤罪一案[3]为标志，自民法通则生效以来已经匿迹多年的针对记者的诽谤刑事制裁又全面地卷土重来。[4] 刑罚领域中的这种现象与民事诉讼中媒体侵权案件相对平稳现象是否存在着相互作用、此消彼长的关系，也是值得认真调查与研究的问题。

鉴于针对有关共公共议题的表达者追究刑事责任的情况逐渐增多，国内

[1] 见纸媒调查报告图七。

[2] 近年来，手机短信的作者及网民因批评国家机关及其工作人员而被以公诉方式追究诽谤罪的刑事案件已经发生多起，著名的如“彭水诗案”“儋州歌案”“稷山文案”“孟州书案”“灵宝贴案”、正在重审中的内蒙古吴宝全诽谤案以及于2009年7月24日被检察机关撤回起诉的“曹县贴案”等。

[3] 见《中国青年报》2008年1月7日《负面报道涉及县委书记，辽宁西丰县警察进京抓记者》http://society.people.com.cn/GB/1062/6739248.html

[4] 民法通则生效前，曾经有两起诉职业记者诽谤的刑事案件。自民法通则生效后，已多年未出现记者被诉诽谤罪的案件。所谓“全面地卷土重来”，是因为1997刑法将诽谤商誉与诽谤自然人区别开来，规定为两个法条（221条、246条）3个罪名。此后，先后有3名记者受到221条的追究，而朱文娜则是民法通则生效后被追究诽谤罪的职业记者第一人。至此案起，刑法中涉及诽谤的两个条款再次被全面适用于职业记者。

学术界正在讨论诽谤的去刑罚化问题，主张取消刑法中的诽谤罪，[1]这一呼声符合诽谤法发展的世界潮流，[2]但这并非刑法所特有的问题。在表达自由与人格名誉保护间实现真正的平衡，是需要由宪法、刑法、民法及其他配套规定共同完成的任务，而取消刑事诽谤罪的必要前提是有相对完善的民事侵权法。某些错误地以诽谤罪追究公民“诽谤政府”的刑事案件之所以能够出现，与某些公权力机关以侵犯名誉权起诉批评政府的媒体并且频频胜诉不无关系。经过1997年修订的刑法已经进步，诽谤罪名从1个变为3个，这种情况下，民事名誉侵权法制也有必要与时俱进，以使法律制度协调发展。我们很难想像，在没有宪法审查，民事法律十分粗疏，法官的自由裁量权很大的情况下，可以真正取消刑事诽谤罪。而最有理由被预期的可能性是，在这种局面下，刑事诽谤罪难免被更多地适用。

5. 较严重的“同案不同判”情形呼唤媒体侵权法进一步细化

本文以附表的形式归纳了我们所能指出的同案不同判的情形（见附件），其中有的可能属于正常的自由裁量，但也有不少缺乏自身的逻辑。这些资料强有力地证明目前相关法律还很粗疏，需要进一步细化。司法不统一之害是法学研究的一般性命题，其结论众所周知，本文章不加赘述。

法律和司法裁判的指引对媒体的内容传播具有特别重要的作用。鉴于表达自由的极端重要性，不少发达国家的政府和议会都力图避免总是通过立法限制表达，但却经常以威胁立法来引导或迫使媒体建立并不断完善自律机制。因此我们会发现，世界上那些最主张新闻自由的国家，同时也是媒体自律机制及规则最发达的国家。不过，媒体的自律机制并不能凭空产生，法律和生效司法判决的引导至关重要。生效的司法裁判给媒体的指引很多，有不少十分积极。但我的研究也十分遗憾地发现，确实有若干生效的司法裁判给媒体以混乱的指引，当媒体按照这些指引来建立自律规则时，不知需要支付多少不必要的成本，走多少本不该走的弯路，这不能不让人深感忧虑。

---

[1] 法制日报2009年05月27日《专家谈网民和记者频频被抓问题 诽谤应该去刑罚化》，见中国新闻网 http://www.chinanews.com.cn/gn/news/2009/05-27/1709621.shtml

[2] 托比.门德尔著、中欧人权对话研讨会会务组译《诽谤的定义：言论自由与保护名誉的原则》中提出：“应当废除刑事诽谤法，并以在必要时使用的民事诽谤法来取代之”。见陈力丹编《自由与责任：国际社会新闻自律研究》第176页，河南大学出版社2006。

我国是成文法国家。在一项针对法官的问卷调查中，70% 的法官认为他们更愿意“直接适用法律”，这个比例远远多于主张“加强自由裁量权”的法官。越是在基层法院，愿意“直接适用法律”的法官比例越高。[1] 其实，与其说我国法官习惯于依法裁判，不如说法律制度将他们中的大多数造就成为更适合依法裁判的法官，而不是善于创造法律的法官。因此，如果不是为了追求法制进步、与时俱进，即便只为了避免同案不同判，避免由此向媒体释放并通过媒体的传播放大各种混乱的信号，从而导致整个社会对此类问题认知的混乱，媒体侵权法制也有必要进一步细化。

（三）迫切需要讨论的几个制度设计

1. 关于“公众人物”的争议与制度设计

政府作为公权力机构不享有民事上的名誉权，这在国内外学术界均有共识且研究成果丰厚，本文不做讨论。官员名誉权的问题比较复杂，相关制度安排问题的争议也比较大，而争议的焦点是中国是否适合引入“公众人物”制度。

有几项统计数据表明，在名誉权诉讼的各类原告（普通公民、法人、名人、官员、公权力机构）的胜诉率统计中，公权力机构和官员均高于原告的平均胜诉率，他们起诉媒体比普通公民更可能胜诉。[2]

根据朱莉的研究，作为原告的官员有 85% 根本不用证明被告存在过错就可以制胜于媒体。[3]

这种局面使人担忧宪法四十一条所规定的“中华人民共和国公民对任何国家机关及国家工作人员都有批评、建议、控告、申诉的权利”如何实现。有专家更直接结论为：“中国对官员名誉实行严格保护”。[4]

“公众人物”的概念已经进入中国人的社会生活。根据魏永征和张鸿霞

[1] 只有 15% 的法官选择“加强自由裁量”，另外 15% 选择了中立立场和不知道。见周冲《论侵权责任法对媒体侵权的纳入》。

[2] 见本书 76 页“各类原告胜诉比例统计表。

[3] 朱莉：《公共官员名誉权案件审理的现状、问题及对策探索——以 26 起公共官员名誉权案件为例》。

[4] 魏永征、张鸿霞《考察“公众人物”物概念在中国大众媒介诽谤案件中的应用》，见《中国传媒报告》2007 年第四期。

的研究，[1] 自 2000 年以来，已经有不少于 23 个司法判决中涉及这一概念。其中有的否定了这一抗辩理由，也有相当部分的判决采纳了这一抗辩理由。民法学界承认并高度评价这一概念引入我国司法判决的价值，[2] 希望将它引入中国，[3] 新闻界的相关研究成果也曾将“公众人物”和“实际恶意”制度的设计方案作为建议提交于中华全国新闻工作者协会，并将“公众人物”的范畴界定于与公共利益有关的人士，其依据是宪法四十一条。[4]

但现实的问题是，不管在多少其他问题上存在同案不同判的情况，我国法官在“公众人物”概念适用的对象问题上却惊人地一致——没有任何一起采纳“公众人物”抗辩理由的生效裁判适用于官员，而是全部适用于名人。研究者认为，我国司法实践中“公众人物”概念的实际使用同美国沙利文原则以及中国学者的论述发生了较大位移。结论是：沙利文案的公众人物抗辩原则目前并不适合中国的国情。[5]

谁也不能预估在官员告媒体的案件中，法官们不会在未来适用“公众人物”概念，因为被告以这一理由抗辩的案件已经出现若干起。[6] 依笔者之见，在侵权责任法立法中要不要纳入这一制度设计，关键看能不能恰当界定“公众人物”的概念，准确体现宪法四十一条的精神。如果不能准确界定这一概念，同时又存在较大争议，表明它至少目前在中国“水土不服”，不妨暂时搁置，先易后难。

2. 关于“真实”的标准，可参考确立“公共利益特权”抗辩制度

媒体最严重的法律困境之一是“举证难”。有很多文章都研究了“谁主张，

---

[1] 同上。

[2] 王利明《公众人物人格权的限制和保护》，见北大法律信息网 http://vip.chinalawinfo.com/newlaw2002/slc/slc.asp?gid=335573692&db=art

[3] 杨立新《中华人民共和国侵权责任法草案建议稿及说明》第 174-175 页，法律出版社 2007。

[4] 中国记协委托的科研课题成果《新闻侵害名誉权、隐私权新的司法解释建议稿》。见《新闻（媒体）侵权研究新论》第 337 页，法律出版社 2009。

[5] 魏永征、张鸿霞：《考察“公众人物”概念在中国大众媒介诽谤案件中的应用》，见《中国传媒报告》2007 四期。

[6] 如朱江洪诉仲大军一案，见广东省珠海市中级人民法院民事判决书，（2004）珠中法民一终字第 744 号；张西德诉《中国农民调查》作者一案，见《<中国农民调查>阜阳“受审”扑朔迷离》，《新闻周报》2004 年 7 月 20 日。

谁举证”原则在媒体侵权中的特殊现象及其规律，[1] 本文不做论述。很多情况下，法官并不要求原告证明媒体的报道与损害结果间存在因果关系，而是根据经验法则推定损害后果已经发生，[2] 但作为被告的媒体却被要求证明报道真实，有的证明到客观真实，被研究者评价为“近乎严格”。[3] 甚至有相当比例的案例中，主要是发表观点的评论作者也被要求证明他所评论的事实之真伪，与事实的报道者承担同样的举证责任，[4] 这完全丧失了逻辑。为此，80% 以上的媒体认为“取证、举证困难”是他们面临侵权诉讼时的最大困难。[5]

如果说媒体侵权与一般人格权侵权到底有什么不同，那么媒体具有传播公共信息、为公共利益服务的功能应当是最重要的不同了。这一点在一些发达国家的诽谤法发育过程中皆可观察到清晰的脉络，其中英国走了一条与美国不同的道路。

1982 年，著名的英国法官丹宁勋爵在《法律的未来》一书中讨论了英国的诽谤法，他写道：“我很想看到这种原则的出现：如果报纸和电视台从可靠而负责的来源收到或采访到正确消息，而又是公众应当知道的有关公共利益的消息，那么他们就有特权把它们发表出来。在没有恶意的时候，他们不应负有责任。”[6]1994 年起，英国出现雷诺兹案，至本世纪初的若干实践，日渐丰满，我国一些学者对此有所研究与介绍。[7] 雷诺兹判例确定了在涉及公众利益的报道当中，只要媒体采取了负责任的态度，例如调查仔细，来源可信，采取了客观公正的立场，主观上确以为真，即使有诽谤性内容，无法证明真实，也可以受到法律保护。这条原则被称之为“雷诺兹特权”（Reynolds

[1] 如魏永征《从证明真实到证明确信真实——怎样解决诽谤法实际存在的悖论》，见《新闻法新论》，中国海关出版社 2002；周泽《新闻官司，媒体为何多喊冤》，见《人民法院报》2001 年 12 月 21 日，http://oldfyb.chinacourt.org/old/public/detail.php?id=31759

[2] 梁书文：《见证、书写与思考》，载刘海涛等著《中国新闻官司二十年 1987-2007》第 14 页，中国广播电视出版社 2007。

[3] 白净论文第 78 页。

[4] 李国民在《中国法院审判评论侵权案件总体情况的统计分析——以 83 个评论侵权案例为样本》中指出：“明确把证明评论依据事实的举证责任分配给被告方，这是大多数法院审理评论侵权案件的普遍做法。”

[5] 见纸媒问卷报告图 8。

[6] [英] 丹宁《法律的赤来》220 页，法律出版社 1999。

[7] 见白净论文第 136-138 页；魏永征、白净《从沙利文原则到雷诺兹特权——对借鉴外国诽谤法的思考》，见中华传媒网 http://academic.mediachina.net/article.php?id=5388

Privilege），也被称为“公众利益特权”（public interest privilege）。[1]

值得注意的是，与“公众人物”概念从未适用于对官员批评引起的名誉权诉讼明显不同，尽管法律没有明文规定，但“公共利益”的抗辩理由在我国的媒体侵权诉讼中受到法官支持的比例却很高。在八百例统计中，有关名誉权和肖像权诉讼的抗辩，“公共利益”的理由获得支持的均占47%，成功率在各种抗辩理由中位居第一位；在隐私权诉讼的抗辩中，“公共利益”的理由获得支持的占40%，居第二位。纸媒问卷的结果也得出大体相同的结论：“公共利益”的抗辩理由获得法院支持的比例为45%以上，位居第一。[2]这表明，“公共利益的抗辩理由应当获得支持”的观念在我国法官群体中存在着较好的共识基础，这恰恰是对媒体功能的承认与具体扶持。

魏永征和白净的论文比较了美国沙利文原则与英国雷诺兹判例的关系。他们指出：首先，两国受特权保护的对象不同，美国的保护对象以原告身份(是否公共人物）识别，英国的保护对象以报道的内容（是否与公共利益有关)识别。其次，两国特权保护的底线不同，美国以主观状态（实际恶意）为标准，英国以媒体行为是否专业和负责作为标准。再次，从两国的法律依据看，美国沙利文原则直接引用宪法，所以又被称为“宪法性抗辩”，英国雷诺兹特权则是从传统的特权抗辩发展、扩充而来。[3]而比较它们的共同之处，两国的特权设计的出发点殊途同归，都使媒体在不同程度上摆脱了举证困境，有利于媒体发挥监察社会、服务公众的功能。同时也不难发现，英国诽谤诉讼中媒体享受特权保护的条件严于美国。

显然,“公共利益特权”的制度设计体现出英国法的传统智慧,也更具弹性。如果考虑国情，我国借鉴这一制度比直接引入美国的沙利文原则更具现实可能性。目前，我国学术界对这一原则的了解与研究还处于初起步阶段，有必要继续深入。在中国借鉴这一原则的难点在于对“公共利益”概念的准确界定，立法者和执法者均必须避免对这一概念的泛化使用。

[1] 转引自白净论文，［英］Geoffrey Robertson & Andrew Nicol. Media Law［M］.Penguin Books, 2002: 128

[2] 见纸媒问卷图5。

[3] 魏永征、白净《从沙利文原则到雷诺兹特权——对借鉴外国诽谤法的思考》，见中华传媒网 http://academic.mediachina.net/article.php?id=5388

3. 应当确立“公正评论”的抗辩理由

如前所述，我国司法解释中有关观点（评论）侵犯名誉的规则适用范围很窄，而司法实践中对事实与观点不加区分的情形也比较严重，这与利益日益多元化的社会发展很不适应。另外一面，明确区别事实与观点的法律标准，适用“公正评论”原则裁判的案件亦非少数，有47%的评论侵权案件的被告（媒体、作者）获得了司法保护，[1]它表明我国存在着确立“公正评论”抗辩理由的基础。在笔者看来，立法确立这一抗辩理由的条件也最为成熟。

4. 有必要增加“相对特权”事项

如上所述，我国司法解释规定的媒体享有的相对特权只有一条，[2]但内容十分明确，极其便于操作。我国是成文法国家，法律规定越明确，同案不同判的情形必定越少，这一结论在八百例统计中有所反映：“特许权”抗辩的成功率为46%，仅比居首位的“公共利益”低一个百分点，与司法解释的这项规定的清晰明了不无关系。

但仅有一项相对特权毕竟很少，甚至太少，这一制度应当与时俱进，与公共信息公开制度相衔接，以此鼓励媒体积极传播公共信息。媒体只要规范传播，履行法定义务，就不必担忧诉讼的威胁。纸媒问卷结果表示，约有20%的“权威消息源”抗辩获得了成功。[3]这表明，“权威消息源”的抗辩理由在我国司法实践中具有一定的认同基础，为什么不可以将“权威消息源”一一细化列明呢？作为判例法传统的香港法律可以做到，作为成文法的我国当然更有理由做到。这对满足公众对公共信息的知情权，规范媒体传播行为，减少解决纠纷及诉讼的成本，促进法治的进步等各方面的积极作用，实在是有百利而无一害。

---

[1] 见李国民的论文。

[2] 这一相对特权规定在《最高人民法院关于审理名誉权案件若干问题的解释》（1998）第六条，表述为：“新闻单位根据国家机关依职权制作的公开的文书和实施的公开的职权行为所作的报道，其报道客观准确的，不应当认定为侵害他人名誉权；其报道失实，或者前述文书和职权行为已公开纠正而拒绝更正报道，致使他人名誉受到损害的，应当认定为侵害他人名誉权。”

[3] 见纸媒问卷图5。

关于哪些内容可以作为媒体的相对特权，学术界有一些研究成果，[1]《新闻侵害名誉权、隐私权新的司法解释建议稿》中也提出了四项具体建议，[2]在此不再一一列举。

本文参考并引用的调查数据文献名录：

1. 中国新闻侵权案例精选与评析课题组

朱莉、杨慧臻执笔

《对八百个媒介侵犯人格权案件的统计与报告》及其附件（本文简称“八百例统计”）

2. 中国政法大学传播法研究中心

侯月娟执笔

《报刊侵犯人格权问题调查报告》（本文简称“纸媒问卷”）

3. 李国民

《中国法院审判评论侵权案件总体情况的统计分析——以83个评论侵权案例为标本》（本文简称“评论案例统计”）

[1] 如杨亦烽在《权威消息来源初探》一文中指出：“理论研究方面，人们常常对权威消息来源给予列举，认识比较统一的有：（1）法律、法规、行政法规和规章认定的事实；（2）人民法院的裁判文书认定的事实；（3）合法的仲裁机构认定的事实；（4）行政机关在正式文件和正式行政程序中认定的事实；（5）执政党的正式文件、出版物认定的事实和执政党正式向社会发布的事实；（6）国家立法、行政、司法、监察机关在其新闻发布会、记者招待会、白皮书、蓝皮书等上发布的事实；（7）国家立法、行政、司法机关在其正式出版物（如国务院公报、最高人民法院公报）上发布或者认定的事实；（8）国家授权新华社发布的消息。”见《新闻记者》杂志2000年第11期 http://xwjz1.eastday.com/epublish/gb/paper159/200011/class015900002/hwz580354.htm

又如王立明提出：“在新闻侵权中，权威消息来源可以成为抗辩理由。”“一般认为，有足够权威度的消息来源主要包括：（1）法律法规及其他规范性文件所认定的事实；（2）各级党政机关供新闻单位发表的以及其职权范围内发布的各种报道，如国家机关在其新闻发布会、记者招待会、白皮书、蓝皮书等上所发表的事实；（3）国内各级档案部门保存的档案资料；（4）各政党、社会团体、企事业单位就其职责范围内的情况供新闻单位发表的材料；（5）公民、法人关于自身活动供新闻单位发表的材料；（6）经过公安机关及其他司法机关经过鉴定的材料，如现场目击的第一手材料等。”王利明著〈人格权法研究〉528-529页，中国人民大学出版社2005。

[2] 该建议稿提出的四项具体建议表述为：新闻媒介和出版机构客观准确报道以下内容的，不应当认定为侵害他人名誉权。但在其后证明内容失实时，仍然对失实或不公正的内容拒绝更正和答辩的，应当按照侵害他人名誉权处理。1.各级人民代表大会代表在人民代表大会上的发言；2.检察官、律师在法庭上的发言；3.依据公开并权威的历史档案提供的资料；4.公民或法人在公开场合关于自己情况的陈述。

4. 朱 莉

《公共官员名誉权案件审理的现状、问题及对策探索——以 26 起公共官员名誉权案件为例》

5. 魏永征、张鸿霞

《考察“公众人物”概念在中国大众媒介诽谤案件中的应用》

见《中国传媒报告》2007 年第四期

6.[港] 白 净

《中国内地与香港媒体诽谤问题比较研究》（本文简称“白净论文”）

7.[美] 陈志武

《从诉讼案例地看媒体言论的法律困境》

见《媒体、法律与市场》第 72-103 页，中国政法大学出版社 2005 年

8.[美] 本杰明·李本

《在困境中前行 – 对中国诽谤诉讼的实证研究》

见《哈佛国际法律评论》2006 年第 64 卷第 1 期（Benjamin L.Liebman. Innovation Through Intimidation: An Empirical Account of Defamation Litigation in China.. Vol.47.1Harvard. Int’l J 53(2006).）

9. 周 冲

《论侵权责任法对媒体侵权的纳入》#

（作者注：以上 1-4 号文献均载于《新闻（媒体）侵权研究新论》一书，法律出版社 2009 年。以上有“#”是文章作者同意本作者引用的尚未发表的文献）

附件：已知媒体侵权诉讼同案不同判的案例名录（共 17 组）

编号	问题	裁判	案件原被告	裁判文书的具体表达	资料来源
1	舆论监督职能是否优于新闻真实原则	是	百龙公司等诉韩成刚、《太原日报》《山西日报》《工人生活报》《保健纵横报》等	韩成刚从维护消费者权益角度出发，以撰文发表的形式，对矿泉壶的作用、出水性质以及人工矿泉水形成的技术构成进行探讨和质疑，并对作用矿泉壶的后果提出警示，引述了有关资料及学术界专家的研究结果，其主观上并无侵害他人名誉权的故意，其文章主旨是对矿泉壶的作用、功能进行分析，属公民行使舆论监督权的一种方式，在其文章中虽有某些结论和用语不当，对矿泉壶的声誉可能造成一些不良的影响，但不能构成对被上诉人企业法人名誉权的侵害。	北大法宝法律文书库
		否	湖北法制报社与蒋国红、蒋元海、蒋国明	作为向社会公众发行的新闻媒体，通过舆论监督，弘扬社会正义，鞭挞社会不良现象，是值得倡导的。但同时亦应尊重客观事实，对其所报道的内容负责，不得有损他人名誉。	（2001）汉民终字第148号
2	道歉能否减轻甚至抵消责任	能	爱新觉罗启笛诉中央人民广播电台	在本案审理中，被告主动在《明星Big star》报刊上发表了致歉声明，对其不当表述进行了更正，对原告的影响已经消除。	（2004）东民初字第3490号
		否	李颉诉新京报社	被告虽在此后又在其他版面刊发了有关原告现状的报道，并向原告本人进行了书面致歉。但上述行为，显然不足以消除被告曾经对原告“现已去世”的报道给原告在精神上所造成的不利影响。	（2004）宣民初字第02285号

编号	问题	裁判	案件原被告	裁判文书的具体表达	资料来源
3	网站对网友发帖作品的真实性是否承担审核义务	是	李劲松诉新浪	1. 新浪互联公司转载行为是一种选择行为，即从人民网信息中有选择性的转载文章，其因选择而产生相应的审核责任；2. 新浪互联公司无论通过何种渠道获取信息均在新浪网上向社会传播，其独自实施在新浪网发布消息这一传播行为；3. 作为独立的媒体均有相对的用户，从新浪网获得信息的人不会区分其信息最初的出处，而新浪互联公司以自已名义发布消息给民事主体造成名誉损害，应承担相应责任	（2003）海民初字第 1536 号
		否	汕头市赛格车圣导航设备有限公司诉汕头市易讯网络有限公司	从现行规定看，目前的法律、法规均没有要求电子公告服务提供者应对上网用户发布的信息进行事前审核的规定。从上网用户发布信息的过程看，上网用户向网络上传信息的过程是自动的，电子公告服务提供者无法事先知悉该信息的内容，客观上也不具备对上网信息进行事前审核的能力。在这种情况下，被告作为电子公告服务提供者，在其网站每个页面均声明上网用户对其所发布的信息负责，不得发布法律法规所禁止的信息；且在上网用户注册过程中，要求用户仔细阅读易讯 e 京网络服务协议、e 京社区站规和中国互联网有关法律法规，并对其发布的信息负责等内容。这些做法，应当认为被告在上述争议信息发布前已经履行了必要的管理义务，故应认定被告在上述争议信息发布前没有过错。	（2006）龙民一初字 61 号
4	新闻内容真实的举证责任如何分配	被告承担	李劲松诉新浪	新浪互联公司没有提供证明《春》文内容真实的证据，而本院认为其没有免除其举证责任的法定事由和法律依据，故在其不能证明《春》文内容真实的情况下，本院综合李劲松所提供证据认定《春》文内容失实。	(2003) 海民初字第 1536 号
		原告承担	安徽新锦丰企业投资集团有限公司诉扬州电视台	当事人对自己提出的诉讼请求所依据的事实或者反驳对方诉讼请求所依据的事实有责任提供证据加以证明。没有证据或者证据不足以证明当事人的事实主张的由负有举证责任的当事人承担不利后果。原告在本案中，未能提供证据证明涉案方便面面饼非其生产，以及面饼上苍蝇是被告袁建龙事后故意嵌入，目的是损害原告名誉，故原告应承担举证不能的不利后果。	（2006）扬民三初字第 0004 号

编号	问题	裁判	案件原被告	裁判文书的具体表达	资料来源
5	公众人物能否作为媒体抗辩理由	能	范志毅诉文汇新民联合报业集团	本案原告系中国著名球星，自然是社会公众人物，即使原告认为争议的报道点名道姓称其涉嫌赌球有损其名誉，但作为公众人物的原告，对媒体在行使正当舆论监督的过程中，可能造成的轻微损害应当予以容忍与理解。	(2002) 静民一（民）初字第1776号
		否	朱江洪诉仲大军	对“公共人物”的定义和构成要件不是本案审理的范畴。朱江洪作为自然人，结合其工作职务，才是仲大军的评论对象。仲大军不能主观认为朱江洪是“公共人物”而按其标准进行“评论”。	(2004) 珠中法民一终字第744号
6	公共利益是否优先于新闻报道真实原则	能	范志毅诉文汇新民联合报业集团	本案争议的报道是被告处在“世界杯”的特定背景下，遵循新闻规律，从新闻媒体的社会责任与义务出发，为了满足社会大众对公众人物的知情权而采写的监督性报道。关于原告赌球的传言，从表面上看，是涉及原告个人的私事或名誉，但原告这一私事或名誉与社会公众关注“世界杯”、关心中国足球相联系时，原告的私事或名誉就不是一般意义的个人之事，而属于社会公共利益的一部分，当然可以成为新闻报道的内容。	(2002) 静民一（民）初字第1776号
		否	武霞媚诉上海老年报社	上海老年报社在发表系争报道时，虽本意为弘扬社会主义道德风范，创意为扬善惩恶，但新闻报道更应追求客观公正。	(1999) 沪一中民终字第2413号
7	国家机关提供的文件能否成为抗辩理由	能	章明敏诉宣城地区电视台等	被告宣州市城建委将上述行政执法活动及行政公文等文字记载作为动态信息提供给被告宣城地区电视台，无侵犯原告名誉权的主观故意和客观事实。被告宣城地区电视台对被告宣州市城建委提供的上述行政机关行政活动、行政公文等文字记载的信息报道，经审核后，予以播放，其宗旨意在宣传依法行政。且播放的镜头内容和配字解说与被告宣州市城建委行政执法活动、行政公文等文字记载内容相一致。因此，被告宣城地区电视台亦无侵犯原告名誉权的主观故意和客观事实。	（2000）宣民初字第642号
		否	向波诉向培芝、《龙山报》社、湘西自治州《团结报》社	两报社在刊发向培芝的文章时，应当知道向波未经法定程序定罪之前有可能无罪，而未经严格审查，仅凭对作者的信任和作者单位加盖了公章，即将该文在各自报刊上公开发表，从而扩大了对向波名誉侵权的影响。	（2001）龙民初字第23号

编号	问题	裁判	案件原被告	裁判文书的具体表达	资料来源
8	媒体人员因职务行为是否被认定为被告并承担责任	是	李卫国诉科技日报社、张功耀、徐兰山	判决被告徐兰山、张功耀、科技日报社停止对原告李卫国名誉权的侵害；被告徐兰山、张功耀在科技日报刊登向原告李卫国赔礼道歉的声明（经本院确认后，于本判决生效后七日内刊登）；　三、被告徐兰山、张功耀各赔偿原告李卫国精神损害抚慰金人民币五百元（于本判决生效后七日内支付）。（徐兰山系科技日报社记者）	（2000）一中民初字第 14 号
		否	程国强与烟台日报社、曲全承、李拥军等	曲全承、李玉明作为烟台日报社的记者，其采访报道行为是一种职务行为。李拥军、闫文斌、王立刚作为烟台日报社的通信员，三人与两记者共同进行采访报道，其地位等同于记者。根据最高人民法院 1993 年 6 月 15 日发布的《关于审理名誉权案件若干问题的解答》第六条之规定，上述五人不是适格的被告，本案名誉侵权的法律后果应由烟台日报社承担。	(2000）鲁民终字第 390 号
9	将活人写成去世是否承担责任	是	陈家镛诉《光明日报社》	依我国文化传统、道德观念和民间习俗，忌讳谈论生者的死亡，尤其对年长者更属不敬，称生者死亡不但会引起周围亲朋的不安，也会使生者因此承受巨大的压力，并在精神上产生焦虑、烦恼，这种过错行为对人格利益造成一定的损害被一般社会公众所接受。判决侵权成立，赔偿精神抚慰金三万元。	（2005）海民初字第 10359 号
		否	李固珍诉《团结报》社	报道主要内容属实，是宣传罗士发敬老养老先进事迹的正面报道，其目的是为了宣传先进典型，弘扬中华民族敬老养老传统美德。虽然报道有“孤寡老人”“四个孩子不幸都已夭折”提法部分内容与客观事实有不符之处，但只是在很小的范围内有一定的影响。判决驳回起诉。	(2000) 州民终字第 171 号
10	加盖公章的来稿失实媒体是否承担责任	是	某法官诉《渭南日报》社	此稿虽盖有澄城县人大办公室的印鉴，但仍不能免除新闻媒体的审核责任。判决报社败诉承担侵权责任。	魏永征《新闻法新论》第 205 页
		否	李庆等诉《鹤壁日报》社	由于所投稿件上加盖有被告工商分局的公章，故认定稿件作者的发稿行为系职务行为。对此纠纷，被告工商分局存在明显过错，应承担相应的民事责任	（2003）淇滨民初字第 190 号

编号	问题	裁判	案件原被告	裁判文书的具体表达	资料来源
11	拒绝报道国家机关公开纠正的事实，媒体是否承担责任	承担责任	刘景全诉河南省遂平县广播电视局、遂平县公安局	刘景全当时确实因涉嫌敲诈勒索犯罪被县公安局依法刑事拘留，就报道而言，是客观、真实的。后县人民检察院对错误将刘景全当作犯罪嫌疑人予以逮捕的职权行为已公开纠正，嗣后，县电视台即有更正报道的义务。国家机关的职权行为有错误已公开纠正之后而拒绝做出更正报道，致使原告刘景全的名誉持续受到损害，此行为已构成对刘景全名誉的侵害，电视台应当承担民事责任。	(2003) 遂民初字第 64 号
		不承担责任	赵洪家诉大石桥电视台、市广电新闻中心	电视台播放的本市广播电视新闻中心制作的新闻评述内容属实，公安机关确实做出裁定拘留，至于最后被人民法院撤销，属公安机关执法问题，二被告报导的是公安机关作出裁定拘留，并非执行拘留，并无歪曲事实、诽谤、污辱原告内容。另，新闻评述属国家赋予宣传部门的舆论监督权利，系二被告正常行使职责，且宣传内容意在维护社会安定，并未失实和不当。原告起诉无理，本院不予支持。	（2000）营民终字第 368 号
12	什么是带有侮辱性的内容	认定侮辱	中央民族大学出版社、张山诉包国庆、《中华读书报》社	文章中使用“多行不义”“卑鄙者”等词语，带有一定侮辱性。评论因此被认定构成侵权。	（1998）宣民初字第 2678 号民事判决书
		不是侮辱	谷平诉《贵州商报》社	评论中使用“霸王”“恶霸”“丧心病狂”“败类”等词，是对被上诉人所作行为进行的批评、评论，不具有侮辱、贬低人格的内容。	（2001）筑法民一终字第 61 号民事判决书
13	评论依据的事实是否必须真实	必须真实	西安翻译学院、丁祖诒诉《北京科技报》社、方是民	作者方是民依据教育部新闻发布会上新闻发言人的发言发表评论，但法院认为其“未提供充分的证据证明”事实真伪，因此判决被告构成侵权。	(2007) 西民二终字 346 号民事判决书
		只要不是捏造	余秋雨诉肖夏林	肖撰写评论的依据是“未经核实但作者对其真实性未产生怀疑的传言”。法院认为“受评论性文章时限性、作者调查的非强制性等多种因素难以核实的限制，不能据此认定此部分内容是为故意凭空捏造、无中生有”判决不构成侵权。	（2003）东民初字第 1807 号民事判决书

编号	问题	裁判	案件原被告	裁判文书的具体表达	资料来源
14	同一篇文章在湖北、北京两地分别诉讼	侵权成立	肖传国诉方是民、中国协和医科大学出版社	判决认定："方是民为证明其言论属实，举出大量在网上收集的材料，但这些材料没有到有关网站和肖传国等处核实，无法证明其内容的真实性。故应当认定方是民的侵权事实成立。""方是民在……评论中使用'自吹自擂'、'拔高自己'、'玩冒充把戏'等词语，足以误导公众认为肖传国在职务、论文、学术理论等问题上造假，从而导致对肖传国人品、声望，社会评价地降低，给肖传国造成精神损害，肖传国名誉被毁损的事实成立。"	（2006）武民二终字第817号民事判决书
		不构成侵权	肖传国诉方是民、北京雷霆万钧网络科技有限责任公司	判决认定："通过网络检索资料已经成为当前公众获取信息之重要来源，公民据此信息发表评论，并无向相关网站及被评论人核实之义务……方是民在……发表评论时，其所依据的资料……来源是直接且正当的，内容上会使正常人认为有一定的可信性和权威性，故方是民对其检索的网络资料已经尽到了善良管理人的注意义务，""方是民在发表评论时使用了诸如'夸大'、'冒充'、'自吹自擂'等带有贬义性的词汇，但应当认为，质疑与否定本为评论自由的题中之义，肖传国虽因此感到自身名誉感降低，但上述评论尚未超出观点争鸣的范畴，并不构成对肖传国名誉权的侵害。	（2007）高民终字第1146号民事判决书
15	举证责任分配给谁	原告	安徽锦丰企业投资集团有限公司诉扬州电视台、袁建龙	原告主张被告侵害其名誉权，应提交证据证实：1、被告故意捏造事实或对真实事件采用不正当说法；2、因该行为的实施而导致原告社会评价的降低，并由此造成了实际损害。	（2006）扬民三初字第0004号民事判决书
		被告	古榕、徐松子诉包毅范	文中所描写的几个事实被告未提供有关证据证明，缺乏依据，法院难以采信。	（1994）徐民初字第2184号民事判决书

编号	问题	裁判	案件原被告	裁判文书的具体表达	资料来源
16	法官视什么为合法消息来源	最窄	陈明亮、宋玉林诉《北京青年报》、吴思	作者在书中引用的大量回忆性文章，系当事人对历史事件的追记，未经考证，非权威文献记载，文章失实对死者名誉造成侵害。被告不服上诉，二审法院维持一审判决，并重申在引用他人回忆文章进行创作，应对事件、人物予以评考、核实。	（2002）西民初字第4193号
		最宽	广州华侨房屋开发有限公司诉中国经济体制改革杂志社	只要新闻报道的内容有在采访者当时以一般人的认识能力判断认为是可以合理相信为事实的消息来源支撑，而不是道听途说甚或是捏造的，那么，新闻机构就获得了法律所赋予的关于事实方面的豁免权，其所报道的内容即使存在与客观事实不完全吻合之处，也不能认为是严重失实。	（2003）天法民一初字第1832号民事判决书
17	失实内容的转载媒体是否要承担与首发媒体同样的责任	是	杜惠等四原告诉贺方钊、幸福杂志社、湖南省作家协会、四川日报社等媒体	作为转载单位转载其他刊物发表的作品，应该预见到作品可能存在错误造成他人损害，故应对其作品内容进行审查核实。由于三上诉人均疏于审查，以致转载后侵害范围进一步扩大，对此，吉林日报社、购物导报社、四川日报社、湖南省作家协会均存在主观过错。判决六被告除公开赔礼道歉外，各自承担了1至6万元的赔偿。	（1999）宣民初字第1748号、（2000）一中民终字第3080号
		否	唐季礼与芮艳红、青年时报社、成都商报社等	被告青年时报社作为侵权的源头、被告芮艳红作为本案侵权报道的炮制者和主要传播者，是本案的主要侵权者，应当共同承担主要民事责任。其余被告在未对青年时报社报道内容的真实性予以审核的情况下，摘载发表了该文，客观上造成了原告更大范围的名誉损失。但据最终判决，原载媒体除更正、道歉外，需承担经济赔偿责任；转载媒体只需更正、道歉，不承担赔偿责任。	（2004）沪一中民一民（初）字第13号

五、中国新闻界对新闻侵权法制的期待[1]

自1979年《中华人民共和国刑法》生效后，中国新闻记者因撰写新闻报道而被指为诽谤罪的案件[2]就出现了。《民法通则》于1987年生效后，调整这方面纠纷的法律规范主要是民法中的关于公民、法人的名誉权受法律保护的规定，记者因撰写新闻报道而被指为诽谤罪的刑事案件未再出现。近20年来，新闻侵权诉讼先后经历了几次高潮，普通百姓、文化体育名人、工商法人以及国家机关工作人员均先后成为引人注目的、起诉媒体侵害名誉权的原告。据统计，全国法院系统审理的一审名誉权案件1993年为3138件，2003年为5596件，年均增长幅度为14.46%，其中新闻侵权纠纷约占20%以上。[3]虽然新闻侵权案件的数量在名誉权案件总量中并不占主体，但常常成为社会热点，有些典型案件引起了国内外的广泛关注和理论界的长久讨论。随着实践不断的丰富，中国最高人民法院先后发布两个司法解释，[4]22个问题及答案的方式使作为民事基本法的《民法通则》中的简单规定得以细化，时任最高人民法院民事审判庭庭长的大法官周贤奇认为："在我国法律体系中形成了对名誉权从根本大法到基本法，也就是从宪法到刑法、民法和行政法的完整保护体系。在我所接触到的世界著名法典中，对名誉权的保护还没有像我们这么具体化、系统化和条文化"。[5]

事实上，这两部司法解释的出台确实在平衡保护公民的人格尊严与保

[1] 本文系作者于2006年7月参加中国社会科学院法学所组织的"传媒法与人权法研讨班"的论文。

[2] 杜融诉沈涯夫、牟春霖诽谤案，见《最高人民法院公报》1988年二期。

[3] 郭兵（江西省高级人民法院大法官）2005年9月23日在"新闻侵害名誉权、隐私权研讨会"上的发言。

[4] 即《最高人民法院关于审理名誉权案件若干问题的解答》（1993）和《最高人民法院关于审理名誉权案件若干问题的解释》（1998）。

[5] 徐迅：《中国新闻侵权纠纷的第四次浪潮》，中国海关出版社2002，第45页。

障公民的言论出版自由相互关系方面做出了符合中国国情的贡献。然而随着中国社会的进步，新闻界就进一步明确新闻侵权的相关规范不断发出呼吁，2005年春季，中华全国新闻工作者协会批准立项，进行一项名为《新闻侵害名誉权、隐私权新闻的司法解释建议稿》（以下简称《建议稿》）的科研课题，一个主要由在新闻界服务的法律人组成的五人课题组提出了13条司法解释的新建议，较为集中地反映了中国新闻媒介和出版机构在近年侵权诉讼中遭遇的各种困惑和期待解决的主要问题。这一课题已经在2006年2月结项，成果为5万余字。

本文主要介绍上述课题成果提出的基本主张。

（一）提出《建议稿》的背景

1. 实践的需要。

作为处理此类诉讼最重要的两个法律依据，第一个司法解释出台于1993年，第二个司法解释出台于1998年，中间间隔5年；现在距第二个解释又过去了8年多。8年来，司法实践又产生了许多新经验，比如公共人物概念进入了有效的司法判决[1]，又比如广州市天河区法院对涉及《中国改革》杂志社名誉权案的创造性判决[2]等，而现实中也出现了一些新动向，比如批评止于诉讼的现象，因转载而形成的共同被告越来越多（最多达35家）等，但实践中却缺少必要的法律依据，导致类似的案情，由于不同地区、不同法院及不同法官的审理，出现差别很大的判决情形。

2. 全国人大立法计划的影响。

由于保护人格尊严、言论出版自由均是宪法原则，平衡这两大基本人权的立法应当主要由全国人大及其常委会制定法律来完成。但是我国立法的现实情况是：多年来在全国人大立法计划中占有一席的《新闻法》在十届人大立法规划中已不见踪影，而正在讨论的《民法典（草案）》中也未设新闻侵权的专节。因此，吸收实践中创造的经验，发挥司法引导社会的功能，出台

[1] 见《上海市静安区人民法院民事判决书》（2002）静民一（民）初字第1776号。

[2] 见《广东省广州市天河区人民法院民事判决书》（2003）天法民初字第1832号。

司法解释似乎是一个值得期待的选择。

3. *法治建设的需要。*

《民法通则》出台于上个世纪80年代中后期，当时整个中国社会对十年动乱践踏人格尊严的严重后果记忆犹新，决心通过法制阻止同类情况的再次发生。因此司法实践中，对人格尊严的保护优于对言论自由的保护。但随着中国改革开放的进程，社会急剧变化，利益日益多元化，对表达自由和舆论监督的呼声也日益高涨。法律作为上层建筑，必须适应已经发展了的经济基础，应当对社会关系做出必要的调整，以协调权利义务关系，对公民法人的行为做出新的、具体的指引。在这方面，中国人民大学的人格权法专家发表了有代表性的观点："这些年，很多人对名誉权产生了一种虚幻的感觉，很多人认为对自己的任何批评都是侵害名誉权……不允许别人说不同的话，不允许别人说刺激的话。在这样的情况下，我非常赞成要给舆论和媒体以喘息的空间，让它们能够更多地干预公共事务，干预社会生活，这样才能够使我们的社会更加和谐。"[1]

4. *发展文化产业的需要。*

中共十六大政治报告中提出发展文化产业，这正在成为中国经济新的增长点。近年来，中国媒体不断增加，信息化迅速发展，法律应当适应形势，拓宽媒体的信息来源，繁荣文化产业，创造既有利于信息流通和表达自由，又有利于保护公民人格尊严的法律环境。

（二）提出《建议稿》的原则与内容

《建议稿》是对现有制度的补充，是在原有法律和司法解释已经确立的制度基础上提出可供操作的建设性意见，因此对现有相关法制不具有任何破坏力。在具体的方法上主要是对现有制度做进一步细化，区别不同情况，承担不同责任。

细化的建议主要在以下方面：

---

[1] 杨立新：《中国名誉权的"膨胀"与"瘦身"——在中美"人格权法与侵权法"高级研讨会上的演讲》，2005年1月22日。

1. 将失实和侮辱分开。

失实和侮辱是新闻侵害名誉权的两大基本表现。二者虽然均有过错，但性质却不相同。由于新闻时效的要求，新闻失实难以完全避免，一般而言，只要补救措施得当，也较易获得原告的谅解。而侮辱人格的性质则比较严重，其后果显然严重于一般的失实，最不易被原告谅解，它应当是法律制止和制裁的重点。因此《建议稿》第十条“转载者的责任”中规定，虽然转载失实的新闻时，转载者的责任一般应轻于首刊者，但转载者却必须为被转载文章中的侮辱性内容自行负责，并不能减轻审查的义务。

2. 将报道和评论分开。

报道传达事实，应当真实；评论表达观点，应当公正。报道与评论不能适用同样的法律标准。根据世界各国的通例，公正评论应当免责，以保护公民通过新闻媒介和出版机构实现表达自由的重要载体。目前，我国最高人民法院的两部司法解释中基本未为评论是否构成侵权确立审查标准，新闻传播中报道评论不分的不规范情况比比皆是，而为评论打官司的案件并非个别。司法实践中，我国法院的一些经典案例[1]的判决已经适用了“公正评论免责”的国际标准，但由于法律并无明确规定，司法判决的结果并不统一，对新闻媒体和出版机构的指引作用也不明显。因此《建议稿》在第九条[公正评论]中提出了公正评论的标准与责任界限，使对事实发表评论的行为规范明显区别于关于事实的报道本身，有利于言论的表达与传播。

3. 将公共人物和普通人分开，适当弱化对公共人物的保护。

“公共人物”是美国法院通过若干著名判例所确立的原则，其基本内涵是：在公共利益面前，公共人物名誉权和隐私权保护的力度小于普通人。这一原则与中国宪法四十一条所规定的原则[2]有异曲同工之妙，是鼓励新闻媒体和出版机构加强对公共官员的舆论监督，保护公共利益的良性制度。《建议稿》因此提出了第七条[公共人物]和第八条[主观恶意]，具体界定了公共人物

[1] 如国贸中心诉吴祖光侵犯名誉权案（北京市朝阳区人民法院（1992）朝民字第3178号判决书）、吴敢诉袁成兰侵犯名誉权案（徐州市云龙区人民法院民事判决书，（1994）云民初字第127号；江苏省徐州市中级人民法院民事判决书，（1995）徐民终字第46号；江苏省高级人民法院民事判决书，（1996）苏民再字第1号）。

[2] 《中华人民共和国宪法》第四十一条规定：中华人民共和国公民对任何国家机关及国家工作人员，有提出批评和建议的权利。

的范围，主观恶意的条件等内容。虽然这两条的内容在研讨会上争论最为激烈，有的与会者甚至主张根本取消这两条建议，课题组也认为法治的进步应当与社会发展的水平相一致，但我们同时也认为：这两条（尤其是第七条[公共人物]）具有最充分的宪法（即四十一条）和法律依据。随着民主法治的进步，对公共官员和公共决策的舆论监督给予特别的法律保护问题迟早要提上议程。

4. 采取更正、答辩措施和未采取更正、答辩措施的分开。

用世界各国新闻界公认的传统方法，也是各国法律普遍认同的制度来消除侵权造成的影响，用法律引导中国媒体正确运用更正答辩措施承担责任。

《建议稿》中有几条涉及到这方面内容：包括：第四条[发表读者来信来电或热线直播]，第六条[特许权]，第十条[转载者的责任]，第十一条[减轻或免除责任]，第十二条[承担责任的方式]等等。这些规范的基本内容是试图对媒体做出如下指引：发生侵权后果时，不采取补救措施的与已经采取补救措施的将承担不同的责任，以鼓励新闻媒介和出版机构积极主动采取补救措施挽回侵权影响。这些规范也试图对社会做出如下指引：以新闻传播的方式造成影响，就应当以同样的方式挽回影响；在什么范围里造成影响，就在什么范围里挽回影响，这是对公民人格尊严的最好保护。

除了上述关于细化的建议外，课题成果还提出，法院对以下两类起诉不应当受理：

1. 国家机构[1]起诉新闻媒介和出版机构及作者侵犯名誉权的，人民法院不予受理。

所以提出这样的建议，是由于在中国法院的司法实践中出现了这样的诉讼，政府的社会治安综合治理办公室、文化节办公室、公安局以及法院等均以原告身份对媒介体提起侵害名誉权之诉[2]。

《建议稿》提出三个理由：首先，任何国家机关都是为人民服务的，接受公众的批评监督本是题中应有之意。如果国家机关对公众提出的批评动辄以诉讼相逼，则完全颠倒了官民关系。长此以往，无异于消灭不同意见，窒息整个社会的思想活力。其次，“国家机关”和“人格尊严”各属公法和私

[1] 所谓“国家机构”，在中国宪法第三章中规定为中央和地方各级人民代表大会、国家主席、中央军事委员会、国务院和地方各级人民政府、民族自治地方的自治机关、法院和检察院。

[2] 转引自展江主编《中国社会转型的守望者》，中国海关出版社 2002，第 175 页。

法两个不同范畴，如果说刑事诉讼是“官告民”，民事诉讼是“民告民”，行政诉讼是“民告官”的话，那么这种以民法调整官民冲突的“官告民”机制就更显得不伦不类，既不科学，也不合理。第三，不能排除公民对国家机关的批评可能有失实，可能不准确。相对国家机关而言，公民个人或新闻媒介可能掌握的公共信息是十分有限的。如果公民或新闻媒介对国家机关的批评与事实确有出入，握有巨大权力的国家机关完全可以利用管理资源来澄清事实或做出说明，以消除影响。这比到法院起诉媒体或公民的效果要好得多。

因此我们认为：民事法律关系的基本特征是当事人权利及诉讼地位平等。当公民通过新闻媒体表达自己对国家机关的批评和建议时，行使公权力的国家机关（立法、司法、行政）与公民及新闻媒体是权利对权力的监督关系，而不是民法上的平等主体关系。而法院对各类诉讼的居中裁判地位更不宜任意变化。当新闻报道不真实时，由于国家机关不可能像公民一样受到精神损害，更鉴于宪法四十一条的规定，国家机关特别是法院不应享有民法上的名誉权，完全可以运用权力资源对事实予以澄清。而对法院权威的恶意损害，则应当通过公法领域的其他制度设计予以遏制。

2．针对某一地域、职业、人群等不特定多数人的新闻作品，其中的个体提起的名誉权诉讼，人民法院不予受理。

近年的司法实践中出现了此类诉讼[1]，引起了社会和学术界的关注。中外学者均强调名誉权是属于特定人的权利，而不是泛指的一群人[2]。因此在美国，政党、种族、宗教、性别、职业抑或利益集团中的某个人不可能因这个政党、种族、宗教、性别、职业抑或利益集团受到指责而在诽谤之诉中胜诉[3]。

名誉权作为人身权，具有很强的人身属性。现实中，被诉的新闻报道或出版物内容所指向的个人及法人必须明确为特定的个人及法人时，才有可能使该具体个人及法人的社会评价降低、商誉受损或使其感到内心的痛苦。如

---

[1] 如“河南人”起诉深圳市公安局龙岗分局侵犯名誉权案：见2006-2-8，中国网；189名“蒙古大夫”诉中国国际广播出版社侵犯名誉权纠纷案：见辽宁省阜新蒙古族自治县人民法院（2002）阜县民初字第1095号判决书。

[2] 见王利明、杨立新：《人格权与新闻侵权》中国方正出版社1995，第328-331页；张新宝：《名誉权的法律保护》中国政法大学出版社1997，第122页。

[3] 唐纳德．M．吉尔摩[美]等著、梁宁等译《美国大众传播法：判例评析》清华大学出版社2002，第166-167页。

果新闻报道或出版内容针对的是一个范围较大的群体，便成为一种泛指从而失去特定性。此时，根据中国民事诉讼法第一百零八条规定的起诉条件，可以认为：原告并非是与本案有直接利害关系的公民、法人和其他组织，因而人民法院对此类案件可以不予受理。诸如本文（见本页注 1）所述“河南人起诉深圳市公安局龙岗分局侵犯名誉权案”，法院只能要求被告向两名原告赔礼道歉，很难责令被告以其他方式承担责任。事实上，被告在本案立案之前已经在社会上公开赔礼道歉，这种判决结果不但没有实质意义，还有浪费司法资源之嫌。

因此课题组认为，团体的名誉问题，可以由法人团体去主张；非法人群体的名誉问题可以通过向行业组织投诉、社会舆论的批评等方式来解决。

当然，如果新闻报道或出版物内容所指向的群体较小，依一般的社会标准来衡量，使人可以轻易认定被损害的对象，则团体中的一员理应获得法律的救济。

（三）有关方面对《建议稿》的反映

2005 年 9 月，中国记协和全国法官协会在江西省南昌市共同召开“新闻侵权问题研讨会”，我们的课题成果作为研讨内容之一提交给全体与会代表讨论。来自全国法院系统和新闻界的 30 余人参加会议，全国记协书记处书记、全国法官协会的常务副会长等负责人与会，全程听取了会议讨论。与会者除了对课题的立项及课题组的努力表示肯定外，对课题成果所建议的十三条意见进行了热烈讨论。

与会者较尖锐的意见主要是三条：

1. 有代表认为《建议稿》表现出“新闻自由的倾向，如果司法解释对新闻界进一步宽容，会导致新闻界更加浮燥，以致侵权过多”。[1]

在这里，“新闻自由”是被当作负面概念提出的，极为典型地反映出中国新闻界作为一个整体，在媒体法治基础理论领域的无知与严重误解。这是

---

[1] 陈中和：2005 年 9 月 25 日在江西省南昌市召开的“新闻侵害名誉权、隐私权研讨会”上的发言。

本文难以展开讨论的深层次理论和实践问题。作者本人认为：在新闻自由的问题上，中国新闻界还远没有达到应有的理论共识，中国要在新闻法治领域有所前进，对新闻自由理论的价值问题就不可回避。中国新闻界迟早要补上这一课。

2．有法官提出“《建议稿》中体现媒体应当享有的权利有15处，承担义务的仅有4处，权利义务的设置有偏颇，这反映了媒体作为一个利益集团的要求”。[1]

课题组成员在会议上表示：我们所完成的是全国记协委托的课题，当然要集中反映新闻界对法治的期待，所以并不否认有新闻界作为利益共同体的诉求。但本课题组全体成员首先考虑的并不是新闻界自身的利益需求，而更多考虑的是新闻媒体的公共责任，它是公民言论自由以及知情权的重要载体，它反映我国民主法治进步的需要。至于委托人是否向最高法院提交这个成果，如何提交这个成果，最高法院是否采纳，采纳多少，都不是由课题成果本身所能解决的问题。而真正实现各种权利的平衡，在法律上应当由全国人大通过立法完成，在司法实践中则应当由法院完成，这并不是新闻界的责任。

3．有人提出反对《建议稿》设置“公共人物”和“实际恶意”两条。

持反对意见的既有新闻理论界人士，也有法学界人士，少数媒体工作者也有表达。这些与会者主要认为：公众人物首先是公民，公民享的有权利他们均应享有，区别对待不符合法律面前人人平等的原则。其次，公共人物范围难以确定，很可能导致大面积侵权事件发生。再次，侵权与否应当看有无侵权事实，是否造成名誉的损害，而不应当以新闻媒体是否存在主观恶意为条件。[2] 除此之外，本课题顾问魏永征先生也就此两条提出了书面的不同意见。他认为：“中国的新闻媒体定位为党、政府和人民的喉舌，从整体上说不是新闻出版自由的主体。‘公共人物’概念涉及我国新闻媒介的法律地位问题，看来一时尚难以实施”。课题组在认真讨论各种意见，吸收部分相关意见的基础上，对这两条建议做出了重要修改，但未作删除。主要考虑两个理由：

[1] 石文灵：2005年9月25日在江西省南昌市召开的“新闻侵害名誉权、隐私权研讨会”上的发言。

[2] 刘斌、曹瑞林等2005年9月25日在江西省南昌市召开的“新闻侵害名誉权、隐私权研讨会”上的发言。

一是公民对任何国家机关及其工作人员都有批评建议的权利是宪法原则，这一重要的公民权利应当在法律制度中做出具体设计。条文如何表达可以讨论，但国家工作人员应当接受社会包括媒体的严格监督的立场不可动摇。第二个理由是，目前中国媒体的市场化程度正在加快，应当在改革开放的大背景下，以动态的眼光观察中国媒体，简单以“党和政府的喉舌”的定位一言以蔽之并不符合现实情况。

2006年2月，本课题组已经将修改后的课题成果提交给委托人——中华全国新闻工作者协会。我们提出，这一成果有四种应用方式：一、由全国记协直接提交最高人民法院展开研究；二、由新闻界的人民代表或政协委员直接在全国人民代表大会或全国政协会议上作为议案或提案提出；三、由全国记协决定部分或全部发表，在社会上进一步展开讨论，征求意见并加以完善；四，交由课题组全体成员以科研成果形式公开发表。

附：《新闻侵害名誉权、隐私权新闻的司法解释建议稿》

（条文版）

（一）[不予受理1]

问：国家机构起诉新闻媒介和出版机构及作者侵犯名誉权的，人民法院是否受理？

答：国家机构起诉新闻媒介和出版机构及作者侵犯名誉权的，人民法院不予受理。

（二）[不予受理2]

问：针对某一地域、职业、人群等不特定多数人的新闻作品，其中的个体提起的名誉权诉讼，人民法院是否受理？

答：针对某一地域、职业、人群等不特定多数人的新闻作品，其中的个体提起的名誉权诉讼，人民法院不予受理。

（三）[连续性报道]

问：在连续性报道中，阶段性事实与最终结论不符的，能否认定为报道失实？

答：报道阶段性事实时虽然报道内容与最终结论不符，但只要有合理可信的依据和来源，而不是主观臆造，并且及时跟踪报道事件进展的，不能认定为报道失实。

（四）[发表读者来信、来电或直播]

问：因新闻媒介和出版机构发表读者来信、来电或直播节目内容失实引起的名誉权纠纷，应如何认定新闻媒介和出版机构是否构成侵权？

答：新闻媒介和出版机构发表读者来信、来电时或在直播节目中，以适当的方式声明相关的内容尚未得到证实，并且在利害关系人提出异议后，及时发表其答辩意见或者及时进行更正报道的，不应认定新闻媒介和出版机构构成侵权。

新闻媒介和出版机构发表读者来信、来电时或在直播节目中，未以适当的方式声明相关内容尚未得到证实的，或者虽然声明相关内容尚未得到证实，但在利害关系人提出异议后，拒绝发表其答辩意见或者进行更正报道的，如果相关内容严重失实，致使他人名誉受到损害，应认定新闻媒介和出版机构构成侵权。

（五）[媒体的审核责任]

问：因报道失实引起的名誉权纠纷，如何确定新闻媒介和出版机构的侵权责任？

答：因新闻媒介和出版机构未尽到合理的审查核实责任，致使报道严重失实，损害他人名誉的，应认定构成名誉侵权。

新闻媒介和出版机构已经尽到合理的审查核实责任，但因受访人、受害人自身过错或其他无法预料的原因，致使报道失实的，新闻媒介和出版机构不承担侵权责任。

（六）[特许权]

问：新闻媒介和出版机构在何种条件下可以免除侵权责任？

答：新闻媒介和出版机构客观准确报道以下内容的，不应当认定为侵害他人名誉权。但在其后证明内容失实时，仍然对失实或不公正的内容拒绝更正和答辩的，应当按照侵害他人名誉权处理。

1. 各级人民代表大会代表在人民代表大会上的发言；

2. 检察官、律师在法庭上的发言；

3. 权威机构公布的档案；

4. 公民或法人在公开场合关于自己情况的陈述。

（七）[公共人物]

问：对公共人物提起名誉权诉讼的，人民法院应如何处理？

答：人民法院在审理公共人物提起的名誉权诉讼时，只要内容涉及公共利益，被告没有主观恶意，对于公共人物提出的侵权请求，人民法院不予支持。

前款所称公共人物的范围一般包括：

1. 依《中华人民共和国公务员法》管理的人士；

2. 在事关公共利益的企业或组织中担任重要职务的人士；

3. 文化、体育界名人及其他众所周知的人士；

4. 在特定时间、地点、某一公众广泛关注或者涉及公共利益的事件中，被证明确有关联的人士。

（八）[主观恶意]

问：人民法院在审理公共人物提起的名誉权诉讼时如何认定被告的主观恶意？

答：被告的以下行为可以认定为主观恶意：

1. 索取或收受物质利益、受人指使或涉嫌报复；

2. 明知内容虚假，或者理应对内容抱有怀疑，但仍轻率发表。

在公共人物提起的名誉权诉讼中，如果原告不能对以上 1 项举证，被告能够对以上第 2 项举证而足以抗辩，则不能认定被告存在主观恶意。

（九）[公正评论]

问：因评论作品引起的名誉权纠纷，应如何认定是否构成侵权？

答：新闻媒介和出版机构针对公开传播的或其他可信的事实发表评论，内容基本公正，没有侮辱他人内容的，不构成名誉侵权。

评论作品引用的事实有可信的新闻来源，但后来证明所引述的事实失实，原告就此提起名誉权诉讼的，如果原告无法证明被告发表评论时应该发现报道失实的，不应认定为侵害他人名誉权。

故意编造虚假事实或依据明显虚假的事实进行评论或者诽谤他人，使他人名誉受到损害的，应认定为侵害他人名誉权。

（十）[转载者的责任]

问：新闻媒介和出版机构因转载作品侵害他人名誉权时，如何承担侵权责任？

答：新闻媒介和出版机构转载的作品由于内容失实侵害他人名誉权时，主要承担及时更正和道歉的法律责任，人民法院可根据扩大损害后果的程度适当确定赔偿责任。

但转载者对转载作品造成的以下侵权行为应当承担责任：

1. 与原被转载作品不一致的内容发生的侵权后果；

2. 转载的作品由于侮辱性言论损害他人名誉。

（十一）[减轻或免除责任]

问：新闻媒介和出版机构对失实内容已经采取更正或答辩措施的，是否可以减轻或免除侵权责任？

答：新闻媒介或出版机构对失实内容已经采取更正或答辩措施，足以减轻或消除对原告的不利影响的，可以减轻或免除其侵害名誉权的责任。

（十二）[承担责任的方式]

问：新闻作品侵害名誉权的，如何承担侵权责任？

答：新闻作品侵害他人名誉权的，应当首先适用公开赔礼道歉、发表更正报道以恢复名誉的方式承担责任。新闻媒介和出版机构有重大过错或造成当事人经济损失的，应适当承担赔偿责任。

（十三）[赔偿责任]

问：新闻作品侵害名誉权的，如何确定赔偿责任？

答：新闻作品侵害名誉权的，人民法院在确定赔偿数额时，应当根据新闻作品社会影响度、侵权的后果、新闻媒介和出版机构的主观过错程度、事后采取的新闻补救措施等方面综合确定。原告可以提出的赔偿请求包括生产销售的实际损失、诉讼成本（调查取证费用、公证费、律师费）等，原告中的自然人还可提出赔偿精神损害抚慰金。

六、特许权：中国新闻侵权法亟待扩展的领域[1]

——从2004年的两起判决谈起

"特许权(privilege)"是英美诽谤法中媒介的三大抗辩理由之一，它是指"为了公众利益或保护个人合法权益，可以做诽谤性陈述而不需要承担法律责任"。[2]特许权作为学理概念，在普通法中已经广为人知。但在中国，不论是理论界或实务领域，不论是法律界还是新闻界，对它的研究和实践还不够丰富，但它对保护新闻自由的价值却不容忽视。

2004年下半年，两起中国媒体侵犯名誉权败诉的案件引起笔者的注意，它们都和特许权有关。

案例一：1998年2月15日，北京某报发表本报记者的报道，题为《诬告他人贪污公款，践踏法律自陷囹圄》，报道河北省某法院就李某被诉诬告陷害罪作出有罪的一审判决。报道后，此案又经上诉、发回重审、一审再次认定有罪、再次上诉等诸多波折，法院于2003年1月7日作出终审判决，宣告李某无罪。随后，李某以侵犯名誉权为由起诉报社。法院两审均判决报社构成侵权。其中一审判决指出：报道"所依据的判决未发生法律效力，但标题采用了明显修辞的手法，……使一般公众对原告的行为产生既成事实的误导，

[1] 本文系作者于2005年1月参加中国人民大学民商事法律科学中心与美国耶鲁大学中国法中心在北京举行的"中美人格权法与侵权法高级研讨会"上的演讲稿。

[2] 魏永征《新闻传播法教程》第157页，中国人民大学出版社2002。

从而对原告名誉造成一定程度的降低”。[1]

我以为，媒体在这起案件中败诉的主要原因是没有很好运用特许权。在英美诽谤法中，相关人在法庭中的发言、辩论享有绝对的特许权；媒体只要如实报道，公正并不含恶意，即享有相对的特许权，亦称为“有条件的特许权”或“有限的特权(qualified privilege)”。[2] 中国最高人民法院《关于审理名誉权案件若干问题的解答》规定：“新闻单位根据国家机关依职权制作的公开的文书和实施的公开的职权行为所作的报道，其报道客观准确的，不应当认定为侵害他人名誉权”。这是中国媒体所享有的最重要的一项特许权。在本案中，记者本可以明确交待检察机关在法庭上指控李某犯有诬告罪，这是“国家机关依职权实施的公开的职权行为”；也可以直接引用一审判决书中认定李某有罪的内容，这是“国家机关依职权制作的公开的文书”，但却没有这样做。虽然报道的内容几乎与公诉书或判决书别无二致，但却完全发自记者自己之口，不仅直接指责李某有罪，对被告律师的辩护理由也只字未提，再加上标题又将尚未生效的一审判决当成确凿的事实加以报道，媒体的败诉便在所难免。从这一案件可以发现，中国媒体业者的职业化程度还很低，特别是某些机关报作为“党和政府的喉舌”的定位，常常使一些从业者不自觉地站在权力行使者的立场上做出越位报道，说明“媒体审判”在中国绝不仅是一个理论问题。

案例二：《中国改革》杂志于2003年第七期刊登了题为《谁在分“肥”》的文章，反映广州市一家企业改制过程中国有资产流失和职工安置方面的问题。该公司认为文章内容严重失实，遂提起侵害名誉权之诉。2004年10月12日，法院作出一审判决，驳回了原告的起诉。判决书认为：“界定新闻报道的内容是否严重失实，应以其所报道的内容是否有合理相信为事实的消息来源证明为依据。只要新闻报道的内容有在采访者当时以一般人的认识能力判断是可以合理相信为事实的消息来源支撑，而不是道听途说甚或是捏造的，那么新闻机构就获得了法律所赋予的关于事实方面的豁免权。其所报道的内容即

[1] 《案件报道：在动态跟进中保持公正》之“研讨样本”，检察日报2004年1月10日第五版。

[2] 见展江译[美]pember著《大众传媒法》*“适用有限特权的标准”，人民大学出版社2005；[港]胡鸿烈博士著《诽谤法》* 第8-16页，树仁法学丛书1989年。

使存在与客观事实不完全吻合之处，也不能认为是严重失实”。判决列举的文章所依据的消息来源包括：被告公司2002年度工作报告、职工代表提案及处理答复情况表、市总工会、市直属机关工会调查来电整理、2000年度职工大会职工意见归纳、《南方日报》编辑部第49期“情况反映”等材料。[1]

这是一个有趣的案例。中国是成文法国家，目前法律赋予媒体的特许权只有两项，除上述所说的“根据国家机关依职权制作的公开的文书和实施的公开的职权行为所做的报道”外，“内参”是第二项。[2] 本案法官所指的新闻机构可以获得的“法律所赋予的关于事实方面的豁免权”在现行法律中并没有规定。尽管如此，笔者仍然对法官的努力给予积极的评价。这是因为：虽然自1985年1月20日中国出现第一例新闻诽谤诉讼[3] 以来，我国新闻侵权法取得了长足的进展，但它有待完善之处还非常多，特许权太少就是一个重要的缺憾。上述判决表明，法官认为媒介在本案中应当享有“关于事实方面的豁免权”，这是一个值得高度重视的主张，体现出中国司法为保护言论自由和新闻批评正在做出实实在在的努力。

新闻有它自身的功能和规律。虽然新闻必须真实，但新闻真实、法律真实和客观真实间却存在着很大差别，[4] 如果要求新闻机构报道的任何事情都要从源头上证明其真实，则意味着新闻机构要承担绝对的证明责任，这是连司

[1] 广东省广州市天河区人民法院民事判决书（2003）天法民一初字第1832号

[2] “内参”是新闻机构组织编印的仅供领导部门内部参阅的文件，因此产生名誉权纠纷，依《最高人法院关于审理名誉权案件若干问题的解释》（1998年）规定：“二、问：有关机关和组织编印的仅供领导部门内部参阅的刊物、资料等刊登来信或者文章引起的名誉权纠纷，以及机关、社会团体、学术机构、企事业单位分发本单位、本系统或者其他一定范围内的一般内部刊物和内部资料所载内容引起名誉权纠纷，人民法院是否受理？答：机关、社会团体、学术机构、企事业单位分发本单位、本系统或者其他一定范围内的内部刊物和内部资料，所载内容引起名誉权纠纷的，人民法院应当受理。” http://www.chinacourt.org 该条解答以提出问题而不予回答的方式表明：因内参失实引起名誉权纠纷的，人民法院不受理。

[3] 新中国建国以来第一起新闻诽谤诉讼涉讼新闻作品题为《二十年疯女之迷》，发表于1983年第一期《民主与法制》杂志。原告人于1985年1月20日向上海市长宁区人民法院起诉写作该文的两名记者诽谤，法院两审均判决构成诽谤罪。两被告不服提出申诉，上海市高级人民法院于1989年1月23日裁定驳回申诉。见《沈涯夫、牟春霖诽谤案》，最高人民法院公报总14期，1988年。

[4] 周泽：《论新闻失实与新闻真实》，见《中国社会转型的守望者》203-213页，中国海关出版社2002。

法机关依靠国家强制力的保障也难以实现的目标。这不仅有损新闻自由，甚至可能导致新闻业难以生存。这时，特许权显示出其独特的价值，其实质是将一部分部分的言论（通常是与公共利益相关的言论）从严格责任转变为恶意责任，它的核心就是法律规定有条件地免除媒介的核实责任。

一些国家的诽谤法规定，只要是为了公益、没有恶意并如实报道，媒介在许多领域中均享有相对的特许权。[1] 所谓“相对”，是指当被报道者提出异议时，必须接受其异议；换言之，对方来函更正，必须照登而不得拒绝，否则便丧失此项特许权。而美国沙利文案所提出的“公众人物”的概念，则被认为是新闻媒介在报道和评论官员及公众人物时被被赋予的一项“宪法特许权”。[2] 这些良性的制度性安排不仅减轻了媒介对事实的核实责任，有利于促进信息流通，实现新闻自由，保护新闻批评，也使得媒介作为一个产业获得了巨大的生存和发展的空间。

目前，由最高人民法院发布的两部司法解释已经勾勒出中国新闻侵权法的大体框架。制定这些司法解释的大法官们认为，随着实践的日益丰富，还会出台第三个、第四个司法解释，[3] 进一步扩大媒介享有的特许权，应当是新的司法解释的题中应有之意。仅以目前我国法律或公认的法理为基础，至少有以下一些内容可以明确规定为媒介的特许权：

1. 诉讼相关人在法庭上的陈述和辩论意见；[4]

---

[1] 美国、英国、中国的香港、台湾等对“相对的特许权”均有规定。见 [美]T. 巴顿. 卡特等著《大众传播法法概要》44 页，中国社会科学出版社 1997；[英] 萨莉. 斯皮尔伯利著《媒体法》第 108 页，武汉大学出版社 2004；[港] 梁伟贤、陈文敏主编《传播法新论》239 页，商务印书馆 1995 年第一版；[台] 尤英夫著《新闻法论（上册）》185 页，台北世纪法商杂志社 2000 年第八版等。

[2] 转引自魏永征《新闻法新论》第 302-303 页，中国海关出版社 2002。

[3] 徐迅：《为舆论监督创造宽松有利的司法环境——就最高人民法院发布 < 关于审理名誉权案件若干问题的解释 > 访大法官梁书文》，新闻记者杂志 1998 年第 11 期。

[4] 关于相关人在法庭上的发言或辩论应当受到特许权保护的问题，按照我国现有司法解释，只对“新闻单位根据国家机关依职权制作的公开的文书和实施的公开的职权行为所作的报道”给予特许权保护，只能保护检察官的相关权利，尚不能涵盖律师及其他诉讼参与人。《中华人民共和国律师法》规定：“律师担任诉讼代理人或辩护人的，其辩论或者辩护的权利应当依法保障”。实践中也曾经出现因发表律师在法庭上的辩论意见，而媒介被起诉侵犯名誉权的案件。鉴于世界各国诽谤法对在法庭上发表的言论及报道的普遍保护，它被列入特许权是最为顺理成章的事情。

2. 人民代表在人大会议上的发言；[1]

3. 合法成立的社会团体提供的信息；[2]

4. 准许新闻记者参加并报道的有关科学艺术、公众事务的会议。[3]

当然，上述各项特许权都应当是相对的。根据各国通例，有关上述报道应当公平如实，错误必须更正，并且准许答辩。[4]

七、简论案件报道引起人格权诉讼所涉相关法律问题 [5]

中国已经确立“建设社会主义法治国家”的宪法原则，中国全国人大宣布社会主义法律体系已经基本建成，越来越多的纠纷通过司法加以调整，整个社会对司法公正的关注越来越多。全国各类综合性报纸都有法制版，几乎每个省都有一份法制类专业报纸，电视业有 9 个法制专业频道。随着互联网的快速发展，对司法案件的关注、讨论、辩论成为最受关注的公共话题，民意、舆论、媒体对司法审判的影响早已不是当年的格局，所产生的法律问题也日益凸现，远非大众传播法的传统体系中“新闻自由与司法公正之关系”的一套理论及逻辑可以解释。本文仅从案件题材信息传播所产生的人格权诉讼（主要是名誉权、隐私权）这一相对较小的角度，讨论其中所涉及的若干法治问题。

[1] 《中华人民共和国全国人民代表大会和地方各级人民代表大会代表法》第三十一条规定“代表在人民代表大会各种会议上的发言和表决，不受法律追究”。

[2] 仅对“新闻单位根据国家机关依职权制作的公开的文书和实施的公开的职权行为所作的报道”给予特许权保护远不足以保障公共信息的合理披露。对于工会、共青团、妇女、残疾人、少年儿童、消费者等合法成立的团体提供或公布披露的信息给予特许权保护是大势所趋。

[3] 记者采访涉及公共事务（如煤、水、电、交通、通讯、教育、医疗、环保、慈善）、文化艺术、科学技术的讨论会或活动，对于活动中发表的言论、文章公平如实的报道应当享有特许权。

[4] 虽然更正和答辩制度是世界各国新闻界所普遍适用的，但在中国，目前它仅存在于报纸杂志的管理制度中。我国《广播电视管理条例》中对此没有规定。笔者以为，由于对媒介的错误或不公正报道缺少补救机制，也成为中国媒体享受特许权较少的重要原因。

[5] 本文系作者于 2011 年 9 月下旬参加中欧媒体侵权法律适用研讨会的演讲稿。

（一）案件题材信息传播所涉人格权诉讼现状

如果从 1987 年 1 月 1 日《民法通则》生效起算，中国以名誉权诉讼为代表的人格权纠纷不过二十几年历史。自上世九十年代起，因案件报道所产生的名誉权诉讼就有出现。其形态体现为错综复杂。

案件题材信息传播所涉名誉权诉讼案件关系图

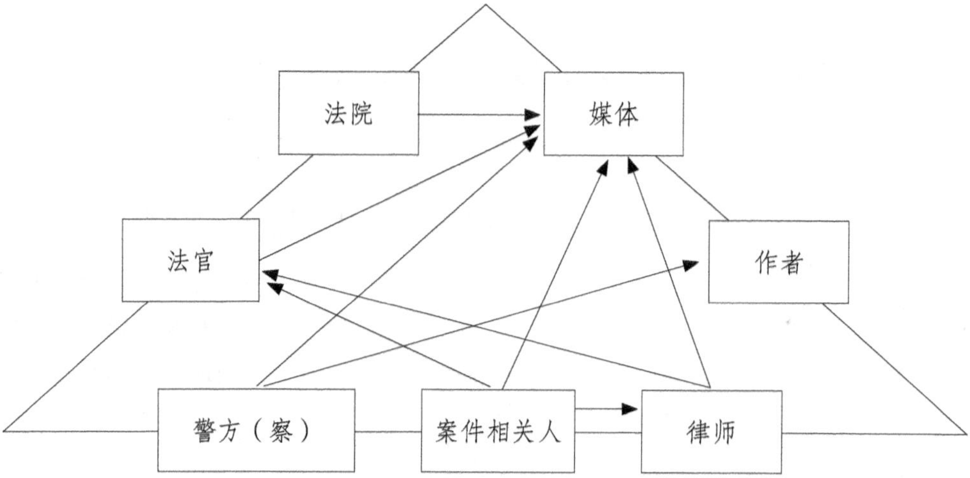

说明：本图所指“案件相关人”包括被告人、被害人、证人及其亲属等。

表现一：各类案件报道均产生人格权纠纷，刑事案件报道为主。

有关刑事诉讼的报道始终都是案件报道产生纠纷的主要领域，同时，处于诉讼各个程序中的报道都有诉讼产生。这与刑事案件涉及当事人权益较为重大，刑事诉讼程序较为复杂严格，以及在我国诉讼法中，刑事诉讼法修改、司法解释最多，发展较快有关。

值得注意的是因行政处罚及行政诉讼案件报道所产生的诉讼纠纷有上升趋势。政府与公民、法人的纠纷出现时，媒体积极充当政府的喉舌，忽略行政行为相对人的诉求，在政府做出行政处罚决定后，发表偏向政府的报道与言论，当政府的行政行为在行政诉讼中被认定为违法、撤销后，公民法人追究媒体案件报道不平衡、偏向一方的侵权责任。

表现二：涉及法律层面多，公法私法交织。

上图所示的诉讼纠纷虽然都表现为民事侵权诉讼，但既有公法调整的问题，如法院及法官因媒体及作者发表针对司法活动的报道涉嫌失实，损害司法尊严，从而提起名誉权诉讼。主要出现在上个世纪和本世纪初，案件总量15-20件，诉讼结果是原告获得了全部胜诉。虽然案件数量并不多，但极为引人注目，并且这些判决不论在实务领域还是在理论界都受到了批评，这种诉讼在近十年左右几乎已经消声匿迹。上图所示的诉讼大量表现为私法调整的问题，如案件相关人（包括被告人、被害人、证人及其亲属）因媒体发表案件报道中涉及相关人的内容违反法律规定，有损人格尊严，从而提起名誉权诉讼。这类诉讼一直都在名誉权、隐私权诉讼中占有独特的位置，甚至占有相当比重，虽然最高法院的司法解释有专门规范，但有关案件有增无减。本来，由于最高法院的司法解释免除了那些与新闻单位有隶属关系的作者的侵权责任（即他们所撰写的报道构成侵权其责任由新闻单位承担），但进入互联网时代，由于博客、微博等极大地拓展了公民的表达空间，以著名的死刑犯药家鑫之父药庆卫起诉受害者代理人张显一案[1]为标志，起诉作者的情况正有所增加。

（二）案件报道所涉人格权诉讼中的几个主要法律问题

应当指出，上述各类案件虽然绝大部分都体现为名誉权、隐私权诉讼，但它又广泛涉及宪法、刑法、刑事诉讼法、行政法领域，再向上追根溯源，又涉及我国政府已经签署的、有待全国人大批准的《联合国公民权利与政治权利公约》的若干原则。

1. 公民获得公平审判的原则

这是民权公约第十四条规定的原则，无疑是公民的一项宪法性权利，其中与大众传播关系最为密切的是已经被我国刑事诉讼法基本确认的“无罪推定”原则。问题在于，这些有关公民权益的基本法治理念远未深入人心，以2009年12月14日《中国青年报》那篇《重庆打黑律师造假门曝光近20人被

[1] 见人民网 http://www.sina.com.cn 2011年08月17日 07:27

捕》[1] 为代表，传统媒体上有罪推定的报道比比皆是，而刑诉法自 1997 年修订后，每年因法定原因无罪释放的刑事案件被告人平均每年超过四千人，这当然是有罪推定的案件报道最终招致名誉权诉讼的根本原因。原告起诉说：法院说我无罪，媒体为什么说我有罪？法院说我此罪，媒体为什么说我彼罪？法院说我小罪，媒体为什么说我大罪？由此产生多起诉讼纠纷。

被各级法院无罪释放的刑事案件被告人统计 [2]

年 份	无罪释放人数	年均人数
1998-2002（五年）	29521	5904
2003-2007（五年）	14000	2800
2009	1206	
11 年合计	44727	4406

2. 案件相关人个人信息保护问题

中国法律规定，犯罪未成年人的个人信息不可披露。同时，未经本人同意，举报人、性犯罪案件受害人个人信息均不可披露。按照三大诉讼法规定，涉及国家秘密、商业秘密、个人隐私、未成年人犯罪等案件依法不公开审理，等等。法律规定虽然明确，但违反法律规定的表达却经常出现，有的引起诉讼纠纷，如北京法院审判的一起案件，某省卫视挖掘并曝光了三十年前强奸案件受害人的个人信息，被告媒体被判五十万元精神抚慰金赔偿；[3] 有的并未引起诉讼纠纷，违法传播习以为常，如人民网、新华网披露未成年犯罪人的个人信息。[4]

3. 给被剥夺自由的人尊重其固有人格尊严的待遇

这是民权公约第十条的规定。被剥夺人身自由，是否就可以对其无中生有，任意贬损？当然不是。但中国从公权力机关到媒体都有艰难的认识过程。典型事件如深圳市政府公开处理卖淫嫖娼人员的过程中游街示众，受到舆论广

[1] 见新华网 http://news.xinhuanet.com/legal/2009-12/14/content_12642174.htm

[2] 资料来源：最高人民法院院长每年向全国人民代表大会的报告。

[3] 见《中国新闻（媒体）侵权案件精选与评析五十例》第 366 页，法律出版社 2009。

[4] 见人民网 http://society.people.com.cn/GB/42735/12347953.html

泛批评，[1] 直到2010年，广东东莞扫黄过程中还出现将淫妇女捆绑游街示众的情况；[2] 又如媒体报道女贪官尹冬桂、[3] 焦玫瑰、[4] 尚军[5] 贪污受贿案过程中，编造、传播莫须有的“桃色故事”，羞辱其人格，引起诉讼纠纷，数十家媒体成为被告并承担责任。

4. 维护司法尊严的原则

前述提到，中国法院或法官起诉媒体侵犯名誉权的案件在本世纪几乎消失了，但并不意味着这方面的问题已经获得解决。这种诉讼并不合理，但因它的起因皆与法院的审判活动或法官的职业行为有关，因此产生这种诉讼的实质是法院或法官们维护司法尊严的努力。在中国，维护司法尊严存在特殊的意义。在中国的立法、行政与司法三权之中，司法的力量本来就比较弱小，加上进入互联网时代，发表言论的门坎大大降低了，针对中国司法及法官的批评在所难免，并且有越来越激烈的趋势，情绪化的表达甚至是攻击常常不绝于耳。而审判机关某些屈从所谓“民意”或“舆论”的作法更难免产生司法尊严扫地的后果。在这方面，英美法系有《藐视法庭法》或“藐视法庭罪”加以调整，新闻工作的专业标准或职业道德准则的操作性也较强。中国虽然存在这方面的讨论，但并不存在任何实际的立法行动。而现实中，中国法院与法官对批评、指责甚至攻击的承受力之强恐怕也是世界上少有的。如果完全不考虑司法裁决终局性的价值，中国的公权力机关和公权力人士对批评的承受力增强当然是好事，但如果因此令民众产生对司法的严重失望甚至蔑视，将是法治社会的巨大灾难。

值得注意的是，近期出现法院以民事诉讼法规定的妨碍民事诉讼的强制

[1] 见《上海律师界热议"深圳警方将嫖娼人员示众"事件》，见新华网 http://news3.xinhuanet.com/politics/2006-12/16/content_5495007.htm

[2] 《卖淫女遭绳牵示众，涉事民警被停职一个月》，见腾讯网 http://news.qq.com/a/20100727/000395.htm

[3] 《女“张二江”真相：还原一真实的尹冬桂》，见中国法院网 http://www.chinacourt.org/public/detail.php?id=66128

[4] 《边坐牢边打官司 原沈阳市中级法院副院长焦玫瑰名誉权案立案》，见正义网 http://review.jcrb.com/zyw/n296/ca269099.htm

[5] 《写手“张编编”杜撰“女贪官艳事”被判赔20万》，见中国法院网 http://www.chinacourt.org/html/article/200812/09/334681.shtml

措施制裁案件当事人在互联网上攻击法院的言论，[1] 这一事件并未引起必要的重视与讨论。此外，以这一路径只能限制或制裁诉讼案件当事人的相关表达，对公众针对法院及法官的过激言论并不适用。这方面的制度建设，中国还有很长的路要走。

（三）几个观点

其一，人格权法在中国已经承担了若干公法的功能。

以上所说各类诉讼，都以民事侵害人格权诉讼为表象，但其所涉及的法律问题却是综合的，与多项人权原则相关，其中诸如藐视法庭的问题，又如某些公权力机关滥用治安处罚措施，制裁本应由民法调整的公民表达，[2] 等等，都不仅是民法的问题，有的是与刑法相关，有的与行政法相关，只用民法的思维来处理问题常常容易陷入死胡同。而不少问题一旦上升到宪法高度，问题将迎刃而解。可见有关诽谤的制度内涵十分丰富，某些国家的诽谤法成为专门法，显然与这种现实有一定的逻辑关系。由于民法所固有的平等性，以民法（而不是以刑法、行政法）来调整因表达而产生的各类纠纷是制度设计者的最佳选择，因此民法的繁荣至关重要。最值得期待的是人格权法的制定，使我国人格权法律制度进一步完善，特别是突破一些瓶颈问题。只有民法够用、好用，刑法、行政法才可能少用或者不用。

其二，中国法院对人格权案的审判对确立表达的标准有巨大指引作用。

我国人格权法领域出现的大量实践，不论成功或存在瑕疵，都是举一返三、事半功倍的效果，因此法官们的责任巨大。产生良好社会反响的判决很多，对传播法的研究与教学、对媒体内部自律机制都产生了积极的影响。而产生不良社会影响的后果也较严重，如陆幽诉黄健翔侵害名誉权、隐私权案，原告判决驳回原告起诉后，竟有媒体擅自在报纸上公布了原告的医疗诊断记录，

---

[1] 《男子发帖批评江苏睢宁法院 遭跨省追捕》，见人民网 http://legal.people.com.cn/GB/15512069.html

[2] 《网友被指诽谤任志强拘留 10 天 法院判警方违法》，见新华网 http://news.xinhuanet.com/society/2011-07/09/c_121645386.htm

公然侵犯公民隐私，[1]比较正在诉讼中的被告黄健翔被起诉的表达行为（在互联网上发言，不点名，揭人隐私）更为恶劣（在传统媒体上传播，原告个人信息，公布医疗诊断证明），这难免与一审判决对表达的审查标准过低有关。又如未成年人保护方面的法律较多并严格，但早年一起案件，电视台披露了涉嫌犯罪的未成年人的个人信息引起诉讼，而法院却驳回了未成年人父亲提起的侵权诉讼。此后，尽管媒体上有关的违法表达不少，但鲜有新的诉讼出现。没有诉讼就没有权利，犯罪未成年人个人信息保护的法律规定形同一纸空文。又以贵州习水奸宿幼女案为例，本来涉及未成年人个人隐私，法庭已经依法宣布不公开审理，但又在请示省高级法院后，允许四家媒体的记者进入了法庭。[2]一家法庭如此无视法治的作法将会长久地指引媒体，难免不在下一次不公开审判时被媒体援引先例，从而损害未成年人的合法权益，也损害法律的严肃性。

其三，中国传统媒体案件报道的专业水平偏低，直接延伸为互联网的表达标准，互联网可以走得更远。

尽管几所大学设有法制新闻系，但案件报道的专业性远未受到应有的重视。如果以刑诉法为代表，如上所述，1997年刑诉法修改所确立的法治原则尚未被媒体广泛接受并形成共识，有罪推定、未审先定的报道比比皆是，犯罪未成年人、举报人、受害人个人信息保护远未到位；而目前刑诉法已经进入到新一轮修改，草案[3]中一些新规定与表达关系密切，比如不得使被告人自证其罪、证人个人信息保护、未成年人犯罪记录封存等制度，一旦草案通过，这些规定对案件报道及表达更是严峻的考验。现实情况是，第一轮法律修改的精神尚未消化与吸收，第二轮修改又扑面而来。互联网表达的门坎本来就较低，再有传统媒体那些违背法治的表达标准的不良示范，由此形成的“舆论”“民意”影响司法公正、侵害案件相关人权益就成为必然的结果。目前，中国官方和法院对此都深感困扰，千方百计寻求解决之道。而先从规范传统

[1] 《陆幽：我为什么牺牲"宫外孕"隐私来打一场官司》，见人民网 http://legal.people.com.cn/GB/203936/13626064.html

[2] 《专家称记者旁听习水案有违公开审判原则》，见腾讯网 http://news.qq.com/a/20090518/000550.htm

[3] 《刑事诉讼法修正案（草案）条文及草案说明（全文）》见新华网 http://news.xinhuanet.com/legal/2011-08/30/c_121934493.htm

媒体的案件报道开始，是最重要的选项。

其四，中国的案件新闻报道并非只存在问题，司法系统的进步明显快于新闻界。

比如经过努力，以法院、法官为原告起诉媒体侵害名誉权的诉讼基本上不存在了，法院先从自身做起，解决相关问题：通过发布《法院接受媒体舆论监督的规定》[1]规范法院与媒体的关系；通过发布《法官职业道德基本准则》[2]和《法官行为规范》[3]，规范法官与媒体的关系，包括接受采访、发表文章、参加学术活动等各方面，突出强调法官在审判活动中"言行审慎"，目标是避免当事人及社会各方面对"司法公正产生合理的怀疑"。显然，司法系统的自我约束比新闻界来得积极，一是自律规范出台早，并且操作性较强；二是发出了"人民法院与新闻媒体可以研究制定共同遵守的行为自律准则"的书面提议。而媒体方面却无明显进步，不仅行业内部对许多问题缺乏共识，对法院方面关于"共同遵守的行为自律准则"的呼吁似乎也没有任何回应。

最后的结论：中国法治的进步与落后并存，我们应当将它视为一个渐进的、动态的过程，而不是固化的、不变的。制定人格权法有利于进一步细化表达自由领域一些最重要的标准。而传统媒体的自律标准与自律机制相对落后，必然影响互联网表达自由的水平与质量。不能仅仅依赖立法，公民的媒介素养、新闻工作者的法律素养也十分重要，因此教学、科研及传统媒体业都负有重大的责任。

[1] 见中国法院网 http://www.court.gov.cn/qwfb/sfwj/jd/201003/t20100331_3593.htm

[2] 见新华网 http://news.xinhuanet.com/legal/2010-12/15/c_12882770.htm

[3] 见长沙律师网 http://hncslaw.com/ShowArticle.shtml?ID=20101215132533.htm

八、中国公共人物隐私权问题和媒体责任[1]

内容提要：在中国，“隐私权”作为一种独立的民事权利经历了从间接保护到直接保护的过程。随着“公众人物”概念进入生效的司法裁判，作为一种制度而不是概念，它在中国的表现显示出水土不服，缺少移植的土壤。而“公共利益”抗辩的价值从理论到实践正在凸现出来。

中国当代的法治进程是从1979年才真正开始的。“公共人物”[2]和“隐私权”同任何法律概念一样，都经历了一个从人们对它一无所知到逐渐认识的过程。但却很难找出哪一组法律概念会像“公共人物”和“隐私权”一样，从理论到实践如此人所共知，又众说纷纭。

1998年，北京市朝阳区法院不公开开庭审理了一起侵犯名誉权、隐私权案件。一位著名的女演员在一次重要的演出中没有按计划出场，媒体比较关心是什么原因。组织演出的公司召开新闻发布会，指责女演员罢演、违约、不负责，并披露了女演员怀孕并做人工流产手术的事项。法院查明，不能正常出演的责任不在女演员，新闻发布会误导了公众舆论。而女演员怀孕、做人工流产手术的事实在现阶段属于公民不公开或不愿告知他人的个人秘密。认定这家公司的行为构成侵犯名誉权。[3]

[1] 本文系作者2010年6月1日参加“中德媒体侵权法律问题研讨会”提交的论文，本书出版时修订。

[2] 有学者指出：“公众人物”虽然不是一个错误概念，但是，“公共人物”更加准确。参见萧瀚：《公共人物的名誉权与隐私权》，http://www.fawang.net/Article/mingshan/200510/67.html 这一概念有广义与狭义之分。广义的公共人物既包括官员，也包括名人；而狭义的公共人物等同于美国公共人物（Public figures）的概念，只包括社会名人，而不包括公共官员。其中持广义观点的学者为多数派。见朱莉申请中国传媒大学硕士学位论文《美国诽谤法中公共人士问题的历史研究》。本文所述的“公众（共）人物”概念为广义。

[3] 见北京市朝阳区人民法院判决书，（1993）朝民初字第1433号。

这是中国较早的、较为典型的侵犯隐私权案件。说它“较早”也仅仅是十几年前。媒体并没有成为被告，但因为“新闻发布会”使这一案件与媒体有了间接关系。原告女演员起诉侵害名誉权、隐私权两个诉由，但法院只认定了侵害名誉权，这又较为典型地反映出“隐私权”进入中国法制的迂回道路。

（一）中国法律中的“隐私权”和司法判决中的“公共人物”

虽然中国法律一贯保护人身、家庭、住宅、邮电通讯、私人财产等个人秘密，但严格地说，直到2010年7月1日《中华人民共和国侵权责任法》生效，“隐私权”的概念才真正出现在中国的民事基本法中。（见附表）此前二十几年，中国是将隐私权纳入名誉权保护的，因此司法实践中，隐私权诉讼的形态并不十分清晰。据我们对八百例新闻侵权案件的统计，单独以隐私权为诉由起诉的案件数字为零，将隐私权和名誉权共同起诉的案件也只占案件总量的2%，而其中属于公共人物的起诉更是稀少。这一制度安排使人们难免混淆二者的界限。在司法实践中，经常会见到判决书中对名誉权和隐私权的阐释笼而统之，既不分别阐述，而且界限混乱；而被告、包括媒体的某些抗辩也不得要领，最典型的莫过于以针对诽谤或侵犯名誉的“真实”抗辩理由在侵犯隐私权的投诉或诉讼中自我辩护，[1]从而使被告处于更加不利的地位。这是因为，如果说隐私是个人的秘密，那么越真实就越侵犯隐私，而只有虚假的或失实的才会损害名誉。目前在中国法学界、法律界，几乎没有人反对这样的观点，即隐私权与名誉权虽然都与人格尊严密切相关，却并不是同一种权利。随着《侵权责任法》的生效，隐私权将成为独立的民事权利受到保护，这是中国人权保护的重大进步。

“公共人物”在中国并非一项法律制度。不过，基于美国公共人物制度的起源——沙利文与纽约时报案的巨大影响，这一概念和制度在上个世纪八十年代末、九十年代初首先由学者介绍到中国。到今天，“公共人物”的概念与“隐私权”一样，几乎尽人皆知。但是究竟谁是公共人物，谁应当是

[1] 2006年5月，歌手窦惟因不满《新京报》有关他与前妻、著名歌手王菲关系的报道，到该报社大闹办公室，并烧了报社门前的汽车。舆论骤起时，当事记者卓某发表谈话说：他“遵循了新闻的客观事实，撰写的窦惟稿件没有失实成份”。见2006年5月12日《京华时报》。

本来意义上的公共人物，中国的实践与美国的制度却有着极大差别。

2002 年，中国国家足球队第一次打入世界杯比赛，国人十分关注与期待。此时却传出一位著名球星参与赌球的传闻。有家报纸报道了这个传闻，接着又连续发表四篇报道，追踪事实真相，最后向公众报告说：这位球星没有赌球。球星认为报道损害了自己的尊严，遂起诉报纸侵害名誉权，这一起诉被法官驳回。判决书以一系列精彩的论说表述了驳回起诉的理由，其中著名的判词内容是：该球星“作为公众人物，对于媒体在正当的舆论监督中可能造成的轻微伤害，有忍受的义务”。[1] 双方当事人服判，这份一审判决书已经生效。

这被公认是“公共（众）人物”概念首次进入中国有效司法判决，也是中国媒体以“公共人物”概念抗辩成功的第一个案例，它受到了学术界的一致好评。中国全国人大常委会委员、中国人民大学民法学教授王利明认为：“该案在人格权领域堪称一个里程碑式的判例，对于公众人物概念的确立具有重要意义”。[2] 该案判决中为了公众的知情权而牺牲公共人物的部分人格权利的主张，也受到中国另一位知名的人格权法专家的公开支持。[3] 而媒体更是为公共人物这一概念进入中国有效的司法判决而好评连连，以至于被传播学领域的专家提醒说，突出研究该判决中关于公众人物的判词内容可能是错误的，因为忽略了它在其它方面的贡献，有“断章取义之嫌”。[4]

有研究表明，自 2000 年起，“公共人物”概念开始出现在中国法院的判决书中，到 2007 年，已经有不少于 20 个案件的判决书中出现并讨论了这一

[1] 见上海市静安区人民法院民事判决书，（2002）静民一（民）初字 1776 号。

[2] 王利明：《公众人物人格权的限制和保护》，见中国民商法网 http://www.civillaw.com.cn/wqf/weizhang.asp?id=22205

[3] 中国人民大学民商事法律科学研究中心主任杨立新认为：“这种报道有的时候可能会给一些公众人物的生活带来影响，那么公众人物在某些方面要容忍。比方说像隐私权，比方说公众人物的肖像权，那么这些一般在舆论监督还有一些其它场合，只要涉及到国家利益的问题，涉及到公众知情权的问题，报道适当地对你的权利造成损害，它是法律准许的。就因为有一个公共利益，有一个社会知情权的问题和它对抗，为了满足公共利益的需要，为了满足公众知情权的需要，那么你的权利就作出点儿牺牲。”见杨立新在中央电视台《今日说法》节目的案件点评意见，http://news.sina.com.cn/w/2003-05-15/2336127407s.shtml

[4] 魏永征《正确解读范志毅名誉权案》，见魏永征的博客 http://weiyongzheng.com/archives/date/2007/01

概念。[1]然而也有学术界人士激烈批评法院的有关判决，因为作为成文法国家，中国法律中从来没有关于公共人物的相关规定，批评者说："公众（共）人物是美国的制度，中国法院为什么要依据美国法律判案？"[2]

这种批评反映出公共人物概念与制度在中国实践中的复杂性，这种复杂性主要表现在以下两个方面。

首先，法官群体对公共人物概念的适用持十分谨慎的态度，基本限制在狭义概念的范畴，即公共人物仅指名人，并不包括官员。笔者在2009年完成的一个科研项目[3]中收集到近千例新闻侵权案件，就我们研究所及的案件中，所有以"公共人物"抗辩成功的案件，全部涉及名人或准名人。[4]有律师以"公共人物"的理由为有关批评大型国有企业负责人的诉讼做抗辩，但在两审中均未获得法院的支持，理由是："法律没有明确界定'公共人物'的范围，原告是否'公共人物'并不确定，法律也没有明确对'公共人物'的名誉权保护做出特殊于常人的规定"。[5]到目前为止，没有任何一个官员为原告的案件因"公共人物"概念而致媒体抗辩成功。在2008年结束的一项国家社科基金研究项目成果表明，被调查的法官中有80%不赞成公共人物理念，只有20%的法官认为"有必要"和"可以考虑"区别原告是否公共人物，但他们当中的大部分又都认为应当弱化对演艺明星或文化名人等人群的保护，只有不到两成的法官认为需要弱化对官员的保护，只占被调查法官总数的3.9%。[6]事实上，中国司法审判针对名人或准名人适用公共人物概念的实践还有较快发展的趋势。

---

[1] 魏永征、张鸿霞《考察"公众人物"概念在中国大众媒介诽谤案件中的应用》，见徐迅主编《新闻（媒体）侵权研究新论》第232-233页。

[2] 周泽律师2005年9月在中华全国新闻工作者协会与中国法官协会共同在江西召开的"新闻侵害名誉权、隐私权理论研讨会"上的发言。

[3] 已经完成的项目是由中国青年政治学院与美国耶鲁大学法学院中国法律中心合作的《中国（媒体）侵权案件精选与评析五十例》及《新闻（媒体）侵权研究新论》，法律出版社2009，该项目收集到800余例媒体侵权案件。即将完成的项目是"中国广电视媒体侵犯错误人格权研究"，该项目又收到一百余件案件。在近千例案件中，绝大部分是判决书。

[4] 所谓"准名人"是指那些潜在的、可能成为名人、或正在逐渐成为名人的人。他们对于自己成为名人，有的是追求的，有的则未必追求。

[5] 见珠海格力电气股份有限公司董事长朱江洪诉仲秋大军侵害名誉权案两审判决书摘要，http://www.huayilawyers.com/Website/index.php?ChannelID=24&NewsID=303

[6] 陈堂发《10年，媒体侵权诉讼中的"公众人物"理念》，见《新闻记者》杂志2009年第12期。

2007年3月6日，甘肃兰州女子杨丽娟的父亲为圆女儿的追星梦，在香港跳海自杀。南方周末刊登了《你不会懂得我伤悲——杨丽娟事件观察》的报道。2008年3月10日，杨丽娟和其母亲起诉南方周末，认为该篇报道侵犯了杨父、杨母及杨丽娟的名誉权。一审法院驳回了杨丽娟的诉讼请求。杨丽娟不服，提出上诉。二审法院在2009年9月21日做出判决，明确指出，杨丽娟及其父母均属自愿型公众人物，自然派生出公众知情权。[1]

"自愿型公众人物"概念出现于中国司法裁判，获得某些媒体法律工作者好评，认为它"足以成为今后相关案例的标本"。[2] 但是这一判决在传播学专家中有不同反响。早在原告成为媒体疯狂追逐对象之初就有专家指出，媒体对该案原告杨丽娟的报道属于"传媒假事件"，[3] 相关报道存在着一系列新闻专业规范和职业伦理上的严重问题，担心这样的判决"有可能助长如今日益受到批评的新闻炒作、'新闻娱乐化'的现象"。[4] 此外，法官们的谨慎还反映在审级上，大胆适用公共人物概念的多为一审法院，而二审法院的判决书或者回避、或者直接否定了公共人物概念的适用。[5]

其次，学术界或行业组织对公共人物概念及制度的推广也持谨慎态度。2002年3月由法律专家、学者起草的《中国民法典侵权行为法编》（建议稿）中设有"新闻侵权"一节，第一百五十七条"公众人物"规定："以为社会公共利益进行新闻宣传和舆论监督等为目的，公开披露公众人物的隐私，不构成新闻侵权"。[6] 然而2003年2月，首次提交九届全国人大常委会第31次

[1] 杨大正《杨丽娟名誉诉案败诉："自愿型公众人物"首被引入国内判决》，http://www.infzm.com/content/35174

[2] 同上。

[3] 陈力丹、刘宁洁认为：杨丽娟追星一事"本来很小，可能有一点新闻价值，但在传媒的推动下，事实不再是自然发生的，而成为传媒自导、自演、自报的'假事件'，这时报道的'事实'，已经不是本来意义的新闻，其本质是传媒公关活动的一部分。"见《一桩典型的"传媒假事件"》，《新闻界》2007年第2期。

[4] 魏永征《知情权的聚光灯如何照射杨丽娟》，见魏永征的博客巴士 http://yzwei.blogbus.com/logs/47228026.html

[5] 见张钰诉中央人民广播电台侵害名誉权案两审判决及刘翔诉《精品购物指南》杂志侵害肖像权案两审判决。北京市海淀区法院在一审中均以原告是公众人物为理由之一驳回了原告的起诉，而二审判决中，均未支持公众人物的一审判决理由。

[6] 《一份有关媒体权益的材料》，见《新闻记者》2002年第10期。

会议审议的《中国民法典》草案建议稿中，“侵权行为法编”部分的“公众人物”的制度设计并未被采纳。五年后的2008年，仍是由王利明教授主持、中国人民大学民商法研究中心完成的《中国民法典．人格权法编》（草案建议稿）中，公众人物的法定抗辩理由再次被提出，但被限定为“社会公众人物”。[1]需要特别指出的是，这位教授认为，根据中国国情，“公众人物”应当分为“政治公众人物”和“社会公众人物”两大类。[2]而这个立法建议稿明确将“政治公众人物”排除在法定抗辩理由之外。其实这种立场并非法律界所独有。在一项主要以媒体从业者完成的科研成果《新闻侵害名誉权、隐私权新的司法解释建议稿》[3]中，曾建议将“公共人物”与“实际恶意”规定为司法解释的内容，而公共人物的范围主要定义为公共官员及与公共利益密切相关的人士。但是这份建议稿在新闻界内征求意见时产生了较大分歧。当这一科研项目的委托人中华全国新闻工作者协会将这份建议稿于2007年4月正式提交给最高人民法院时，直接删除了包括“公共人物”和“实际恶意”在内的三项建议。

2013年底，最高人民法院就《关于审理利用信息网络侵害人身权益民事纠纷案件适用法律若干问题的规定》草稿征求社会意见，征求意见稿中出现了公众人物的制度设计，但该项司法解释公布时仍然取消了关于公众人物的规定，反映出最高法院的谨慎。该项司法解释于2014年6月发布并生效，其中第十二条集中规定隐私权问题：首先一一列举了法律保护的核心隐私，包括“自然人基因信息、病历资料、健康检查资料、犯罪记录、家庭住址、私人活动等个人隐私和其他个人信息”；其次，也列出了六种“除外”情形，实为侵害隐私权的抗辩理由，其中包括“为促进社会公共利益且在必要范围内”，但没有“公众人物”。

其实，公众人物并非只是网络侵害人身权诉讼的独有问题，当属宪法层面的制度安排。在没有人大立法依据的情况下，期待司法解释来突破制度限制，可能只是一个梦想。

---

[1] 该建议稿第五十五条为【公众人物】，规定：“为社会公共利益进行舆论监督，可以披露社会公众人物的有关隐私。被监督人不得就此主张侵害隐私权。”见中国民商法律网 http://www.civillaw.com.cn/wqf/weizhang.asp?id=10713

[2] 王利明：《公众人物人格权的限制和保护》，见中国民商法网 http://www.civillaw.com.cn/wqf/weizhang.asp?id=22205

[3] 见徐迅主编《新闻（媒体）侵权研究新论》第337-340页，法律出版社2009。

（二）媒体侵犯隐私权的法律责任

由于公共人物并非中国的法律制度，因此不论法官如何认识，公共人物和非公共人物在民法中并未区别保护。也由于中国没有单独制定新闻法，因此媒体侵害公民隐私权与其他民事主体侵犯隐私权承担责任的方式是相同的。

根据《中华人民共和国民法通则》第一百二十条的规定，被侵权的公民“有权要求停止侵害，恢复名誉，消除影响，赔礼道歉，并可以要求赔偿损失”。另根据将在2010年7月1日生效的《中华人民共和国侵权责任法》第二十二条的规定，“造成他人严重精神损害的，被侵权人可以请求精神损害赔偿”。

较为典型的媒体侵害隐私权案件是被称为中国互联网“人肉搜索”第一案的王菲诉张乐奕及两家网站侵害名誉权、隐私权案。[1]但原告王菲并非公共人物，倒是因为这一案件而几乎成为中国家喻户晓的人物。

目前，在网络媒体侵害隐私权的诉讼中，公众人物的概念与理念似乎并未成为十分引人注目的问题。最高人法院在发布《关于审理利用信息网络侵害人身权益民事纠纷案件适用法律若干问题的规定》的同时，公布了八起网络侵害人身权方面的典型案例，[2]其中并未有一起涉及到公众人物隐私权问题。

（三）“公众人物”制度原理在中国司法实践中的位移与变异

众所周知，公共人物制度的起源是限制公共官员的某些权利，以后又逐步将这一概念扩展到名人以及与公共利益相关的其他人。在明确谁属于公众人物的同时，原告有证明媒体存在实际恶意的义务，否则诉讼不能成立。而在德国，政治人物、企业家和名人均被视为“绝对的公共人物”，[3]其权利受到大体一致的限制与保护。可见，以美国为代表的西方发达国家不论制度如何设计，保障公民监督与批评政治公众人物的权利，都是基本出发点。而中

[1] 见北京市朝阳区人民法院民事判决书（2008）朝民初字第10930号。

[2] 《最高人民法院公布8起利用网络侵害人身权益典型案例》，见人民网 http://legal.people.com.cn/n/2014/1009/c42510-25796066.html

[3] 此说来自德国巴伐利亚广播电视台副台长兼法规部主任阿尔上雷希特.黑塞 Albreecht Hesse 博士2009年9月24日在中德传媒与隐私权保护研讨会上的演讲。

国的司法实践均只是针对名人适用这一概念。因此有研究者提出："中国公众人物概念的实际使用同美国沙利文原则发生较大位移。"[1]

进入网络时代，"公众人物"概念出现在判决中的案例开始增多，使得中国特色的"公众人物"形象及司法理念开始鲜明起来。

2009年出现陆幽诉黄建翔侵害名誉权、隐私权案，原告两审均败诉。关于被告在博客中揭露他人隐私一事，法院并未判决构成侵权，而是以公众人物的理由向被告提出"批评"。二审判决书中写道：

> 黄健翔作为有一定影响力的公共人物，今后在行使自己言论自由权利的同时应当特别注意将自己的言论规制在不损害他人合法权益、不违背社会公序良俗的范围内，对净化社会环境、弘扬社会主义主流文化起到表率作用。[2]

2011年出现药庆卫诉张显侵害名誉权案，[3] 法院在判决书中写道：

> 虽然被告称部分微博属于转载，其在主观上无过错，且其不能控制网友的评论，但因被告作为公众人物，未对转载内容进行必要的审查过滤，致使网友发表大量的贬损性评论，确已造成药庆卫社会评价降低，故本院对此辩称理由不予采信。[4]

2011年，号称"中国微博第一案"的金山公司诉360周鸿祎侵害名誉权案在北京市第一中级人民法院做出终审，判决书中说：

> 作为一个自称的"网络老兵"，作为一个公众人物，深悉网络传播之快之广，

[1] 魏永征、张鸿霞:《考察"公众人物"概念在中国大众媒介诽谤案件中的应用》，见徐迅主编《新闻（媒体）侵权研究新论》第223页。

[2] 见北京市第二中级人民法院（2009）二中民终字12807号民事判决书。

[3] 药庆卫是死刑犯药家鑫的父亲，张显是药家鑫杀人案中受害者张妙的附带民事诉讼代理人。张显在代理索赔诉讼过程中通过网络发表了大量有关药庆卫的信息，引起众多网友的愤怒，但事后被法院判决证实为不实之词。

[4] 见西安市雁塔人民法院在（2011）雁民初字第04416号判决书。

更应当谨慎自己的言行。[1]

而在2014年底，出现了北大中文系教授孔庆东起诉南京某电视台主持人侵害名誉权案，原告在一审中败诉。北京市海淀区人民法院的判决书中写道：

孔庆东系北京大学教授，有一定的社会知名度，近年来因骂人事件亦引发不少争议，甚至形成了公众关心的公共事件，法院认为他应属社会公众人物之列。基于公共利益的考虑，应允许相关公众对公众人物的行为提出合理的质疑、指责甚至刺耳的批评，不能简单地认为仅是质疑和批评本身就构成侵犯公众人物的名誉权。[2]

归纳以上四例网络侵害人身权案件，法院判决在使用“公众人物”概念时有如下共同特点。首先，被认定为“公众人物”的，或是知名主持人、名案代理人，或是大公司董事长、知名教授，他们都是名人，或称社会公众人物，而非政治公众人物。其次，大部分情况下，法官将这一概念运用于名誉权诉讼中的被告，而不是原告。再次，这几起案件中均未出现对公众人物的制度性要求，比如美国沙利文案中确立的实际恶意原则。最后，这几起案件中，不论针对原告还是被告，法官基本都持一个共同价值判断：你是公众人物，要谨言慎行，检点自身，当好公民榜样。

以上四个特点均表明，在中国，“公众人物”只是一个概念，大体相当于“名人”，并不是一个制度，早已与美国“公众人物”制度的起源与本意大大不同了。

应当指出的是，以上这四起网络侵权案件中，只有一起案件涉及隐私权。被法官认定为公众人物的不是原告而是被告；法官使用这一概念时，不是为了限制或克减原告的人格利益，而是批评被告的理由。[3]其中的逻辑，是中国式公众人物司法判决的突出代表。

---

[1] 见 http://www.smelzh.gov.cn/xxh/show.php?itemid=526

[2] 见《现代快报》2014年12月18日《孔庆东诉电台主持人侵害名誉权案败诉》，http://media.people.com.cn/n/2014/1218/c14677-26235440.html

[3] 判决中的这一批评并未被被批评者接受，黄建翔的律师说：“黄健翔没有错，批评他不妥”。见《京华时报》2010年12月21日《陆幽告黄健翔二审维持原判 黄健翔胜诉但判决中挨批》。

（四）中国现行制度中限制政治“公众人物”权利的法律资源

中国媒体业对于中国法律没有公众人物的制度设计感到遗憾，抱怨宪法四十一条关于“中华人民共和国公民对于任何国家机关和国家工作人员，有提出批评和建议的权利”缺乏制度保障。但实现这一公民权利，西方公众人物制度设计并非惟一选择。中国现有法律对从事公职的人士有特别要求，以《中华人民共和国公务员法》为代表。

第五十三条 公务员必须遵守纪律，不得有下列行为：

1. 散布有损国家声誉的言论，组织或者参加旨在反对国家的集会、游行、示威等活动；

2. 组织或者参加非法组织，组织或者参加罢工；

3. 玩忽职守，贻误工作；

4. 拒绝执行上级依法作出的决定和命令；

5. 压制批评，打击报复；

6. 弄虚作假，误导、欺骗领导和公众；

7. 贪污、行贿、受贿，利用职务之便为自己或者他人谋取私利；

8. 违反财经纪律，浪费国家资财；

9. 滥用职权，侵害公民、法人或者其他组织的合法权益；

10. 泄露国家秘密或者工作秘密；

11. 在对外交往中损害国家荣誉和利益；

12. 参与或者支持色情、吸毒、赌博、迷信等活动；

13. 反职业道德、社会公德；

14. 从事或者参与营利性活动，在企业或者其他营利性组织中兼任职务；

15. 旷工或者因公外出、请假期满无正当理由逾期不归；

16. 违反纪律的其他行为。

除了公务员法，在《中华人民共和国法官法》《中华人民共和国检察官法》《中华人民共和国人民警察法》《中华人民共和国武装警察法》等法律中均有类似详细规定。这说明：我国法律对从事公职人员的要求确实严于普通人，这与美国公众人物制度的本意殊途同归。特别是第（十二）至（十六），包括其参与色情、迷信等活动，个人财产信息，私人活动等等，大多与隐私保护有冲突。一旦矛盾出现，上述法律所规定的公职人员"不得"，当然是限制政治公众人物隐私保护的法定理由。遗憾的是，到目前为止，笔者尚未见到任何一起相关诉讼中，被告媒体或公民表达者运用相关法律规定进行抗辩，更不要说法院的判决给予肯定并加以言说了。

（五）"公共利益"抗辩价值凸现

笔者主持的一项研究提供数据：与"公众人物"概念从未适用于对官员批评引起的名誉权诉讼明显不同，尽管只是民法通则有原则规定，但"公共利益"的抗辩理由在我国的媒体侵权诉讼中受到法官支持的比例却很高。在该项目对八百例新闻侵害名誉权、隐私权案件的统计中，有关名誉权和肖像权诉讼的抗辩，"公共利益"的理由获得支持的均占47%，成功率在各种抗辩理由中位居第一位；在隐私权诉讼的抗辩中，"公共利益"的理由获得支持的占40%，居第二位。这表明，"公共利益的抗辩理由应当获得支持"的观念在我国法官群体中存在着较好的共识基础，这恰恰是对媒体功能的承认与具体扶持。

2014年8月，最高人民法院发布《关于审理利用信息网络侵害人身权益民事纠纷案件适用法律若干问题的规定》，第十二条专门规定的隐私权保护，"为促进社会公共利益且在必要范围内"，成为侵权抗辩的理由之一，使中国媒体侵权法制走上了公共利益抗辩的道路。

目前需要解决的问题是避免"公共利益"的抗辩理由被滥用。由于这一概念在政治学、法学、社会学、新闻传播学中都存在，如果对"公共利益"的范畴不加确定，这个理由也极易成为侵害公民法人合法权益的借口。

本人正在进行的一个项目[1]试图对中国新闻媒体所主张的"公共利益"做出界定：

[1] 项目名称为《职业媒体人新闻业务守则》，预期2015年6月出版。

1. 公共利益

1.1 关注、传播、解释、评论以下事项符合“公共利益”：

（1）揭露犯罪；

（2）政府依法应当主动公开和重点公开的信息；

（3）公共政策与法治；

（4）公众的安全与健康；

（5）公务活动的是否依法进行；

（6）国有企业、民间公共机构、公益服务与慈善活动是否依法运作。

1.2 对是否属于公共利益应当谨慎评估，其范畴不宜任意扩大解释。

1.3 某些公众感兴趣的事件虽然具有一定的新闻价值，但未必与公共利益相关。

结语：虽然“公众人物”的概念在中国早已家喻户晓，但它从未出现在任何中国法律当中。因此在中国司法实践中，它不是一个制度，只是一个概念，大体相当于名人，或者学理中的“社会公众人物”。判决书当中出现这一概念时，一般包含公众人物应当忍受批评，有较高的注意义务，充当公民榜样，履行社会责任一类的含意，且多用于名誉权诉讼。由于隐私权进入中国民事基本法较晚，在该领域中还未见因使用公众人物概念而产生重大影响的判决。

附表：“隐私权”及相关概念进入中国法律路线图

法律	刑事诉讼法	民法通则		民事诉讼法	妇女权益保障法	未成年人保护法	刑事诉讼法（修正）	行政诉讼法		妇女权益保障法（修正）	侵权责任法		国家法律法规	地方性法规
司法解释			贯彻执行民法通则						关于精神抚慰金			网络侵害人身权纠纷		
时间	1979	1987	1988	1991	1992	1992	1996	1996	2001	2005	2010	2015	2015	2015
阴私	阴私													
名誉权		名誉权												
隐私			隐私	隐私	隐私	隐私	隐私	隐私	隐私				252 项	528 项
隐私权										隐私权	隐私权	隐私权	12 项	42 项

九、"排他的、惟一的指向"：违背法治之判[1]

——简评陆幽诉黄健翔侵害名誉权、隐私权案二审判决

提要：黄健翔是著名的媒体人，也是活跃的博客写手。他因在博客中曝国家足球队外籍教练的性丑闻而获得了极高的网民关注，也被网友指认的疑似丑闻女主角告上了法庭。此案原告虽然在两审中均败诉，但学术界与舆论界却几乎一致倒向原告，对判决的批评之声不绝于耳。本案在名誉权诉讼中的特定人标准、女性是否应当获得法律的倾斜保护、隐私的分层次问题以及意见领袖的社会责任等方面均多有讨论空间。

关键词：特定指向 倾斜保护 核心隐私 表达标准

（一）基本案情与争议焦点

2008 年 6 月 6 日，黄健翔在新浪公司主办的新浪网黄健翔个人博客中发表涉案文章，主要内容是对当时中国国家足球队及主教练的评论。该文章第 10 自然段内容为："说真的，你比前任差远了。人家起码把零距离安排了一个好结果，不仅当时共享荣华富贵，直到现在，还让她代理自己在中国的一切商业合作，可谓仁至义尽，够男人够成功。可是你呢？把人家搞成了宫外孕，回到单位里弄成丑闻，你却缩头乌龟了。人家也被撤了国家队首席跟队记者的身份了，落得个鸡飞蛋打。搞得很多粉丝还十分纳闷十分想念，因为很久在国家队的报道里看不见她的倩影了。单说这一点，你就比前任差多了。对吧？"

黄健翔的上述博文发表后，有网友根据文中提供的线索，如"国家队首

[1] 本文系作者 2011 年 1 月 20 日在中国政法大学传播法研究中心、中国传媒大学传媒政策与法律研究中心、华东政法大学人文学院联合举办"陆幽诉黄健翔侵害名誉权、隐私权二审判决研讨会"上的发言整理，见国家新闻出版广电局政策法制司编《广播影视案例分析——传播内容篇》361-369 页，中国广播电视出版社 2014。

席跟队记者”“宫外孕”“粉丝”“倩影”等内容在网上发起搜索，迅速锁定了中央电视台的体育记者陆幽。虽然黄健翔接受了部分网友的意见，删去了有关私人生活的攻击，但网上针对陆幽的各种指责、谩骂、侮辱仍然接踵而至，跟贴达百万，且指向明显。时至今日，从未有第二个女性被网友指认并受到相关攻击。2008 年 11 月，陆幽委托律师在北京市朝阳区法院起诉黄健翔侵害名誉权、隐私权，要求法院判令黄健翔赔礼道歉，支付精神损害抚慰金 50 万元。

一审法院驳回了陆幽的起诉，认为“陆幽提交的证据尚不能证明上述语句具有直接且排他的指同性，故陆幽所称涉案文章通过泄露其隐私的方式捏造其与国家队时任主教练性丑闻的意见，法院难以采纳”。陆幽不服一审判决，提起上诉。2010 年 12 月 20 日，北京市第二中级人民法院做出终审判决，驳回了陆幽的上诉。法院认为：“本案现有证据尚不足以证明涉案文章中的相关词句排他地、特定地、唯一地指向陆幽，一般公众在阅读涉案文章后亦不能当然产生文中涉及的女性记者即为陆幽的结论并对陆幽作出负面评价”。值得注意的是，法院在判决书的最后指出：“黄健翔在涉案文章中对他人私生活的评论确在社会上造成了一定的不良影响，本院对黄健翔的不当行为予以批评。黄健翔作为有一定影响力的公共人物，今后在行使自己言论自由权利的同时应当特别注意将自己的言论规制在不损害他人合法权益、不违背社会公序良俗的范围内，对净化社会环境、弘扬社会主义主流文化起到表率作用。”

本案的争议焦点在于：被告黄健翔发表的博客文章相关内容是否指向了原告陆幽？二审法院就特定指向这一问题所持的“排他地、特定地、唯一地指向”的主张是否符合法律的规定？职业媒体从业者应当从此案中获得哪些教益？

（二）本案判决社会效果不佳

司法裁判的功能在于明辨是非，救济权利、消弭矛盾、确立行为规范。但自本案终审判决生效以来，这些目的一个也没有实现。首先，陆幽受到了伤害，但她却是官司的败诉者；黄健翔虽然赢了官司，却受到法院的批评——

到底谁对谁错，是非并没有明辨。陆幽作为原告，诉讼请求被再度驳回，并且反因败诉而受到新的侮辱与谩骂[1]——权利未获救济。陆幽当庭表示不服判决，要继续申诉，称“黄健翔是我永远的被告”，[2] 而黄健翔的律师则向记者表示“黄健翔没有错，批评他不妥”[3]——矛盾没有消弥，诉讼双方均不满意。法庭之外更是销烟弥漫：陆幽接受了多家媒体的采访，指斥判决书是没有事实、没有公正和让人没有尊严的“三无产品”；[4] 学术界几乎不约而同地批评这一判决，[5] 目前未见支持终审判决的具有说服力的文章；而胜诉的黄建翔也继续实践着终审判决书的教导：不要将“相关词句排他地、特定地、惟一地指向”某人，因为如此便可以既传播流言又立于不败之地。

据称，我国法院注重裁判的社会效果，但本案终审判决的社会效果之差，在近年来的媒体侵权诉讼中的确罕见，由此留给媒体从业者的经验与教训也值得多方论证。

（三）“排他的、惟一的指向”是判决对原告的苛求

二审判决书中指出：“本案现有证据尚不足以证明涉案文章中的相关词句排他地、特定地、唯一地指向陆幽”。在这里，“排他地、特定地、惟一地”

[1] 二审宣判后，黄健翔在博客中发表文章，称“每只鸡都以为自己是凤凰”，同时调侃了法院的判决：“如果你不涉及具体对象，而批评了某个不良现象，然后有人跳出来说，这个现象是他独有惟一的隐私，你就要被批评，尽管法律认为你完全没做错什么。这相当于你曝光某官员嫖娼，然后那个被嫖的出来说，你侵犯了她的名誉，以披露她隐私的方式。而那个官员却保持了沉默，哈哈哈，我接受批评。”http://news.9ask.cn/Article/sf/201101/1067360.shtml

[2] 《陆幽：黄健翔是永远的被告》见网易 http://news.163.com/09/0509/10/58S91OKF000120GR.html

[3] 《陆幽告黄健翔二审维持原判 黄健翔胜诉但判决中挨批》，见凤凰网 http://news.ifeng.com/society/1/detail_2010_12/21/3610587_0.shtml

[4] 笔者于 2011 年 10 月 23 日在百度上以“陆幽、黄健翔、名誉权”为关键词，共搜索到 11000 个相关网页。其中人民网就此案生效裁判做了视频专题 http://tv.people.com.cn/GB/14644/13599990.html

[5] 2011 年 1 月 20 日中国政法大学传播法研究中心、中国传媒大学传媒政策与法律研究中心、华东政法大学人文学院联合举办“陆幽诉黄健翔侵害名誉权、隐私权二审判决研讨会”，学者从不同角度批评了二审判决。http://media.cupl.edu.cn/index.php/2010-02-27-08-24-28/1156-2011-01-23-05-15-25

三个标准成为法官认定涉案文章指向性的标准，而这一标准几乎成为陆幽败诉的惟一原因。

这一判决理由表面看起来是证据问题，但实际是司法应当如何理解并适用法律关于侵权文章的特定指向的规定问题。

任何侵害名誉权的诉讼都会面临诽谤言辞指向是否明确的问题，这就是所谓诽谤的“特定人”问题，它在我国司法解释中是这样规定的：“撰写、发表文学作品，不是以生活中特定的人为描写对象，仅是作品的情节与生活中某人的情况相似，不应认定为侵害他人名誉权描写真人真事的文学作品，对特定人进行侮辱、诽谤或者披露隐私损害其名誉的；或者虽未写明真实姓名和住址，但事实是以特定人或者特定人的特定事实为描写对象，文中有侮辱、诽谤或者披露隐私的内容，致其名誉受到损害的，应认定为侵害他人名誉权”。[1]这一规定看起来只是针对文艺作品，但其中又指出包括“以特定人或者特定人的特定事实为描写对象”，因此不能排除包括新闻报道及一般事实性内容的传播。我国的司法实践情况也表明，虽然关于特定人问题的司法审判大多涉及文艺创作，但确有一些没有点名的新闻报道被控侵害名誉权，有的研究者称之为“对号入座”。[2]

根据上述司法解释的规定，属于特定人的应有两种情况：一是指名道姓，指向明显；二是虽未指名道姓，但他人根据文章披露的情况（即司法解释所说的“以特定人或者特定人的特定事实为描写对象”），可以指明文章所针对的特定人。别人认为是他，而本人也认为是自己。很显然，本案的特定人问题属于第二种。在网友中，这种指向从涉诉文章发表之日起就很明确，直到终审判决做出时，陆幽始终都是惟一的被指认、被侮辱与谩骂的对象，从未改变。遗憾的是，只有本案被告和法官拒绝承认这一现实。

上述判决的理由看似很认真，要求特定指向应当是“排他地、特定地、惟一地”。但严格地说，“特定”的确是法律的要求，而“排他、惟一”却是本案法官背离法律的独创，是对原告的苛求。这种苛求严重违背了基本的公平正义，使司法的天平毫无依据地向被告倾斜，加重了原告本不存在的证

[1] 见 1993 年生效的《最高人民法院关于审理名誉权案件若干问题的解答》第九条。

[2] 杨立新《论中国新闻侵权抗辩及体系与具体规则》，徐迅主编《新闻（媒体）侵权研究新论》第 213 页，法律出版社 2009。

明责任，使特定人的第二种情形彻底化为乌有。也就是说，按照终审判决的逻辑，如果只有符合“排他、特定、惟一”的标准才可以认定为特定人，那么除了指明道姓，其他情形均难以认定诽谤指向的特定人，这将大大缩小法律对公民人格权利的保护范畴。而按照本案判决的指引，未来的“黄健翔们”只要遵循没有“排他地、特定地、惟一地”指向某人，就放心大胆地揭人隐私、侮辱谩骂吧，尤其在互联网时代，这将是一幅何等恐怖的图景。

（四）女性在本案中未获法律的倾斜保护

我国宪法规定了男女平等原则。2004 年，我国宪法修正案在第三十三条中增加规定：“国家尊重和保障人权”。事实上，我国在 1980 年就签署了联合国《消除对妇女一切形式歧视公约》，1981 年已经生效。这表明，我国承认公约的各项原则。

2005 年我国修订了保护妇女权益的专门法《中华人民共和国妇女权益保障法》，其中第四十二条特别规定：“禁止用侮辱、诽谤等方式损害妇女的人格尊严。禁止通过大众传播媒介或者其他方式贬低损害妇女人格”。需要特别指出的是，本条规定单独指出了“大众传媒”的作用，可见法律对防止通过大众传媒损害妇女人格尊严的情形保持高度警惕。

在我国，类似的对某些特别人群给予专门法保护的还有未成年人、老年人、残疾人等，由此构成了我国人权法的重要组成部分。

不过法律的这些规定在司法审判中的适用并不令人满意，少有法官注意到法律对某些人群的特殊保护。在人格权诉讼中，法官们只习惯引用民法的规则处理案件，极少见到判决书引用上述法律的相关条款，从而实现司法裁判对宪法、法律特别保护的当事人必要的倾斜保护。本案即为典型一例。没有诉讼就没有权利。如果裁判者从来都不考虑这些法律的存在与价值，根本不能在诉讼中作为依据做出判决，那么法律的承诺又如何可以从宣言变为真实的公民权利？我国人权保护的水平又何以提高？

（五）本案对核心隐私缺乏保护

自1987年民法通则生效以来，我国一直将隐私权纳入名誉权，实行间接保护。1995年修订的《中华人民共和国妇女权益保障法》中规定“妇女的名誉权、荣誉权、隐私权、肖像权等人格权受法律保护”，这是在我国全国人大及其常委会颁布的法律中首次出现“隐私权”的概念。而“隐私权”作为独立的民事权利出现在我国民事基本法中是2010年7月1日生效的《中华人民共和国侵权责任法》，该法第二条第二款规定：“本法所称民事权益，包括生命权、健康权、姓名权、名誉权、荣誉权、肖像权、隐私权、婚姻自主权、监护权、所有权、用益物权、担保物权、著作权、专利权、商标专用权、发现权、股权、继承权等人身、财产权益”。

虽然隐私权的概念自2010年才在我国民事基本法中正式出现，但我国隐私法的发育却早已起步。关于隐私的分类，学术界有很多种划分，学理上一般分为私人信息、私人空间与私人活动三大类。若以“未经本人同意，擅自刺探、挖掘与披露”等为条件，会发现我国法律所保护的隐私越来越多。

在我国，有关身体信息、医疗信息属于法定的隐私，有多部法律加以规定。1998年生效的《中华人民共和国执业医师法》第二十二条将“保护患者隐私”作为医师的法定义务，按照该法第三十七条的规定，因“泄露患者隐私，造成严重后果的”，将受到“警告或者责令暂停六个月以上一年以下执业活动；情节严重的，吊销其执业证书；构成犯罪的，依法追究刑事责任”。2004年修订后的《中华人民共和国传染病防治法》六十七条、六十八条规定：“故意泄露传染病病人、病原携带者、疑似传染病病人、密切接触者涉及个人隐私的有关信息、资料的”，将区别情况与后果，承担不同的法律责任。《中华人民共和国侵权责任法》第六十二条规定：“医疗机构及其医务人员应当对患者的隐私保密。泄露患者隐私或者未经患者同意公开其病历资料，造成患者损害的，应当承担侵权责任”。这表明，涉及人的身体、健康及医疗领域，是隐私的密集所在，是法律重点保护的对象。其中与性有关的身体信息，更是隐私中的隐私。这一点在一些发达国家也不例外。

2009年和2010年中德广播电视法律交流项目中，德国巴伐利亚广播电视台的总法律顾问黑塞先生两次介绍了德国民法中如何划分隐私的层次：（见下图）

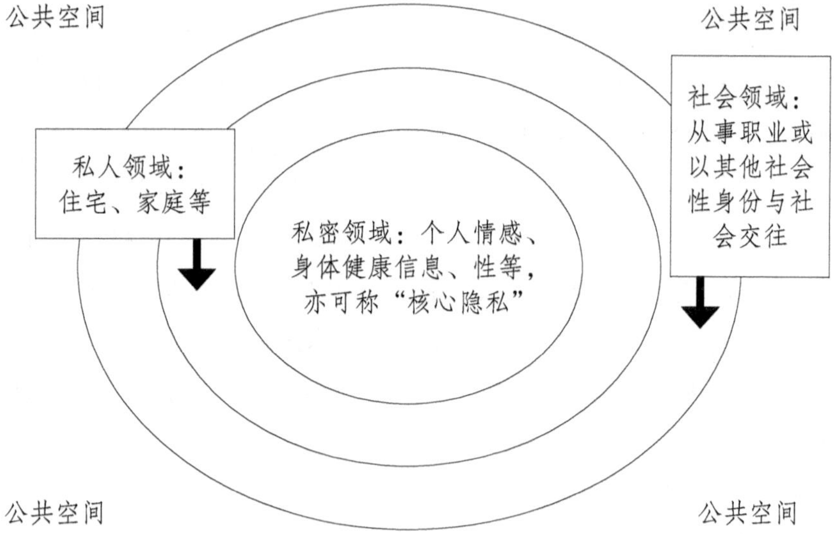

上图表明，处于中心区的隐私被称为“私密领域”。随着外圈的扩大，法律保护的力度逐渐缩小，直至公共空间。因此，越是处于私密领域的是核心隐私，法律保护的力度越大。

本案涉及一名年轻女性的性、身体、疾病等法定隐私，按上图的分类，是典型的私密领域，即核心隐私。涉及此类信息的公开，应当高度尊重权利人的意愿。此时，发布者的注意义务属于最高等级。如果未经本人同意而加以披露，造成损害后果，则被告应当承担较重的侵权责任。但这一法治精神未在本案二审判决中有任何体现。

本案被告在诉讼中承担的证明责任过轻，是被研究者诟病的一大问题。虽然涉及国家足球队的事情与公共利益有关，但作为普通记者，陆幽并非公众人物，她患宫外孕纯属她的私事，与公共利益无关，法庭没有理由要求她的人格权利退让。况且公众对于足球所要知道的是真实的情况，而不是不负责任的传言。被告通过互联网这一大众媒介告诉公众一件事（国家队主教练杜伊科维奇把某跟队记者搞成了宫外孕），导致网友的疯狂猜疑与推测，使陆幽遭受侮辱与谩骂，而诉讼中法庭却不要求被告证明他向公众传播的信息是真实存在的，这无异于放任谣言横行，也与大部分涉及新闻失实的名誉权诉讼中的证明责任分配规律相悖。诽谤诉讼中，被告证明责任的另外一个考量因素是，任何人均可能证明“有”，但难以证明“无”。也就是说，是否存在文章所指的性丑闻，不能让原告来证明，因为她无法证明不存在的事情，只能由声言存在性丑闻的被告来证明。但本案两审诉讼中，法官一直要求原告承担举证责任，被告只需要不断反驳，而不必证明或较少证明，这种举证责任的分配逻辑实在有失公允。

（六）本案确立的职业媒体人的表达标准低于普通人

本案终审判决在驳回陆幽的上诉、维持原判的同时，用一段话批评了黄健翔，指出公众人物“在行使自己言论自由权利的同时应当特别注意将自己的言论规制在不损害他人合法权益、不违背社会公序良俗的范围内”，这一告诫可谓用心良苦。

本案被告黄健翔是知名的媒体从业者，对于新闻专业规范本应心知肚明，烂熟于心。互联网虽然看似存在着比传统媒体更自由的表达空间，但本着法律面前人人平等的原则，网络上不可能存在着表达的第二个法律标准。也就是说，网上网下标准相同。而职业媒体人的表达标准更不应低于普通人。仅就本案所涉信息而言，普通人在相处间均会十分留意，不会轻易传播与议论涉及他人隐私、特别是核心隐私的信息，这是人的常识与修养。但为什么在博客中就可以随意传播关系他人隐私的传言呢？有研究者注意到，黄健翔的“博客粉丝有335万，比人民日报的发行量还要大”，[1] 俨然是网上具有影响力的意见领袖，[2] 他的表达标准会影响表达秩序的建立。这种影响应当是积极的，而非消极的，其中司法审判的引导作用更是至关重要。本案是网络恶劣表达的典型一例。对于人民法院而言，本来存在着深度言说，创造经典的机会。但遗憾的是，本案判决为职业媒体从业者确立的表达标准竟然比普通人还要低，对如此恶劣的表达，法庭虽有批评，但只有批评，同时超越法律规定，

[1] 引自魏永征2011年1月20日在中国政法大学传播法研究中心、中国传媒大学传媒政策与法律研究中心、华东政法大学人文学院联合举办“陆幽诉黄健翔侵害名誉权、隐私权二审判决研讨会”上的视频发言。

[2] “意见领袖“是指在人际传播网络中经常为他人提供信息、意见、评论，并对他人施加影响的“活跃分子”，是大众传播效果的形成过程的中介或过滤的环节。见百度百科 http://baike.baidu.com/view/368550.htm

以各种自创的理由避免认定其过错与侵权。

因此笔者曾有如下这番批评：本案判决不仅谈不上建立网络上的传播秩序，而是在以往法律及相关判决基础上的严重后退。不仅对包括互联网在内的现有传播秩序没有建立之功，甚至对传统媒体已有的传播秩序也具有破坏之力。实在有必要总结教训。

第三章

隐性采访论

一、社会正向电视暗访发出预警[1]

2002年8月2日，中央电视台研究室组织的《隐性采访：法律意识和行为规范》科研课题成果演示会上，央视两位著名的暗访记者向与会者讲述了几次成功暗访的经历，一些精致的暗访技巧和对暗访素材的恰当运用，引得不少同行兴趣盎然、会心大笑，而一些后来者更是钦佩不已、跃跃欲试。作为这次课题演示的现场嘉宾之一，我在对电视记者的敬业精神、冒险精神和高超技巧表示敬意的同时，却总觉得有几句话如鲠在喉，不吐不快。

[1] 本文发表于《方圆》杂志2002年10月号。

（一）某些电视暗访走得太远了！

2001年，笔者曾经在自己的文章中举例说明少数秘密采访行为已带有涉嫌犯罪的性质。[1]那时所举的两例均发生在纸媒体，似乎与电视无关。然而目前，电视暗访已越用越多，越走越远，到了令人担忧的地步。

例一：2001年9月17日，某著名媒体播出暗访节目《亲历盗墓》：两名记者为弄清西安市面上非法倒卖文物的情况，乔装成文物贩子，跟随盗墓贼偷拍了一座西汉古墓被盗掘的全过程。然后记者以14000元买下了这次盗墓掘出的13件西汉时期的文物，献给了省文物局，盗墓贼闻风而逃。[2]

例二：2001年某日，一省级电视台焦点类栏目播出一期题为《扫黄不留死角》的节目，展示一次性交易的全过程，除了一个身份可疑的“嫖娼者”面部被打了马赛克外，性内容的交谈、性挑逗的细节以及卖淫妇女脱衣服的镜头被观众一览无遗。

例三：2000年4月1日，一省级电视台的一档娱乐节目以游戏的形式，把几个年轻女孩面对陌生异性的微妙心态偷录下来，让她们的男友观看，以考验爱情。京城记者在观众中进行调查后追问：“偷拍，是快乐还是侵权？”[3]

依笔者的看法，以上三例分别是电视暗访涉嫌犯罪、违法和失德的典型例证。

第一例中的节目播出后即有专家撰文指出：《记者不能冒充“有犯罪嫌疑的人”》。[4]记者这一暗访行为所涉嫌的是《中华人民共和国刑法》中规定的两个罪名，即第328条规定的“盗掘古文化遗址、古墓葬罪”和第326条规定的“倒卖文物罪”。由于记者的购买需求，致使一座西汉古墓被非法开掘，这一暗访行为的违法性已勿庸质疑。如果不是他们在主观上不具有非法占有古文物或者以此牟利的犯罪故意，这一行为的直接后果实在不堪设想。

第二例中的节目明显违反两部法律的规定。《中华人民共和国未成年人保护法》第25条规定：“严禁任何组织和个人向未成年人出售、出租或以其

[1] 徐迅：《秘密采访究竟可以走多远》，见《中国记者》杂志2001年6期。

[2] 《记者冒险乔装卧底七天七夜亲历盗墓》，见《中国电视报》2001年第35期。

[3] 王小星：《偷拍，是快乐还是侵权？》，见《北京晨报》2000年4月14日第9版。

[4] 王军：《记者不能冒充“有犯罪嫌疑的人”》，见《电视研究》2002年2期。

他方式传播淫秽、暴力、凶杀、恐怖等毒害未成年人的图书、报刊、音像制品。”电视台的焦点类节目大都安排在黄金时段，此时男女老少各色人等都齐聚在荧屏前，这时播出一次性交易的过程，如同播放一段劣质的三级片，是典型的“少儿不宜”的内容。签发这个节目的主编们、主任们是否考虑过：不同年龄段的孩子们能正确理解编导的意图吗？他们会向家长们提出什么样的问题？《中华人民共和国妇女权益保障法》第39条规定：“妇女的名誉权和人格尊严受法律保护。禁止用侮辱、诽谤和宣扬隐私等方式损害妇女的名誉和人格。”卖淫妇女也是妇女，同样受上述法律的保护。卖淫是违法行为，应当受行政制裁，但并不意味着卖淫妇女的人格尊严可以随意侵害。焦点类节目的批评报道有一个重要原则，即“对事不对人”，完全没有必要使卖淫妇女的形象曝光。如果使用这段暗访素材是表现节目主题所必须的，也应当给卖淫妇女面部打马赛克。如果因该节目的播出造成严重后果，比如被曝光的卖淫妇女自杀，电视台又该承担什么样的法律和道义责任？

第三例是一个道德失范的暗访个例。这段节目涉及的是恋爱、情感问题，是典型的个人隐私领域。虽然被偷拍的女孩事后表示“我的表现及这样的节目方式很平常”，可以认为被偷拍的女孩自动放弃了这部分隐私，但是观众却认为“两个女孩形象受损是肯定的”，“这样对爱情的考验很可能会摧毁爱情”。[1]而更重要的问题并不在这段节目本身，而在于这种节目对社会的负面影响——它在向公众示范：窃照设备可以进入爱情这类隐私领域，偷拍的隐私镜头可以被用来娱乐大众。这种节目虽然不像前两例具有那么强的违法性质，其危害性却并不低。因为电视媒体正充当偷窥隐私、曝光隐私的坏榜样。

分析完以上三个典型节目，笔者冒出一身冷汗：某些电视暗访已经走得太远了！

（二）并非危言耸听

前不久在台湾，政坛美女璩美凤的性爱光碟被出售一事沸腾全台，41分钟床上戏的女主角本人在事件发生后首次记者见面会上“对误交损友等六次

[1] 同本书第151页注3。

鞠躬致歉，痛苦至不支倒地”，[1] 其受害之深，伤痛之烈已不用言表。台湾全社会对媒体道德的谴责之声一浪高过一浪。然而有香港媒体报道，此一事件中的受害者——曾为台湾无线电视台记者的璩美凤，正是台湾媒体偷拍史的开山始祖。这个富有戏剧性的偷拍故事告诉我们：如果社会没有共识——不谴责偷窥心理，不限制偷拍行为，那么受害的将是潜在的每一个人。

目前，科技的迅速发展正使窃听窃照设备变得越来越便宜，越来越容易被普通人获得，[2] 同时也引起了公众越来越多的反感和恐慌。[3] 多名法律界专家认为，窃听窃照设备的泛滥导致公众失去安全感，正在引发侵权和犯罪。据报道，广东省人大、省政府等有关部门已联合宣布：从 2002 年 8 月 1 日起，针孔式摄像机、微型窃听器不得随便出售。[4]

有些人会说，电视台的偷拍与社会上发生的事情不同，但上述三例偷拍事件都是电视台播出的节目。也有人会说，上述消息与新闻媒体特别是电视暗访无关。但事实远非如此：2002 年 3 月，就在媒介人欢呼将于 4 月 1 日生效的《最高人民法院关于民事诉讼证据的若干规定》要“为偷拍偷录松绑”，庆幸“媒体偷拍可能合法化”[5] 的同时，翁维权等 34 名人大代表在九届全国人大第五次全体会议上就偷拍问题提出立法议案，其直接原因是代表身边已经出现偷拍隐私、大加宣扬的恶劣现象，搞得人人自危。新华社 3 月 11 日就此发出通稿，各报标题不一，有的是《人大代表建议防止“偷拍”被滥用》，[6] 有的是《人大代表呼吁规范“偷拍”，保护个人隐私》。[7] 其实，人大代表的行为既不是“呼吁”，也不是“建议”，这份本次人大第 227 号议案是一项依法提请立法的正式文件，其标题为《关于“电视暗访”应当立法的议案》。

这是一个有趣的现象：问题出在社会上，人大代表为什么要求为“电视

[1] 杨素：《政坛美女性爱光碟沸腾全台》，见香港《凤凰周刊》2002 年 2 期。

[2] 凌非：《来了吗？“偷拍”器材的春天》，见《人民法院报》2002 年 4 月 3 日；王渐：《偷窥器泛滥天津》，见《检察日报》2002 年 4 月 1 日等。

[3] 祝翠霞：《偷窥时代》，见《新闻周刊》2002 年 4 月 22 日；祖薇：《针孔摄像突破绝对隐私》，见《信息产业报》2002 年 7 月 5 日等。

[4] 《偷拍镜头正对准你》，见《北京青年报》2002 年 8 月 5 日。

[5] 《法官可酌情判媒体偷拍合法化》，见《北京青年报》2002 年 3 月 31 日。

[6] 见《中国妇女报》2002 年 3 月 12 日。

[7] 见《检察日报》2002 年 3 月 12 日。

暗访”立法？依笔者的理解，这一委婉表述的潜台词是：偷拍暗访是从电视搞起来的，已出现了滥用的现象。媒体对社会有示范作用，因此有必要首先规范电视暗访。

1999年底，笔者在一次关于暗访问题的理论研讨会上发言时曾表述了如下观点：“目前偷拍偷录采访方式在法律和道德方面所面临的尴尬，正比以往更为尖锐地摆在新闻界面前。整个新闻界如果不能理性地面对这种局面，真正加强自律，谨慎地防止偷拍偷录采访方式的滥用，以至超过了社会的承受能力，迫使国家或政府不得不出台较为严苛的规则来加以约束，那么最终受到损害的将不仅是新闻界的采访权以及由此带来的‘卖点’和广告收入，还包括本来就十分艰难的舆论监督事业”。[1] 两年多过去了，34名人大代表的立法议案表明，部分社会精英对滥用偷拍的承受力已达到极限。以227号议案为标志，社会已向电视暗访正式发出预警。

（三）自我约束：媒体业最好的选择

翻阅世界各国新闻法，没有一个国家明文规定偷拍偷录是新闻媒体的正当权利，倒是有少数国家的法律规定：记者采访必须明示身份，出示证件，[2] 实际上禁止了暗访。展望中国的未来，因为有一系列难以解决的法理问题，将暗访权通过立法明确授予媒体的可能性极其微小。笔者在研究过我国各种现行的有关法律之后断言，我国广播电视业的偷拍偷录行为正介于法律的灰色和黑色地带之间，极易构成侵权和违法犯罪。

从道德层面分析，暗访的非诚信性质，[3] 也令媒体人在运用这一采访方式时，处于目的和手段的道德悖论之中，意即：新闻事业追求公开和知情，而暗访却是在不公开自己的身份和目的，令采访对象不知情的情况下获取新闻

---

[1] 徐迅著《中国新闻侵权纠纷的第四次浪潮》第262页，中国海关出版社2002。

[2] 俄罗斯联邦法律规定：记者从事职业活动时，须出示编辑部证明或表明记者身份与职权的其他文件。引自于洪君：《俄罗斯联邦调节大众传媒的法律规定》，见《国际新闻界》1998年5-6期。

[3] 在一本被视为美国新闻伦理学研究“最睿智，最全面”的著作中，专门讨论隐性采访问题的第十章的标题为“欺骗”。见[美]罗恩. 史密斯著，李青藜译《新闻道德评价》，新华出版社2001。

素材。这会让公众对一些媒体从业人员的职业信念发生怀疑，令整个媒体业的公信力下降。

无疑，暗访的采访方式对于揭露真相具有独特的价值。但是这种手段也在法律和道德两个方面为媒体带来危害——它就像是一把双刃剑，使媒体业利弊兼得。权衡利弊之后，大部分国家通过新闻职业道德准则做出选择：只在最为必要的时候，通过十分严格的程序才允许使用秘密采访手段。[1]在广播电视业，最具代表性的规范性文件是英国独立电视委员会为该国所有商业电视台制定的准法律性质的《节目准则》，它有四条规定：第一，每一次偷拍采访都必须经节目最高负责人批准；第二，每一次偷拍的素材被播出都必须再经节目最高负责人批准；第三，所有的相关资料和证据都必须存档；第四，一旦发现违背上述三条规定者受罚款制裁。[2]这些规定没有指出什么情况下可以偷拍，什么情况下不可以偷拍，所以不属于实体性规范，也没有道德选择和判断，它全部是程序性规定。但按照这一程序办事必然产生三个后果：第一，每一次偷拍都是经过慎重考虑的；第二，一旦发生纠纷有据可查；第三，一旦构成侵权或犯罪有人承担责任。毫无疑问，通过这种规范化的管理，偷拍会被控制在最小的范围里，既可以在绝对必要时使用，又难以形成滥用的局面。

笔者注意到，过去新闻界人士在研究暗访问题时，大都是极力论证其合法性和合理性。但近年来，有越来越多的研究文章开始注意到暗访的“双刃剑”作用，“得失”“思考”“规范”一类的词语开始出现在研究暗访问题论文的标题中。[3]这说明，中国媒体人在这一问题上正逐步趋向理性化。另外，中央电视台一些著名栏目也对偷拍问题做出了自己的选择。如《新闻调查》栏目就此给自己确定的信条是：“无论如何，秘密调查都是一种欺骗。新闻不是欺骗的通行证，我们不能以目的正当为由而不择手段。秘密调查不能用作

[1] 发达国家的新闻职业道德准则以不同的语言表述了大体相同的意思，其中比较典型的是《德国公共宣传原则（1994）》：“禁止用不诚实的方法获取新闻、资讯或图片。若通过暗访可得到能够引起公众特别兴趣并且不能用其他手段获得的少量资讯时，在个别情况下可以实施。”引自魏永征、张咏华《西方传媒的法制管理和自律》，中国人民大学出版社2003。

[2] 陈晓宁主编《广播电视新媒体政策法规研究》第368页。

[3] 仅在2001年发表在《电视研究》上的相关文章就有：汪保国、董石才《暗访得失的思考》（3期）；武卫红：《让隐性采访更规范》（2期）；陈杰：《关于隐性采访及法律问题的思考》（新闻专刊）；蔡潜厚、王波《新闻采访中的几个法律问题探讨》（新闻专刊）等。

一种常规的做法，也不能仅是为了增添报道的戏剧性而使用。只有同时符合下述四条原则，才能采用秘密调查：第一，有明显的证据表明，我们正在调查的是严重侵犯公众利益的行为；第二，没有其他途径收集材料；第三，暴露我们的身份就难以了解到真实的情况；第四，经制片人同意”。[1]《新闻调查》被同行称为央视“航空母舰”级的节目，笔者仅就其对暗访问题的选择做出如下评价：这艘航母不仅“吨位”大，“科技”含量也很高——它非常职业化，可与发达国家同行在此问题上的水准等量齐观，应当给予最高级别的肯定与赞扬。

严格地说，让每一位记者来决定要不要使用暗访手段是不公平的。在更多的情况下，对暗访手段用不用，怎样用，用多少，应当由制片人、部门主任、台长以至行业领袖们做出选择。试想，如果整个媒体业都能像央视《新闻调查》栏目一样自我约束，还会出现上述三例滥用现象吗？人民代表还会高呼“‘电视暗访’应当立法”吗？整个媒体业是不是可以由此享有一个进行暗访的富有弹性的空间呢？这就是自律可以换取自由的辩证关系。

面对社会向电视暗访发出的预警，电视人应当有所作为。本文的结论是：在偷拍问题上，媒体业对全社会有示范作用；强势媒体对整个新闻界有示范作用；国家级强势媒体对“规范偷拍”负有义不容辞的责任。尽快确立电视台、电视业以至整个新闻界相应的自律性规范，刻不容缓！

二、论电视偷拍采访方式的法律环境

——从 2002 年几起代表性事件中获得的启示

目前，偷拍偷录是广播电视媒体舆论监督类题材的一种重要采访方式。这种在 1996 年左右兴起的新闻采访手段引起了诸多的讨论和争议，这种争议在 2002 年形成了一个高峰。本文试图从发生在今年的几个标志性事件中为这

[1] 引自中央电视台新闻评论部《新闻调查》栏目为自己制定的《调查手册》（2002 年 3 月）。

种讨论和争议寻找一些答案。

（一）怎样准确理解最高法院民事诉讼证据规则的含义?

最高人民法院颁布的于2002年4月1日起实施的《关于民事诉讼证据的若干规定》[1]中对未经对方当事人同意而私自录制的音像资料是否可以被采纳为证据做出了新规定。热衷于暗访与偷拍采访手段的新闻界对此给予了高度关注。

最高人民法院这一证据规则规定的第七十条，其的完整表述是这样的：有四种证据属于“一方当事人提出的证据，对方当事人提出异议但没有足以反驳的相反证据的，法院应当确认其证明力。”其中第三种是：“有其他证据佐证并以合法手段取得的、无疑点的视听资料或与视听资料核对无误的复制件”。

通观全文，没有任何一处带有“偷拍偷录”的字眼，但时任最高人民法院副院长曹建明在新闻发布会上使用了这一概念．他说：“以前法院按规定对当事人采取偷拍偷录手段获取的证据一律不予采用，而在实践中发现这一规定不够完善，经法律界人士广泛研讨后，现在做了修改，只有以下两种情况的偷拍偷录不予采用：一是偷拍偷录违反法律的一般禁止性规定，比如擅自将窃听器安装到他人住处进行窃听取得的证据；二是偷拍、偷录不得侵犯他人合法权益，不得违反社会公共利益和社会公德。”[2]根据这番发表在新闻发布会上的谈话，可以认为这一司法解释与“偷拍偷录”有着必然联系。

尽管法律界有人发表文章质疑这一司法解释的合法性和可操作性，[3]但它毕竟是有效的。它的颁布实施在媒体引起了一阵阵的欢呼，仅从一些报纸

---

[1] 自2002年以来，民事诉讼的相关法律制度出现了些变化，包括《中华人民共和国民事诉讼法》于2012年进行了修订，最高人民法院于2015年1月发布了《最高人民法院关于适用〈中华人民共和国民事诉讼法〉的解释》等。本文研究的《最高人民法院关于民事诉讼证据的若干规定》中部分内容的有效性已经被新法代替，但涉及本文研究的相关规则并未改变。作者注。

[2] 《最高法做出司法解释：未经许可的录音、录像可做证据》，见《中国经济时报》2001年12月31日。

[3] 徐新铭、厉明：“质疑《民事诉讼证据规定》”，《中国律师》2002年7期。

的标题上即可窥见一斑："新证据规则为偷拍偷录松绑"、[1]"偷拍偷录可作证据"、[2]"法官可酌情判媒体偷拍合法"、[3]"今天偷拍能作证了"，[4]以至于媒介上也发出了不同的声音：问"偷拍偷录怎么这么热？"[5]同时提醒公众说"除了偷拍还有别的"[6]……在这种情况下，部分媒介人的感觉有一定偏差，甚至对这一证据规则对新闻界的意义做出了超级评价。2002 年 11 月在某高校的一次讲座中，一位有一定实践经验的学生向笔者提问道："最高人民法院的这一司法解释是否可以视为新闻立法漫漫长途中的一座里程碑？"

依笔者看到的各媒体的有关报道中，比较准确的标题是《中华新闻报》："偷拍偷录有条件地合法化"。[7]因为它注意到了所谓"合法的偷拍偷录"是"有条件"的，这正是其他标题没有充分注意或没有加以突出的地方。而作为乐于运用偷拍偷录手段的广播电视媒体来说，不了解这些条件，就等于根本不会恰当使用这种存在巨大争议的采访方式——因为一旦出现诉讼纠纷，这些偷拍偷录所得的证据因为不符合法定条件，经不起法庭的审查，有可能导致败诉。

这一证据规则运用的是准确严密的法律语言。如果将其内容分解开来，偷拍偷录的音像资料被法庭采纳为证据应当符合四个条件。

第一，合法手段取得的。我们知道，在"有权"和"违法"之间存在一定的灰色地带。目前，我国法律没有任何法律规定公民、法人（包括新闻媒体）可以偷拍偷录，倒是有一些明确的禁止性规定，目前大部分报道都只提到在他人家中安装窃听器，这种行为在刑事责任上属于侵犯他人住宅罪，在民事责任上属于侵犯他人隐私权。然而必须注意的是，在"合法取得"的问题上，器材的违法性问题对媒体最为重要。刑法第 284 条规定："非法使用窃听窃照器材造成严重后果"的要负刑事责任。何为"非法使用"？学理解释为两

[1] 《检察日报》2002 年 1 月 9 日。
[2] 《北京青年报》2002 年 3 月 31 日。
[3] 《北京青年报》2002 年 4 月 1 日。
[4] 《北京晚报》2002 年 4 月 1 日。
[5] 《北京晚报》2002 年 4 月 1 日。
[6] 《北京青年报》2002 年 4 月 1 日。
[7] 《中华新闻报》2002 年 4 月 4 日。

种情况: 一是无权使用者使用, 新闻界不属于有权使用者, 因为法律并未授权; 二是有权使用者滥用, 如公安、检察或国家安全机关使用窃听、窃照器材不符合程序等。[1] 广播电视如果使用传统的广播级器材偷拍偷录, 一般不会和这一罪名搭界, 但目前广播电视机构使用的偷拍偷录器材大多属于隐藏式的录音、录像设备, 完全有理由被视为“窃听、窃照器材”, 所以从器材上已经处于违法状态, 如果“造成严重后果”, 则有可能构成犯罪。这并非耸人听闻, 今年以来已经出现若干起涉嫌“非法使用窃听窃照器材罪”的案例。[2]

第二, 有其他证据佐证。这一规定说明偷拍、偷录的证据不能作为“孤证”使用, 它必须和其他证据结合在一起才有可能被法庭采纳。我国民事诉讼法规定有七种证据形式, “音像资料”是其中的一种。但各种证据对案件事实的证明力并不相同, 其中“书证”被列为第一种, 所谓“千年的文书会说话”, 它的证明力最强。而偷拍、偷录的视听资料却必须有其他证据佐证才可能被法庭采纳, 说明这种证据的证明力较低, 它被法庭采信的条件比较严格, 而被采信的比率也相对较低。

第三, 无疑点。这一条件的弹性最大, 它给对方当事人在法庭上的质证留下了充分争执的空间。一个著名的案例是2000年底福建泉州湖美大酒店诉《海峡都市报》侵害名誉权一案, 偷录的电话录音未被法庭采信为证据。[3] 如果按以上条件比对, 则录音器材 (没有资料表明报社采用的是窃听器材) 和录音场所 (非私人住宅, 而是在宾馆的客房中偷录) 似乎不是问题, 也有其他证据佐证 (报社是根据群众举报前往湖美大酒店暗访, 就在诉讼期间, 警方还一次性地从该酒店抓获30名陪侍小姐, 说明这里确有色情服务的嫌疑), 但法庭的一审判决书中提出: 电话录音中的所谓“小姐”是不知真实身份和姓名的, 也就是说有疑点, 不能穷尽并否定其他的可能性。于是, 《海峡都市报》提供的偷录电话录音还是不能被法庭采信为有效证据。[4]

第四, 对方当事人提出异议但未提出足以反驳的相反证据的。这一条件

---

[1] 周道鸾、张军主编《刑法罪名精释》605-606页, 人民法院出版社1998。

[2] 《检察日报》2002年7月11日、10月19日, 《北京日报》2002年10月22日, 《哈尔滨日报》2002年10月23日等。

[3] 《中国青年报》2000年11月29日。

[4] 张加荣: 《记者暗访是否受法律保护》, 《新闻记者》2001年2期。

又给对方当事人留下了一个余地——可以提出异议，同时举出足以反驳偷拍偷录视听资料的证据。如果只有异议而不能提出足以反驳的证据，则录音证据可以被采信。这一方面表现出司法审判实现民事诉讼双方当事人诉讼地位平等的原则，同时也反映出司法解释对偷拍偷录的视听资料的证明力持保留态度——给对方留有较大的空间，力图既要最大限度地追寻案件事实的真相，又要努力避免偷拍偷录证据可能产生的负作用。

偷拍偷录的视听资料只有在同时符合上述四个条件的情况下才可能被采纳为证据。或者换句话说，只要有一条不符合司法解释的规定，偷拍偷录的音像资料都没有肯定会被法庭采纳为证据的“保险单”。

另一个不可忽视的问题在于，如果说证据规则第七十条只是说了法庭采信偷拍偷录的证据资料需要什么条件，解决的是“什么可以”的问题，那么还需要关照其他有可能适用的条款，解决的是“什么不可以”。它包括：

第六十八条 以侵害他人合法权益或者违反法律禁止性规定的方法取得的证据，不能作为认定案件事实的依据。

第六十九条 下列证据不能单独作为认定案件事实的依据：

（三）存有疑点的视听资料。

所以我认为，司法解释对偷拍偷录的视听资料所给予的空间是十分有限的，同时符合证据规则第七十条规定的四个条件并不是一件容易的事情。再看最高人民法院曹建明副院长在新闻发布会上的一段话：偷拍偷录的视听资料被采纳为证据“不得侵犯他人合法权益，不得违反社会公共利益和社会公德”，这更是一个“万能口袋”。

1997年，笔者在文章中提出，“完全禁止新闻界的秘密采访不符合中国的国情，但主张在立法中给予较严格的限制”。[1] 最高法院的司法解释说明现实正在朝着这个方向发展。它虽然不是专门为新闻界制定的，但对新闻媒体的偷拍偷录采访报道起了间接规范的作用。司法解释打开了一扇门，将过去一概视为非法的事情区别对待，由过去的绝对否定变为相对否定，它要求行

[1] 徐迅：“偷拍偷录问题的法律研究”，《中国广播电视学刊》1997年12期。

为人有很强的法治观念和操作能力。而切实了解证据规则的法定标准，正是树立法治观念和培养这种操作能力的开始。

（二）34 名人大代表的立法议案传递给电视业什么信息？

目前，有越来越多的党政领导将人民代表的呼声视为“第一信号”，作为党和政府喉舌的新闻媒体对此理应更为敏感，尤其是当人民代表的意见直接针对媒体时——就在最高人民法院《关于民事诉讼证据的若干规则》正式实施前几天，九届人大五次会议上，翁维权等 34 名人大代表提出 227 号议案，标题是《关于“电视暗访”应当立法的议案》，从而与最高人民法院即将生效的民事诉讼证据规则产生了一定的呼应。由于新闻报道对议案内容的保留，人民代表的这一法律行动并未被社会包括整个新闻界充分而完整地了解。

翁维权等 34 名全国人大代表联名提出议案的全文是这样的：

随着科学技术的发展，通过先进的设备采用隐蔽手段在未经他人同意下进行的所谓“电视暗访”已被有关部门应用。在我国主要用于一些违法违纪事件，其新闻监督、提供证据等作用是非常显著的，并产生良好的社会效应。今后应当有序地开展，并不断加以完善。目前存在的主要问题是：（1）从现行法律、法规，对电视暗访的合法性没有明确的规定，既无法律条文对其合法性给予肯定，也无法律条文给予否定，处于合法和非法之间。（2）我国的电视暗访是由有关部门来实施的。现行的法律没有规定哪些部门可以采用此手段，哪些部门不能使用，可以使用在哪些范围，不能使用在哪些范围。因无明确规定，极易被不得使用者利用或将其暗访范围扩大到无关领域，尤其是个人生活领域，导致发生侵权行为。（3）对采用电视暗访方法取得的资料作为有效证据及公开播放，现行法律也没有规定，特别是公开播放问题。以上存在的问题只能通过立法或者法律解释才能解决。为了规范电视暗访工作，做到有法可依，建议制定本法。

本法内容应当包括电视暗访的含义或界定，哪些部门可以有电视暗访权，如何申请、审批和管理，电视暗访的对象和范围，电视暗访资料的可靠性和有效性及保存，什么样的电视暗访内容可以在大众媒体播放，违者应当负什么样的法律责任等。

人大代表的这份议案引起媒体的关注，新华社发出通稿，不少报纸也都予以报道，从标题看，有的是《人大代表呼吁规范“偷拍”，保护个人隐私》，[1] 有的是《立法规范暗访》，[2] 有的是《人大代表建议防止“偷拍”被滥用》[3] 等等。如果与议案原文相比，我们会发现这些报道的标题全部都回避了“电视”这两个字眼。事实上，人大代表的行动不是“建议”，也不是“呼吁”，而是一份合法有效的要求立法的法律性文件。

据报道，这一议案的牵头人翁维权是山东省医务界代表，提出这一议案的直接原因是某地一家医院的负责人被人用针孔式摄像机偷拍了隐私，并制成录像带公开传播，引起普遍不满。翁维权担心，如果任由偷拍手段进入人们的生活，会使大家人人自危。

这里产生了一个有趣的现象：人大代表看到的问题出现在社会上，但为什么立法议案却直接针对“电视暗访”。这究竟说明了什么？这里有什么潜台词？

在一次关于电视隐性采访问题的讨论会上，有电视记者说：“我们与社会上那些侵犯隐私的偷拍不同，我们的偷拍都是为了正义的目的。”这里暂不讨论行为的目的和手段的关系问题，那属于哲学范畴。这里我们只从法律的角度来讨论：电视暗访究竟有没有滥用的问题？试举三例：

例一：2001 年 9 月 17 日，某著名媒体播出暗访节目《亲历盗墓》：两名记者为弄清西安市面上非法倒卖文物的情况，乔装成文物贩子，跟随盗墓贼偷拍了一座西汉古墓被盗掘的全过程。然后记者以 14000 元买下了这次盗墓掘出的 13 件西汉时期的文物，献给了省文物局，盗墓贼闻风而逃。[4]

例二：2001 年某日，一省级电视台焦点类栏目播出一期题为《扫黄不留死角》的节目，展示一次性交易的全过程，除了一个身份可疑的“嫖娼者”面部被打了马赛克外，性内容的交谈、性挑逗的细节以及卖淫妇女脱衣服的

[1] 《检察日报》2002 年 3 月 12 日。

[2] 《法制日报》2002 年 3 月 13 日。

[3] 《中国妇女报》2002 年 3 月 12 日。

[4] 《中国电视报》2001 年 35 期。

镜头被观众一览无遗。[1]

例三：2000年4月1日，一省级电视台的一档娱乐节目以游戏的形式，把几个年轻女孩面对陌生异性的微妙心态偷录下来，让她们的男友观看，以考验爱情。京城记者在观众中进行调查后追问："偷拍，是快乐还是侵权"？[2]

我曾在一篇文章中分析了这三例究竟是如何违反了法律的规定，[3]在此不加重复。我的基本观点是：这三例分别是电视暗访涉嫌犯罪、违法和失德的典型例证。这说明，某些电视节目在暗访问题上已经走得太远了。如果说第一二例中涉嫌犯罪和违法的还是少数情况的话，那么第三例的危害似乎更大，它在以电视节目播出的内容和方式来示范于社会：第一，像爱情一类的隐私问题是可能被偷拍的；第二，这种被偷拍的隐私内容是可以用来娱乐大众的。既然电视都可以做的事，普通百姓为什么不可以做？在这一个例中，电视媒体充当了侵犯个人隐私、宣扬他人隐私的坏榜样。

这可能正是人民代表立法议案的潜台词：媒体是社会的榜样，榜样的力量是无穷的。偷拍是从电视最先做起来的，要规范社会公众的偷拍行为，就先从规范电视暗访开始。

1999年底，由全国记协和《法制日报》联合召开的隐性采访的法律问题研讨会上，郭镇之教授曾根据她对《焦点访谈》所做的研究提出一个观点，即由于公众痛恨新闻媒体揭露的不法行为，也痛恨各种权力部门对舆论监督的抵制和干扰，因而当时的"社会心态对媒介的隐性采访还是宽容的"。[4]那么三年后的今天我们是不是可以说，随着电视暗访滥用现象的出现，以34名人大代表的立法议案为标志，中国社会对电视暗访的宽容度正在收缩，精英阶层已经向电视暗访正式发出预警。

2002年另一个具有代表性的事件是：由全国普法办与中央电视台《今日说法》栏目举办了"2002年度百姓最关注的十大法治说法"活动，在初选阶段，组织单位将"合法的偷拍偷录证据可以被法庭采纳"作为候选的20个"说

---

[1] 2002年8月2日中央电视台《隐性采访——法律意识和行为规范》课题成果演示会所见。

[2] 《北京晨报》2000年4月14日。

[3] 见本书收入的文章《社会正向电视暗访发出预警》。

[4] 郭镇之：全国哲学社会科学研究课题《从<焦点访谈>类专题报道看舆论监督作用》报告第14页。

法”之一向社会公布。[1] 然而经过百姓的参与和专家讨论及选择后，最后公布的“十大说法”中，“合法的偷拍偷录”之说踪影全无，替而代之的概念是“新的证据规则”，[2] 其中的潜台词更是耐人寻味。

有报纸发表了法学家龙宗智对这一“说法”的点评:“合法的偷拍偷录证据，法庭可以采纳，但这种偷拍偷录是双方当事人之间私自录制谈话的内容，而不是第三者在旁边窃听或者秘密录相。前者是法律允许的，后一种情况是违法的行为。”[3] 这一点评的意见可能还有讨论的余地，但至少可以说明，对这一司法解释的理解，媒介人与法律人并不在一个层面上。最不能忽视的因素是，由于法律家职业共同体的逐步形成，一旦发生诉讼纠纷，法律人更容易取得相对一致的意见。

另外，电视暗访所涉及的道德问题更为复杂。在以德治国的今天，承担向全民族传播道德文明的新闻界不能不正视自身的道德建设。因为这部分内容超出了本文的讨论范畴，在此不作论述。

本文的结论是: 由于最高人民法院发布的《关于民事诉讼证据的若干规定》只对电视暗访具有间接规范的价值，由于电视暗访除了涉及法律规范之外还涉及道德选择，因此确立电视业在偷拍问题上的行为规范，是这种采访手段得以继续使用，并降低风险，减少社会压力的必要条件。

三、运用偷拍方式采访应当确立程序[4]

如果有人在记者群中做一个调查，问：你就职的新闻机构对于采用暗访与偷拍的方式采访有没有程序性规定？恐怕绝大多数的回答都是“没有”。

[1] 《法制日报》2002 年 11 月 11 日。

[2] 《法制日报》2002 年 11 月 11 日。

[3] 见 2002 年 12 月 4 日中央电视台“12.4”宪法颁布 20 周年纪念晚会“法治的力量”。

[4] 本文发表于《电视研究》2004 年第 2 期。

对于这种争议极大的采访方式，用与不用？什么情况下可用？什么情况下不用？谁可以决定用与不用？是否需要经过批准？一旦采用必须经过什么手续？等等，这就是采用暗访与偷拍手段的程序。

《现代汉语辞典》解释：“程序”是一件事情进行的先后次序。在更多的情况下它是一个法律字眼，它是指按照一定的次序、步骤做出决定的过程。

（一）有无程序是“滥用”与否的重要标志

有人可能会说：用什么方式采访也要有个程序，是不是太繁琐了？是的，一般来说，运用什么采访方式确实不必确立程序，新闻记者根据实际情况自己决定即可。但是暗防与偷拍却不同，因为它缺少合法的“身份证”，因为它常常遭质疑，因为它的运用如同走纲丝，稍有不慎就可能得不偿失，甚至坠入法律陷阱……为了避免滥用，它的采用需要程序。

按照法学原理，“程序”总是与正当、正义相联。在司法领域，程序是诉讼的游戏规则，正如依规则展开的比赛才是真正意义的竞赛一样，依程序进行的诉讼才是法律意义的诉讼。以刑事诉讼而言，当一个被告人经过了所有的程序，依法行使了所有的诉讼权利，如会见律师、对证据提出异议、自我辩护、最后陈述、上诉等等之后，他才会承认自己受到了一次公正的审判；这才表明法院并未滥用司法权力，而将一个公民置于冤屈的境地。

如果新闻媒体说自己对采用暗访与偷拍手段采访是慎重的，但却没有任何程序性规定，谁想用就用，想在什么情况下运用都无碍，想在什么选题中运用都可以，又何谈“慎重”？

仅以我国司法机关针对犯罪嫌疑人使用秘密侦查手段而言，它需要严格的条件和批准程序，针对什么人，在什么情况下，可以使用什么手段，各种秘密手段的使用必须经过哪一级批准等等，都有详细的规定，目的是为了防止秘密手段的滥用，以避免这种滥用损害公民正当的人身权利和民主权利。所以，在一次媒体法理论研讨会上，最高人民检察院一位高级检察官说：“现在新闻媒体使用的那些秘密手段，我们检察机关根本不敢用！”

试想，司法机关为了打击犯罪而使用秘密手段尚有所顾及，难道新闻机构在舆论监督的旗帜下就可以为所欲为吗？

（二）英国独立电视委员会《节目标准》中关于暗访的规定

英国是具有悠久法律文化传统的国家，也是媒体自律机制较为发达的国家。英国独立电视委员会是受英国政府委托，管理除英国广播公司（BBC）以外的所有商业电视台的机构，它为全英商业电视机构制定的《节目标准》充分体现了英国法律和媒体自律机制的优点，它在“使用隐蔽麦克风和隐蔽摄像机”项下的规定没有繁文缛节，基本都是程序性规范。谨全文抄录如下：

2-4 使用隐蔽式麦克风和隐蔽式摄像机

只有当隐蔽采访能够确立内容可信度和权威性，只有当内容本身重要而且有利于公共利益时，才被允许使用隐蔽的麦克风和隐蔽的摄像机去获取未被告知人的声音和图像。当制片人认为有必要这样做时，必须获得持牌人（即持有开办电视台执照的人，作者注）的最高节目负责人等的明确同意，才可以录制这些内容（无论是否准备播出）。在这些秘密录制的内容播出之前，必须再次获得持牌人的最高节目负责人等的明确同意才可以播出。无论该素材是持牌人自己录制的，委托制作的，还是从外部得到的，本规定都适用。持牌人必须对每一次向最高负责人等咨询的过程及对录制和播出的此类任何内容进行详细记录。独立电视委员会将定期查看该种记录。如果持牌人没有能够随时进行记载，独立电视委员会可以因此进行处罚。

对以上规定可以分解出如下单元：

关于使用偷拍偷录手段的条件：

- 能够确立内容的可信度和权威性
- 内容本身重要且有利于公共利益

关于使用偷拍偷录手段的程序：

- 最高节目负责人批准方可采访（不论是否准备播出）
- 最高节目负责人批准方可播出
- 对每一次咨询过程及录制、播出此类任何内容必须详细记录

- 未能随时记录者将受处罚

以上规范适用于自己录制的、委托录制的和从外部得到的所有使用隐蔽式录音机和摄像机录制的节目和节目素材。

上述规定特别适合暗访的特点，即每一次暗访都是一次新的选择，在这个领域里永远没有包医百病的灵丹妙药。这一规范并未用笔墨规定使用秘密采访手段的实体性条件，而是将这个复杂的难题交给了持牌人（电视台的投资人）的最高节目负责人（大约是总编辑类的职务），然后以一系列程序性规定，指定节目最高负责人必须对此加以权衡。严格执行这一规范，可以确保产生如下结果：第一，每一次秘密采访都经过了慎重考虑和严肃判断；第二，一旦出现问题有人负责；第三，一旦发生诉讼有据可查。

（三）央视《新闻调查》栏目的偷拍程序

可喜的是，我国一些优秀的调查性电视节目已经在偷拍问题上有了自己的程序性规定。

如《新闻调查》栏目就此给自己确定的信条是：

无论如何，秘密调查都是一种欺骗。新闻不是欺骗的通行证，我们不能以目的正当为由而不择手段。秘密调查不能用做一种常规的作法，也不能仅是为了增添报道的戏剧性而使用。

只有同时符合下述四条原则，才能采用秘密调查：

- 有明显的证据表明，我们正在调查的是严重侵犯公众利益的行为；
- 没有其他途径收集材料；
- 暴露我们的身份就难以了解到真实的情况；
- 经制片人同意。

《新闻调查》被同行称为央视“航空母舰”级的节目，仅就其对暗访问题的做出的选择，笔者认为它非常职业化，可与发达国家同行在此问题上的水准等量齐观。

严格地说，让每一位记者来决定要不要使用暗访手段是不公平的。在更多的情况下，对这种采访手段用不用，怎样用，用多少，应当由制片人、部门主任、台长以至行业领袖们做出选择。试想，如果整个媒体业都能像央视《新闻调查》栏目一样自我约束，还会出现某些令人担忧的滥用偷拍的现象吗？

（四）需要哪些程序？

首先是“法定”的程序。这里所说的法定当然是带引号的，它是指一个新闻机构对运用暗访与偷拍手段进行采访和报道所确立规矩。没有规矩不成方圆，在偷拍问题上，“没规矩”与“滥用”总是联系在一起的，确立了规矩也就为滥用设了一道坚实的防线。

最低限度的必经程序应当是“领导批准”。因为，不必批准就意味着人人可用，随时可用，所以，无人批准 = 无人负责。承担批准责任的“领导”职务可高可低，职务高低可作为认定其“谨慎”程度的一个指标。职务越高者其决定越谨慎，越低则相反，不需要有人批准就暗访的与“滥用”最为接近。

其次是“酌定”的程序，即可以选用而非必经的程序——向律师咨询。法律的责任是明确界限，而能够紧紧贴着边界的底线行走而不越界，就最大限度地行使了权利，享有了自由。这一切都需要专业法律工作者的帮助，而律师就是那些寻找边界的人。

在西方发达国家，媒体律师是受人尊敬的职业，在那些大型传媒机构里，都有一个专门负责法律事务的副总裁，有多达几十人的律师班子。律师们分工很细，有的专攻诽谤法，有的专攻隐私法，有的专攻知识产权法……24 小时值班，随时向一线的编辑记者提供咨询性意见。在美国电影《惊曝内幕》中，《60 分钟》节目的制片人就是通过律师的操作，使消息提供者成功摆脱了他与企业签订的保密协议的束缚，从而使一条有关重大公共利益的新闻最终得以曝光，震惊了全美。

我国律师业正在逐步向专业化发展。在大城市中，许多律师都是某一领域的法律专家，如房地产、税务、金融、期货、保险等等，媒体法也正逐渐成为专业领域。目前首都主流媒体大都有专职法律顾问，他们有律师资格，专门为新闻媒体提供法律服务。

四、暗访与偷拍：有没有正当的理由？[1]

这是几幅令读者心痛的照片，因为苦难的主角是孩子，看到照片中的场景，善良的人们会想为孩子们做点什么。这就是新闻真实的力量。同行们有理由为暗访记者的努力叫好。

但是，新闻记者的暗访和偷拍并不总是获得掌声，它因与真实相伴而对新闻工作者充满诱惑，也因与丑闻相伴而令公众感到刺激，因与危险相伴而令记者们抱有英雄般的情怀，又因与纠纷相伴而不断受到质疑，而它与诉讼相伴且胜诉不多的历史，也常常让媒体人发出抱怨，垂头丧气。

这就是暗访和偷拍，一个充满争议的话题。新闻界内不断有人主张使它合法化，并频频呼吁立法加以支持和保护，而却有人民代表在全国人大会议上提出立法议案，要求规范不断增多的电视暗访。新闻传播学领域的权威学者不断告诫记者，对这种是非颇多的采访手段必须谨慎运用，暗访与偷拍的泛化使用将令新闻界付出过高的代价。

暗访和偷拍为什么充满争议？因为它存在诸多法律陷阱和道德悖论。它最大的法律陷阱是商业秘密和个人隐私。在商业秘密方面，纠纷已经出现；在个人隐私或人格尊严领域，暗访和偷拍的新闻作品上法庭已经有了好几年的历史。在道德领域，人们可以提出八个、十个或者更多的问题，让记者们难以回答。比如：采用欺骗手段进行采访会不会让记者的良心受到谴责？“色情＋曝光”的暗访故事为什么那么多？记者都是为了高尚的目的吗？有没有节约采访成本的考虑？暗访者是记者还是特工？记者是新闻事实的导演还是看客？新闻记者对偷拍有没有双重标准？新闻界因暗访和偷拍盛行是利多，还是弊多？最难回答的道德命题是：我们可以靠欺骗来获知真相吗？我们宣称以新闻的真实为生命，但为什么我们获取新闻素材的手段却不真实呢？……

[1] 本文发表于2005年《中国摄影》第一期，文章评点的对象是一组偷拍的童工画面。

这篇千字短文无法回答上述一系列问题，它提醒每一个暗访记者，在每一次暗访和偷拍之前慎重考虑，谨慎抉择。可以支持记者采用这种充满争议的采访手段最重要的理由是：选题具有重大的公共利益。公共利益和私人事件并不难区别，但公共利益重大与否却需要新闻工作者认真判断。一般说来，涉及人越多，其公共性越强，越是涉及很多人的生命或健康安全，其公共性越强。因此，食品、药品、环境污染、严重影响社会秩序的犯罪等选题，可以提高暗访手段的正当性；而交通、通讯、教育、医疗、煤、水、电等公共服务产品与服务质量等选题，有关未成年人、妇女、老人、残疾人等弱势群体保护的选题，也可以不同程度地提高暗访手段的正当性。

这组照片涉及非法使用童工问题，一方面揭露不法行为，一方面保护未成年人，它当然涉及较为重要的公共利益，并且不与商业秘密和个人隐私发生冲突。它将唤起人们的爱心与良知，似乎是一个近于完美的作品。但是，按照慎重抉择的原则，我也很想知道，在报道这一事件中，暗访是不是惟一的采访手段？新闻采访学中有几十种采访方式，有没有其他的采访方式被采用？

新闻传播学的著名学者陈力丹教授有一个观点，大意是：新闻是公文之外第二种比较容易掌握的文体，因此，新闻记者如果可以被称为是一个专业的话，他的专业能力主要体现在获取新闻素材的能力，进而是与人沟通并获得被采访者信任的能力。如果都一偷了之，那就不需要新闻记者这个专业，因为有人比记者偷得更巧妙。

显然，新闻摄影作品的偷拍与文字作品的暗访还有不同，不知陈教授的上述观点对摄影记者是否也有启发意义？

五、解读新闻：意大利立法限制狗仔队[1]

2007年3月18日央视报道称，意大利近日出台一项法令：禁止公布“与

[1] 本文发表于《法治新闻传播》2007年第二期。

公共利益无关的文章以及涉及私人信息及行为的内容”，出卖他人隐私者将面临3个月至两年不等的牢狱之灾。据分析，因这一法令生效而受到最大打击的是狗仔队。

（一）意大利是狗仔队的出生地

这条新闻颇耐人寻味，因为意大利正是狗仔队的出生地。1958年，意大利的一批的摄影记者对来访的埃及国王穷追不舍，让正在和两位美女喝咖啡的国王不得安宁，愤怒的国王拳脚相加，不仅未能阻止拍摄，狗仔队反而拍得更欢，这批照片也因这次冲突致价格暴涨了30倍。这是目前可以查到的狗仔队的最初资料。1959年，狗仔队的形象被意大利电影《甜蜜的生活》搬上银幕，其中那个最执着的摄影记者名叫帕帕拉佐(PAPARAZZO)，也有译作“帕帕拉齐”。在意大利语中，帕帕拉佐是指紧追叮人的蚊子，简直就是那些追逐名人的摄影记者形象的化身。此后，帕帕拉佐的名称逐渐传播到世界各国，而香港将其译作“狗仔队”，似乎比蚊子更加形象生动。目前，“狗仔队”几乎成了华语世界对专门追逐名人私生活的摄影师的通称，我国也有把它译成“帕帕垃圾”的，足见贬意。

其实，对狗仔队的垢病从一开始就存在，因为他们以挖掘名人隐私为业，各国名人均无法摆脱他们的追逐，这样的事例不胜枚举，层出不穷。为了避免自己的私生活被曝光，名人们有的破财，在遭勒索后被迫高价收购狗仔队的照片；有的丧命，如英国王妃戴安娜及其男友法耶兹。但不论是照片被报刊购买，还是被名人自己以金钱索回，狗仔队都可以稳获巨额利益，这也在相当程度上刺激了狗仔队的发展。在他们看来，与巨大利益相比，社会上的批评之声实在微不足道，其中的高手在业内还颇受尊重。黛安娜去世后，全世界的狗仔队均有不同程度的收敛，但近年又有卷土重来之势。当然，不管狗仔队的状态是处于高峰还是低谷，他们受到最多的还只是舆论谴责，只要不是走得太远（比如闯入私人领地或潜入家庭），真正受到法律制裁的并不多见。

（二）狗仔队受法律制裁最严重的例子

在笔者的资料中，因狗仔队行为而受到最严厉制裁的是香港《东方日报》。

《东方日报》不满法庭多次裁定东方报业集团的官司败诉，在1997年9月至1998年1月间发起了行动，除了连续发表文章谩骂法官是“白皮狗”“黄皮狗”，是“港英残渣余孽”外，还派出狗仔队，连续三天24小时跟踪上诉法庭法官高亦辉，以此“教育”法官“何为狗仔队”，引起法庭震怒。这宗案件于1998年6月30日香港高等法院裁定：藐视法庭的《东方日报》前总编辑黄阳午入狱监禁四个月，东方报业集团作为报纸的出版者，判处罚款500万港元。法官在判词中写道：“有史以来，从未有法官遭遇有如高亦辉法官被24小时跟踪滋扰事件。此种挑战基本法治的行为，是执行普通法地区的法庭所遇过的最严重的例子”。黄阳午对判决不服提出上诉，而上诉审法官认为：“考虑到案中藐视行为的严重性、申请人本人的编辑角色以及他自己承认怀有恶意，监禁四个月的刑罚似乎还为宽松”。

在西方发达国家，狗仔队像那些国家的报业一样发达，但像香港《东方日报》总编辑黄阳午一样，因狗仔行为入狱的却极为罕见。在大多数情况下，当狗仔队走得太远时，名人会发出诉讼信号，狗仔队则立即行动，求得和解，其结果或者是狗仔队自动放弃发表，或者是名人高价购卖照片。当公众对狗仔队的抗议之声较为高涨时，有国家的政府也会发出立法威胁，而与狗仔队行为相关的新闻行业组织也会尽快确定新的行业准则，以自律换取弹性的自由空间，以避免法律的强制性规范较为严格地限制狗仔们的行为。如同意大利一样，真正通过立法，明确限制狗仔队的行为是罕见的。在传播法的历史上，它或许可以视为一个具有标志意义的事件。

（三）中国狗仔队的水平如何？

近年来，我国内地娱乐新闻发展迅速，狗仔队也应运而生，追逐与偷拍的水准迅速逼近香港同业，但素养之低也令人吃惊。这种判断的证据是2006年出现的一系列相关事件。

4月份，内地两个最著名的娱乐+狗仔记者在央视《实话实说》节目中露面，展示了他们的装备——除了长枪短炮般的各类照相机，还有在对方不准许拍摄影时使用的“秘密武器”。他们声称，当歌后王菲生孩子时，“将有一场新闻大战”。同在现场的王菲之夫李亚鹏问：“当你知道闪光灯一闪一闪的对孩子的发育和孕妇都有损害时，你还会拍吗？”其中一人答：“我要拍。能够拍到你孩子的第一张照片，是我一直想做的事。就像那个拍到了流行歌后麦当娜和她孩子第一张照片的记者一样。”在这期电视节目里，两个娱乐记者声称：“如今在内地能做狗仔的，都是有新闻理想的——我们报道的都是真实的。不然，我们为什么不坐在家里编？”

5月份，围绕王菲生子的“新闻大战”就拉开了序幕，内地的狗仔队行动起来绝不含糊——《新京报》报道了王菲前夫窦唯的落魄生活以及他大骂李亚鹏等等，引得窦唯大闹《新京报》社，甚至在报社门前烧汽车。而《新京报》这一新闻的撰稿人就是曾经在央视《实话实说》中现身并预言“王菲生子新闻大战”的娱乐记者。正是因为这一事件，内地摇滚歌星崔健向报界发表谈话，呼吁政府立法保护艺人隐私。这一呼声的出现，只比香港演艺界相同内容的呼声晚了几个月而已，可见内地的娱乐新闻及狗仔队发展之快。

6月份，王菲即将临盆，内地及香港的娱记们早早就聚集在其两处住所前，疯狂的跟踪与追拍行为持续了一个月，从住所移到了医院，各媒体投入人力物力与财力无数。但当11月王菲和李亚鹏夫妇为唇腭裂的孩子设立嫣然天使基金，围绕这对明星夫妇出现了涉及公共利益的慈善话题时，内地的娱乐新闻和狗仔记者们并不比追踪明星绯闻更兴奋和更卖力。

内地的狗仔们宣称自己“是有新闻理想的”，殊不知他们视为榜样的前辈——那个偷拍到麦当娜与其女儿第一张照片的狗仔克里斯托夫·莱茨早就因自己在好莱坞的一系列偷拍行为而羞愧难当，他在1998年金盆洗手，做了一个“正直的记者”；他的书《一个狗仔队员的自述与忏悔——我是帕帕垃圾》早在2001年就在我国出版。[1] 可在5年后的2006年，中国的狗仔记者还在以他为榜样，无知地自以为应当因此而受到尊重，真不知已经做了“正直的记者”的克里斯托夫．莱茨会有何感想。

[1] 克里斯托夫．莱茨［德］：《一个狗仔队员的自述与忏悔——我是帕帕垃圾》，中央编译出版社2001。

再有，并非一个“真实”就可以对抗针对狗仔队的所有指控，侵犯隐私与侵犯名誉是两个不同的法律问题。对于揭人隐私，越是真实的，损害后果就越严重；但如果胡编乱造，那是捏造事实，属于侵犯名誉。狗仔们实在没搞懂法律的意义，甚至《新京报》的声明也以“真实”为理由为有关窦唯隐私的报道辩解。更让人感叹不已的是，在发达国家，狗仔们因其鸡鸣狗盗般的行为受到社会谴责，因此发了财只是偷偷地乐，并不愿意或根本不敢出现在公众面前。而我国内地的狗仔们不仅丝毫没有羞耻之感，而且自视较高，甚至大言不惭地在公众面前鼓吹自己的“新闻理想”；而央视竟然也乐得给这些无知言行提供舞台，且不加引导与批评，狗仔现象不愈演愈烈才怪呢！

（四）“正直的记者”与狗仔队有什么区别？

所以要应赵信主编之约为《法治新闻传播》撰写这篇短文，正是因为狗仔队与“正直的新闻记者”的行为有界限模糊之处，正直的新闻记者对新闻监督类题材的隐性采访也常常受到质疑。毕竟，金钱至上或娱乐至死的狗仔队对名人搞跟踪、偷拍、偷录，而正直的新闻记者也搞隐性采访——他们的手段似乎差不多。

所谓“隐性采访”，是指新闻记者不暴露记者身份，不披露采访目的，不透露采访手段，甚至在被采访对象对整个采访活动产生严重误解的情况下获取信息的行为。自有新闻以来就有隐性采访，早期搞隐性采访的记者甚至被新闻史视为英雄。但进入20世纪五、六十年代，随着现代科技的发展，电子设备越来越小巧和精密，许多人在不经意间被偷拍或偷录，私生活被打扰，隐私被曝光，因此人们对于以偷拍、偷录为手段的隐性采访的争议也愈演愈烈，而专门曝光名人隐私的狗仔队更是倍受谴责。意大利政府的立法，可视为精英与公众对狗仔队的承受力在本国已经超越底线。

据笔者的研究，世界各国新闻界对隐性采访的争论持续上百年后，已经有了相对主流的观点，即：由于隐性采访面临一系列法律陷阱和道德质疑，它不能成为一种常规的采访手段被采用，当信息十分重要，而所有采访手段都用尽之后，隐性采访才可以是最后的选择。总而言之：能不用就不用，能少用就少用，特别要避免滥用。

那么，什么是“十分重要“的信息呢？近期的意大利立法指出：信息与“公共利益”的关系是行为人是否受惩罚的重要依据。也就是说，公布“与公共利益无关的文章以及涉及私人信息及行为的内容”要受惩罚，而公布与公共利益有关的文章以及涉及私人信息及行为的内容将不会受到制裁。在这里，“公共利益”是关键词。

什么是“公共利益”？显然，国家的大政方针，百姓的衣食住行都是公共利益，医疗、食品、教育、交通、治安、税收是公共利益，而某歌星与谁人恋爱，什么时候生孩子与公共利益并没有直接关系。正直的记者与狗仔队有什么区别？简言之，虽然都搞隐性采访，狗仔队关注的焦点是名人隐私，而正直的新闻记者关注的焦点是公共利益。那些内容涉及公共利益的严肃的调查性新闻，即使采用了隐性采访方式，一旦发生纠纷，也可以公共利益作为抗辩理由，寻求司法的保护与宽容；而狗仔队所热衷的那些与公共利益无关的涉及私人的信息和行为如果被发表，在意大利则将面临法律的追究。如果抱着较为乐观的态度来解读这条新闻，也可视为意大利法律对新闻界正当的隐性采访的一种承认与保护吧。不过话说回来，虽然法律没有禁止，新闻界也必须权衡隐性采访的各种利弊得失，因为它毕竟不那么磊落。

这就是我对意大利这则新闻的解读，或许它可以对中国新闻法治的发展有点启示。

第四章

媒体与司法关系论

一、法院不必太脆弱 [1]

——论对生效判决的媒体评论

《人民法院报》2003 年 7 月 4 日载：广东省最近发布文件，规范新闻媒体对法院审判案件的报道。其中规定：“依法公开审理尚未宣判的案件，记者可以旁听，但不得进行采访报道；依法公开宣判的案件，新闻单位可以进行报道，但必须实事求是、客观公正，对事实和法律负责，并且不得做出与法院裁判内容相反的评论。”作为从事法制新闻工作 18 年的资深记者，我以为这样的规定不仅过于严苛，而且实践中也很难执行，甚至可能导致媒体与司法冲突的进一步尖锐化。

[1] 本文发表于《检察日报》2003 年 9 月 4 日。

（一）法庭上的记者是公众的眼睛和耳朵

首先必须肯定的是，新闻媒体报道案件的审理情况，不得损害法庭秩序，这是公正审判所必须的。因此，新闻记者在法庭上的录音、录像、拍摄、转播等采访行为应当受到一定限制，这种限制应当以不妨碍法庭正常审理秩序为界。在这方面，我国司法与新闻两界的意见并不存在本质性分歧。

还应当产生一致认识的是，审判公开也是公正审判的必要条件，对公民和新闻界公开则是公认的公开审判的两大基本内涵。在法庭上，新闻记者不是普通的旁听公民，他们负有职业责任——做无数公民的眼睛和耳朵，通过报道满足公众对案件审理情况的知情权。尤其是那些关系众多公民人身、财产安全和基本权利的诉讼案件，公众不仅有权了解审判结果，也有权通过新闻报道了解诉讼过程——是否依法进行，是否公平公正。此外，对法庭上抽象难懂的法言法语做出通俗易懂的必要解释，也是法庭新闻的重要功能之一。然而，如果记者对法院尚未判决的案件只能旁听，却“不得采访报道”，他们在法庭上便成了聋人的耳朵、盲人的眼睛，成了地道的摆设。而真正的“聋人”和“盲人”，就是那些不能到庭旁听，但期待通过新闻报道来获知庭审真相的公众。如此“公开审判”，是不是从根本上抽取了公开审判制度的内涵，并使之大打折扣呢？

（二）批评生效判决与拒不执行判决性质不同

再看评论问题。“公开宣判的案件，不得做出与法院裁判内容相反的评论”，这更是一个荒唐的规矩。是不是当今中国司法审判水平很高，没有提升的余地呢？是不是只要新闻媒体发表了对生效判决的批评意见，法院就一定要改判呢？显然，尽管某些人对判决有不同意见（这完全是正常和正当合法的，它与拒不执行法院生效判决根本不是一个性质），但握有审判权的法院并不一定要改。原因很简单，司法活动自有一套专业化的思维模式和运作规律，对于不合法、不恰当的批评完全可以置之不理。不同意见的存在，不会影响既有的判决生效，也不应影响生效判决的执行，这有明确的法律依据，为什么“不得评论”？更何况，道理越辩越明，许多对判决的不同意见并非简单地渲泄不满，它来自专家学者的理性思考和研究成果，发表他们的不同意见（很多是富于智慧的建设性意见），对总结审判经验教训，促使法官们把判决书写得更具说服力，进而提高司法审判水平有益无害，为什么“不得评论”？法院的神经真的那么脆弱吗？

（三）贯彻如此规矩有客观基础吗？

还有必要说说实际情况。毫不夸张地讲，各类案件从立案开始，司法与传媒两界密切协作的情况每天都在发生。这不仅是传媒报道资源的需要，更是人民法院必须履行的一项法定责任：“通过自己的全部活动，教育公民遵纪守法（《人民法院组织法》）”。目前，许多法院都设专人与新闻机构联络，就那些社会广泛关注的、具有新闻价值的案件审理情况向媒体提供协助，全国法院系统经常就基层开展法制宣传的情况交流经验，展开评优。显然，大量报道司法活动的动力并非源自媒体一界，它是新闻与司法两界共同努力的结果。既然未判决就“不得报道”，判决了又“不得做出相反评论”，还要那么多的新闻媒体做什么，只办一个《法院公告》不就行了吗？刘晓庆税案案发已一年多，尚未进入审判阶段，照此规矩，那么多相关报道（有不少是新华社通稿）被发表，不都成了违规报道了吗？究竟是透露了案情的政法机关违规，还是发表案件进展情况的媒体违规呢？构成违规又该承担什么责任呢？这样的规矩在实践中能执行吗？如果根本不能执行，它的客观效果只能损害颁行者的权威。

（四）从“自负其责”到“不得报道和评论”

让人记忆犹新的是，1998 年最高人民法院院长肖扬上任之初便于 4 月 15 日发表讲话，表示“公开审判的案件，除允许公民自由参加旁听外，……允许新闻机构以对法律自负其责的态度作如实报道。”中国首席大法官此言一出，好评如潮，“自负其责”之说给新闻机构采访报道法庭新闻提供了极大的自由空间，成了许多记者面对法庭或法官限制的上方宝剑，而司法公开作为司法公正的题中应有之意日益被社会广泛认同。

时间仅仅过去了五年，在改革开放的前沿广东，所谓“自负其责”就变成了未经判决“不得采访报道”，已经判决“不得相反评论”，原先媒体所享有的巨大自由空间消失得无影无踪，变成了没有弹性的、不可妥协的一纸命令。究竟是什么导致如此巨大的变化呢？究竟是最高法院院长的讲话未经深思熟虑，只是说说而已？还是肖扬此番讲话只是个人意见，而“广东规则”是一级组织的意见，从而更具效力？或者法律的基本精神出现了根本变化，法院在处理媒体案件报道的问题上需要一个一百八十度的大转弯？下级法院是否有权发布规定，改变上级法院的基本思路？

更为重要的问题在于，党的一级组织，或者一级人级法院，是否有权发布规定，限制公民的宪法权利？答案不言自明。媒体发表针对生效判决的评论，属于宪法规定的言论自由范畴，与之相关的宪法权利还包括公民对任何国家机关和国家工作人员的批评权、建议权。创立规制，限制以至规范公民的宪法权利，这并非党的一级组织或一级法院的权力。因为，任何组织和个人都不得有超越宪法和法律的特权。如此说来，依法执政、依法治国又从何谈起？

（五）缓解冲突的现实途径何在？

如何避免对上述各项公民宪法权利的不合理规制？化解司法与媒体矛盾的有效途径何在？当然是确立必要的规则（包括自律和他律）。在这一点上，“广东规则”的出发点无疑具有一定的积极意义。但是，规则必须建立在合法（主要是宪法）与可行的基础之上，它的前提条件是司法与新闻两界形成共识。从笔者观察到的情况看，不能说两界没有共识（一些研究成果表明这种共识是存在的），但这种共识又是脆弱的，它缺少进一步科学的抽象与表述，也缺少条文化的表述载体。因此不能说两界已经形成了共识，其原因是没有一个由司法和新闻两界人士真正坐在一起认真讨论这一问题的机会和场合，而已往的一些讨论也具有脱离现实情况、某界声音过强或情绪化表达的弱点。

没有共识就没有规则，即使有了规则也难于执行。在这方面，记者协会、法官协会等行业组织，大学的传媒学院和法学院以及研究所等教学和科研机构便有了推动传媒与司法两界对话的机会和条件。可以预测的是，这将成为符合法治精神的、具有操作性的司法活动报道规则出台的真正开端。

二、质疑生效判决不等于“媒体审判”[1]

——二论对生效判决的媒体评论

最近某省发布规范性文件，规定媒体不得发表与法院判决内容相反的评论，引发了法律界和新闻界的争论：对法院的生效判决能不能质疑？质疑生效判决是否等同于媒体审判？如何在既确保公民对国家机关及其工作人员批评监督的权利，又维护司法的权威与尊严之间寻求平衡？

（一）“媒体审判”应有特定内涵

笔者认为，媒体审判的情形确实存在，其主要表现如：对案件作煽情式报道，刻意夸大某些事实；偏听偏信，只为一方当事人提供陈述案件事实和表达法律观点的机会；对采访素材按照既有观点加以取舍，为我所用；断章取义，甚至歪曲被采访者的原意；对审判结果胡乱猜测，影响公众判断；未经审判，报道即为案件定性，给被告人定罪；发表批评性评论缺乏善意，无端指责，乱扣帽子，等等。上述违背法治精神的媒体审判确有升级趋势，它产生了不容忽视的负面后果，无疑已对司法公正构成一定威胁。

但承认存在媒体审判现象，不意味着“媒体审判”这顶帽子就可以随便戴。如果简单地一概而论，认为只要媒体发表了有关案件的报道和评论就是媒体审判，必将导致对公众知情权和言论自由权的不合理限制。笔者认为，所谓“媒体审判”是指：新闻媒体在诉讼过程中，为影响司法审判的结果而发表的报道和评论。这一概念包括如下要素：第一，应当是在诉讼过程中的行为。如果尚未进入司法程序，或判决已经作出，进而诉讼（审判）已经结束，则不存在媒体审判问题；第二，媒体主观上有过错，即试图影响司法审判的结果。

---

[1] 本文是针对广东省发布规定，规范新闻媒体对法院审判案件的报道一事所做的评论，发表于检察日报 2003 年 10 月 8 日。

这种主观过错可以是故意，也可以是过失；第三，媒体审判的载体主要是报道和评论。进而，读者来信、调查报告、照片、漫画及电视影像——即媒体所有的传播方式都有可能表现上述主观过错。

从上述概念出发，在尚未进入法律程序，即立案前，和一审判决作出之后，尤其是终审后发表的有关案件的报道和评论不应视为媒体审判。

（二）司法既已判决，何来媒体审判?

所谓司法公正，很大程度表现在判决结果上。如果判决尚未作出，媒体即发表文章对其公正性表示质疑，那是无源之水，无本之木——判都没判，你怎能认定公正或不公正？所以判决作出之前，媒体一般应只作客观报道，而不宜渲染和评论。但判决已经作出，特别是终审判决已经作出，媒体发表有关报道和评论便不再能影响判决结果了。既然导致媒体审判的原因已经消失，却仍然将媒体有关案件的报道和评论视为媒体审判，又是为什么？

有人可能会说，媒体有关司法活动的许多报道不平衡，某些评论也不公允，统统视之为“媒体审判”，有利于抵制媒体对司法权威的损害。笔者以为，报道不平衡、偏听偏信，评论不公允、搞人身攻击、乱扣帽子，这并非司法报道所独有。这种现象在媒体其他类型的报道中也存在，它是中国新闻界的常见病，只不过在司法报道领域表现得较为突出罢了。既然不是司法报道的独有现象，怎么能眉毛胡子一把抓，将“媒体审判”的帽子一戴了之？难道媒体针对其他题材的报道就可以不平衡，针对其他题材的评论就可以不公允吗？当然不是。可见，减少或预防这类非职业化行为的出路是加强培训，让媒体人真正认识平衡报道和公正评论的价值，树立法律至上的现代意识，学会司法报道的规则和技巧，规范从业行为，而不是简单地出台一纸规范，要求媒体“不得作出与法院裁判内容相反的评论”。

必须承认，“媒体审判”是媒介的不良行为，必须避免和校正。但新闻媒体不仅对维护司法公正负有责任，它也是人民言论自由的重要载体。一个健康的社会，不可以窒息批评之风。所谓言论自由，很大程度表现为表达意见的自由，进而是批评的自由。在这方面，新闻评论承载着巨大的责任。对于生效判决，可以不服，可以申诉，但是必须执行——法律划定的空间如此科学，它告诉人们：法律作为强制性规范，必须控制、也只能控制人的行动，却不能规范人的思想，公民有权依法表达不同意见。如果对于司法的判决，未生效者不可以批评质疑，生效了仍然不可以批评质疑，那么不同意见什么时间、通过何种管道表达呢？假如抱定如此信念：我的判决就是说一不二，不能不执行，也不能表示怀疑，更不能提出批评，那这究竟是现代民主制度的合理规则呢，还是军事组织铁的纪律？是司法公正呢？还是司法专横？

（三）司法权威靠什么保障

毫无疑问，司法的权威和尊严必须维护。依笔者之见，司法权威的确立，从宏观上看，有赖于司法体制改革，真正确保人民法院依法独立行使审判权，这是根本的出路。从微观上看，主要应从两条线上努力：

首先是法官应当将判决书写好，靠严密的逻辑，充分的说理，对败诉者所有的争辩理由一一给予回答，让其心服口服。人们常讲西方法官是“笼中金丝雀”，是一群与外界隔绝的贵族，判决作出后，不用顾及各方反映。能够如此自信，除了法官们言出法随的稳固地位外，也因为判决书说理充分，以致许多判决书本身就是优秀的法学著作或论文，从而长久地成为法学院的经典教义。他们所以能够远离媒体的关注，是因为他们已经将自己的法律理念和判决理由完整而清晰地表达在判决书中了。人们有什么不明白，就去看判决书吧！相比之下，我国法官的判决书还大有改进和提升的余地。法官们常常于判决之后在媒体上发表文章，进一步阐述自己的判决理由，有时还就判决内容与持不同意见者公开争论，那为何不努力将判决书写得无可争辩呢？

其次是重视社会各界对判决的建议和意见，这是确保司法公正不可缺少的一剂良药。讨论分析判决的利弊得失，甚至对判决的某些内容提出质疑，这与拒不执行法院判决不是一个性质。是不是只要媒介发表了对判决的质疑，司法就一定要改判呢？非也。如果舆论表达的意见在法律上全无意义，司法完全可以置之不理，因为司法自有一套专业化的思维理念和运作模式，完全不必为那些不合理、不合法的舆论所左右。问题在于，媒介发表的针对判决的评论，常常出自专业人士的深入研究，富有建设性，它对普及法律知识，对人民法院总结审判经验教训，进一步提高审判水平，有百利而无一害，为什么不可以质疑，不可以批评？媒体发表的质疑和批评将促使法官们将判决书写得无可置疑，无可批评，使之足以面对事实和法律，足以面对历史和未来，于是司法的权威不言自明，最终获益的将是全体公众和整个社会，而言论自由和司法公正的目的不正在于此吗？

有必要说明的是，鉴于司法公正对社会正义的特殊意义，媒介上对于判决的质疑和批评有必要总量控制，不宜过多过滥，相关文章也必须遵循一些基本原则，讲究表达技巧，这是对媒体机构社会责任感和判断能力的综合考验。这类文章应当是说理的，而非简单地宣泄不满情绪；应当是善意的批评，而非恶意的讽刺、挖苦、奚落、嘲笑。所谓善意的批评，应当对事不对人，批评内容严格限制在判决书的范围之内，切忌东拉西扯，避免针对法官的学识、品格，更不能搞人身攻击，乱扣帽子。善意的批评常常富有建设性——不仅指出这样做是有缺陷的，或者是错误的，还会指出更好的选择是什么，或者正确的是什么。这样的质疑或批评即使尖锐，仍未超出公正、公允的范畴，具有积极的意义，它属于正常的舆论监督，和媒体审判完全不搭界。

三、论裁判文书不公开之三大弊端

——从中国新闻侵权法的角度[1]

从“公正审判”的基本原则出发，裁判文书的公开本不应成为一个问题。但是在中国，这一公开并未达到立法精神特别是国际公约要求的水准也是现实。本课题组在研究过程中，除了不时感叹寻找判决书之艰难外，也时常感受到裁判文书不公开对法治产生的负面作用。作为审判公开的一部分，裁判文书的公开究竟有多少益处，而不公开究竟有多少害处，国内外许多经典著作早有精辟论述，本文只是从本课题、即中国新闻侵权法的角度得出研究结论。

[1] 这是2009年公开出版的科研项目《中国新闻（媒体）侵权案件精选与评析》成果的一个副产品。作者苦于搜集裁判文书之难，对此议题有切身感受与理论思考，遂成此文。本书出版时有个别修改。

弊端一：判决书不公开加剧了判决不统一，损害当事人获得公平审判的权利。

中国的新闻侵权法大部分是以司法解释的形式表达的，[1] 其中有一些重要规定较为原则，给法官留下了一些自由裁量的空间。如果裁判文书是公开的，法官和律师们可以相互参考与借鉴，以避免案情相同，判决相反，进而导致法治不统一的情形出现。但目前裁判文书的公开度难以满足这一目标的实现，以致我们在"中国新闻侵权案件精选与评析"课题的研究中发现了若干案情相同、判决相反的案例，甚至有的案例原被告基本一样，案情完全相同，而不同的法院做出了背道而驰的判决结果。[2]

在几起将活着的人错写为死亡的名誉权诉讼中，"北京的三起判决和湖南的李固珍案判决明显是相反的。法院在李固珍案中强调的是文章的主体及目的的正当性，认为将活着的人误报为已经去世并没有诽谤、侮辱、贬低他人的人格和名誉，北京法院的判决更从我国的习俗和当事人内心可能受到的痛苦来考虑，认定构成了侵权，说理更加充分一些。"[3]

中国新闻出版机构所享有的特许权只有一条，明文规定在最高人民法院《关于审理名誉权案件若干问题的解释》第六个问答中，属于中国新闻侵权法中操作性最强、理解难度最低的一类。但在几起有关特许权的判决中，笔者也发现了案情相同、判决不同的情形，有两份判决书中甚至出现了难以自圆其说、令人费解的矛盾表达。[4]

[1] 在 1987 年生效的《中华人民共和国民法通则》中，相关规定只有 200 余字。此后最高人民法院先后颁布《关于贯彻执行民法通则若干问题的意见》（1988）、《关于审理名誉权案件若干问题的解答》（1993）、《关于审理名誉权案件若干问题的解释》（1998）和《关于确定民事侵权精神损害赔偿责任若干问题的解释》（2001）。这些文件组成处理侵害名誉权案件和大众传播新闻侵权案件系统规范。见魏永征《新闻传播法教程》124 页，中国人民大学出版社 2002。

[2] 李国民：《中国法院审判评论侵权案件总体情况的统计分析》，见徐迅主编《新闻（媒体）侵权研究新论》117-118 页，法律出版社 2009。

[3] 引自黄晓对陈家镛案的点评，见《中国新闻侵权案例精选五十例》86 页，法律出版社 2009。

[4] 徐迅《惟一的特许权：准确和不准确的理解与适用————刘景全诉河南省遂平县广播电视局等名誉侵权案》，见《中国新闻侵权案例精选与评析五十例》第 208 页，法律出版社 2009。

中国媒体在证明报道事实的真实性方面有一个传统：由提供稿件的单位申明“情况属实”并加盖公章，刊发这类消息来源的媒体大都不再对事实加以核实。但当媒体所报道的内容失实，产生诉讼时，究竟是否应当判决媒体减轻责任或免除责任，法官们也有不同的裁判：在一起影响广泛的名誉权诉讼中，媒体以“文章有作者所在单位地区司法局审核，证明其‘内容真实’”为由抗辩，但并未获得法庭的支持。[1] 在又一起案情类似的诉讼中，法院认为来稿“虽盖有县人大办公室的印鉴，但仍然不能免除新闻媒体的审核责任”，报社败诉。[2] 但在另外一起诉讼中，法庭认为“由于所投稿件上加盖有被告工商分局的公章，故认定稿件作者的发稿行为系职务行为。对此纠纷，被告工商分局存在明显过错，应承担相应的民事责任”，同时免除了媒体的责任。[3]

媒体对法人机构作对比式的报道，指出现在比以前要进步。但该机构的前负责人起诉媒体侵权，究竟应当如何裁判？有的原告胜了，而有的原告败了。[4] 本课题的研究者在点评中指出：“在这个问题上过分倚重法官的自由裁量权，在现实中会产生截然相反的结论，显然不合理，对当事人也是不公平的。”对于这种现象，本课题组内产生了不同的观察结论，有的从中判断法官在原告和媒体间更倾向于保护哪一方，而有的则认为应当重视“法官对构成要件的理解和认识的分歧”，“忽视其中的逻辑分析和对概念理解的分歧是不尽合理的”。但是，在同一个法律制度下，法官的逻辑分析方法和对概念的认识截然相反，无论如何不是一件应当被认同的好事。

不管研究者对上述各个判决从何种角度观察与分析，当事人获得公平审判的权利是应当被首先重视的。如上所述，中国法官素质良莠不齐，司法地方化的弊端也在影响着法官的裁判。虽然法律是明确而统一的，但不够公开和透明的裁判过程给低素质的法官和不独立的法院留下了某些恣意操弄司法权柄的机会。毫无疑问，裁判文书的公开将有条件使当事人和他们的律师通过对照案情类似的判决而强化自我辩护的理由，以争取公平的裁判。

[1] 张西明、康长庆著《新闻侵权：从传统媒介到网络》第 200 页，新华出版社 2000。

[2] 魏永征《盖了公章的新闻谁负责任》，见《新闻法新论》第 205 页，中国海关出版社 2002。

[3] 见河南省鹤壁市淇滨区人民法院民事判决书（2003）淇滨民初字第 190 号。

[4] 见雷丽莉、马军《名誉侵权不以“点名”为要件————程国强诉烟台日报社、曲全承等名誉侵权案》，见《中国新闻侵权案例精选与评析五十例》第 61-73 页，法律出版社 2009。

弊端二：判决书不公开令法官对案件的评价体系混乱，损害司法独立与尊严。

我国宪法第一百二十六条规定："人民法院依照法律规定独立行使审判权，不受行政机关、社会团体和个人的干涉"。民事诉讼法第七条规定："人民法院审理民事案件，必须以事实为根据，以法律为准绳"。审判结果的载体是判决书，它应当成为法官对案件评价标准的惟一宣示。如果这些文书有足够的公开度，则公众无疑将逐步通过理解法律而建立起对法治的信念。

笔者研读"中国新闻（媒体）侵权案例精选与评析"课题组收集的八百余个案例，常常发现法官对案件的判断与评价标准并不一定以法律为准绳，有时是法律标准，有时是反法律（特别是反宪法和基本法）的标准；此外，有时是政策，有时是道德，有时还会是民意。裁判文书的不公开客观上使法律标准变得无足轻重，于是其他的标准便登堂入室，堂而皇之地评价案件事实，决定判决结果了。从表达自由的角度看，普罗大众当然可以用各种标准评价案件的判决结果，进而透过案件的审判过程来评价司法公正与否，但是各种不同的评价标准出自法官口中或笔下，这绝不是法治的福音，因为宪法规定：人民法院只能依照法律规定行使审判权，法律之外的正当标准只能在法制的框架下被兼顾，同时以法言法语做出表达，毕竟，"多标准"就等于"无标准"。

首先是反宪法和基本法的标准。这类问题主要出现在涉及国家机关因受到批评而引起的名誉权诉讼中。[1] 比如：某报发表了一封点名批评镇政府官员的读者来信，镇政府以原告身份起诉这位读者。一审法院认为"文章损害这些（镇政府）干部的形象和名誉，也就当然损害了原告（镇政府）的形象和名誉，所以，认为镇政府作为原告不适当的观点是不正确的"。而二审法院维持了一审的判决，认为镇政府属于名誉权诉讼中的适格原告。[2] 同样性

---

[1] 关于这一评价，浦志强律师与笔者的看法略有不同。他认为"国家机关享有名誉权的说法，并非源自法律的明确规定，而是建立在对条文的片面理解上，法律存在漏洞是原因之一"。见浦志强《法院不应当成为名誉权纠纷的原告》，《中国新闻侵权案例精选与评析五十例》第 16 页，法律出版社 2009。

[2] 见广东省梅州市中级人民法院民事判决书 (2000) 梅中法民终字第 1 号。

质的判决是深圳市福田区公安分局起诉南方都市报一案，二审法院认为：公安机关“是政府依法成立的机关法人，具有法人资格，可以作为民事主体参加诉讼活动”。[1] 同一家法院也以近乎同样的理由判决深圳市福田区法院在起诉《民主与法制》杂志社侵害名誉权一案中胜诉。[2] 在此类判决中，法院完全忽略了宪法第四十一条关于“公民对于任何国家机关及国家工作人员都有提出批评和建议的权利”的规定，使公民对公权力机关的批评权未依宪法获得任何倾斜性保护；也忽略了民法通则第二条关于“民法调整平等主体的公民之间、法人之间、公民和法人之间的财产关系和人身关系”的规定，将本不平等的权力（司法、行政）机关与公民和法人（报社）间的关系视为平等的民事关系。

必须提及的是，法院以上述违反宪法及基本法精神的标准做出判决的案例大都出现较早，随着中国法治的进步，这类案件越来越少，“中国新闻侵权案例精选与评析”课题组收集到的最后一个此类判决是 2004 年做出的。这意味着：中国法官们就公权力机构起诉公民或媒体侵犯名誉权诉讼的正当性问题正逐步形成共识，而这种共识正日益接近发达国家的制度安排以及诽谤法专家公认的标准。[3]

其次是政策的标准。2003 年，法官王 X 被律师佘某以侵害名誉权的诉由起诉到法院。[4] 诉讼源于王法官对佘律师做原告的一起索赔标的只有五毛钱的诉讼案件（下称“五毛钱官司”）发表了与裁判文书不同的评价。一审法院在裁判文书[5] 中表明，佘律师起诉的“五毛钱官司”未被法院受理，是因为原告与被告的“权益纠纷业已协商解决”；而在该法院立案庭工作的王法

[1] 见深圳市福田区人民法院民事判决书（2001）深福法民初字 1537 号；深圳市中级人民法院民事判决书（2001）深中法民终字第 2392 号。

[2] 见深圳市中级人民法院民事判决书（1995）深中法民二初字第 021 号。

[3] 托比. 门德尔（Toby Mendel）著《诽谤的定义：言论自由与保护名誉的原则》，其中“原则 3”指出：应当禁止所有类型的公共机构——包括政府的立法、行政和司法部门的所有机构以及履行公共职能的其他机构——提起诽谤诉讼“。见陈力丹编《自由与责任：国际社会新闻自律研究》第 176 页，河南大学出版社 2006。

[4] 见湖南省株州市石峰市人民法院民事判决书（2003）石民一初字第 448 号；湖南省株州市中级人民法院民事判决书（2004）株中法字民一终字第 259 号。

[5] 见长沙铁路运输法院民事裁定书（2002）长铁法立字第 1 号。后来这一案件进入二审，一审法院“不予受理”的裁定被广州铁铁运输中级法院以（2002）广铁中法立民终字第 10 号民事裁定书撤销。本案最后以佘律师本人的撤诉结案。

官[1]向各大媒体投发的新闻稿中，佘律师起诉“五毛钱官司”未被受理原因被报道为“炒作、滥用诉权、不符合诉讼经济原则和立法精神”。显然，新闻稿对法院就“五毛钱官司”不予受理的原因做出了超过判决书的某些解释，这种解释并非来自社会或媒体，而是来自法院自身，其依据是最高人民法院一位副院长的讲话。[2]事实上，世界各国法院都会遇到小额诉讼如何解决的问题，解决的方案在法律职业群体中完全可以探讨，有的通过文章，有的通过诉讼。在中国现行法律规定中，找不到对“五毛钱官司”不予受理的依据，佘律师的起诉于法有据。但法官虽然在判决书中以法律标准判案，却在新闻稿中以司法政策为标准对原告的起诉行为横加指责。这种评价出自普通人之口无可指摘，但出自法官笔下却多有不妥。

毕竟，法官不是政治家或政府官员，法官应当遵循这一职业的基本道德规范，[3]法官就是法官，法官只是法官。

再次是道德的标准。在李固珍等诉团结报社等侵害名誉权案中，被告方被判胜诉的理由是：“案涉两篇文章属于正面报道，目的是为了宣传先进典型，弘扬中华民族敬老美德，促进社会主义精神文明，主要内容属实”。[4]在另一起以法官为被告的名誉权案件中，被诉为侵权的文章是由一起民事案件的主审法官和胜诉当事人的代理律师合作撰写的，这两位作者在长篇通讯中痛斥败诉一方当事人是“最卑鄙无耻的小人”“披着人皮的狼”，对其进行了尖刻的道德评价。这起名誉权案件的审判结果是新闻报道的作者（法官和律师）胜诉了，法官在判决书中认为这是“正当的舆论监督”。[5]

[1] 王法官承认他参加了对佘律师起诉的“五毛钱官司”的立案审查。见王法官 2003 年 12 月致一审法院的答辩状。

[2] 《刘家琛在全国法院思想宣传工作会议上强调，遏制滥用诉讼手段倾向，引导解决社会矛盾合理分流》，见《人民法院报》2002 年 7 月 13 日。这一内容被湖南省株州市中级人民法院判决王法官在名誉权诉讼中胜诉的（2004）株中法字民一终字第 259 号判决书中认定为“案件事实”。

[3] 《中华人民共和国法官职业道德基本准则》（最高人民法院 2001 年颁布）第十六条：“法官在公众场合和新闻媒体上，不得发表有损生效裁判的严肃性和权威性的评论。”见法律图书馆 http://www.law-lib.com/law/law_view.asp?id=16400

[4] 见湖南省湘西土家族苗族自治州中级人民法院民事判决书（2000）州民终字第 171 号。

[5] 魏永征著《新闻法新论》第 190 页，中国海关出版社 2002。

"新闻机构正当的舆论监督"是新闻侵权诉讼中经常被法官使用的概念。[1] 然而，所谓"舆论监督"首先是政治学及传播学中的概念，它于1993年首次出现在我国法律中，截止2009年有三部法律使用了这一概念，[2] 且均将其规定为新闻机构的权利。而在传播学中，学者们也曾指出，在我国，"传媒监督"不等于"舆论监督"，二者有质的不同，不应混淆。[3]

如果说判决书中有关"弘扬敬老美德"的评价内容还涉及公益性质，那么武汉市汉阳区法院在一起离婚案件的判决书上告诫双方当事人："在今后的生活中，应珍惜多年的夫妻感情，注重交流，互相尊重，努力改善夫妻关系……"，[4] 这时的法官甚至与两性情感专家或心理咨询师别无两样了。

毕竟，法官不是社会工作者或心理咨询师，裁判文书不能承担所有的功能，法官就是法官，法官只是法官。

最后是民意的标准。司法裁判是高度理性的行为，是否该以民意为标准或标准之一，这似乎本不应成为什么问题。但近年来的中国，这方面的争论不绝于耳。发生于1997至1998年的张金柱以数罪并罚被判处死刑案审理过程中，一份由10位著名刑法专家共同签署的《专家论证意见书》中写到："专家们注意到判决书中使用了'不杀不足以平民愤'的字样，指出：本案的民愤固然很大，但对民愤，司法机关也应有一个理性的态度，不能因为民愤大就超越法律的规定来判刑"。该案被告张金柱最后还是被执行了死刑，此案被学术界视为民意左右司法公正的极端"恶"例。[5] 前任最高法院院长肖扬曾经提出"审判的法律效果与社会效果的有机统一"问题，认为"对正义执

[1] 统计表明："正当的舆论监督"是法院判决评论不构成侵权排位第七的理由。见李国民《中国法院审判评论侵权案件总体情况的统计分析》；另见徐迅《惟一的特许权：准确和不准确的理解与适用》。《中国新闻侵权案例精选与评析五十例》，法律出版社2009。

[2] 即1993年颁布的《中华人民共和国消费者权益保护法》和1997年颁布的《中华人民共和国价格法》以及2002年颁布的《中华人民共和国安全生产法》。

[3] 陈力丹认为：在我国，通常所说的"舆论监督"与本来意义上的舆论监督有较大差别，它指的实际上是"传媒监督"，"二者实质上是存在差别的"。"总体而言，传媒监督在我国，某种程度上是党政权力的延伸或对这种权力的补充"。引自陈力丹《认识我国舆论监督的性质》，见 http://academic.mediachina.net/article.php?id=4564

[4] 见《楚天都市报》2004年9月28日。

[5] 见卞建林、焦洪昌等著《传媒与司法》303-309页，中国人民公安大学出版社2006。

著追求的‘理想主义’可能在一定程度上必须让位于解决纠纷的‘现实主义’”。[1]最近有关民意是否应当成为判决标准的争论是由新任最高人法院院长王胜俊的一次讲话引起的。[2] 不管争论的结论如何，它至少说明法律工作者对此仍存在不同见解。或许伴随着中国的社会转型和司法改革，民意与司法裁判标准相互关系的争论将一直持续下去。

不过，法官毕竟不是人民代表，人民代表依《中华人民共和国全国人民代表大会和地方各级人民代表大会代表法》的规定反映选民的意见和要求，[3]法官依《中华人民共和国法官法》的规定“依法审判案件，不受行政机关、社会团体和个人的干涉”。[4] 法官就是法官，法官只是法官。

为了维护人民法院依法独立行使审判权，维护司法的尊严，我国法院系统曾经做出各种努力。2003 年，广东省高级人民法院曾经做发布文件，要求对“依法公开宣判的案件，新闻单位……不得做出与法院裁判内容相反的评论”。[5] 虽然笔者曾经撰文批评这种规定，[6] 但这种规定的出台无疑也反映出法院对维护司法独立与尊严的探索。事实上，不准公众通过媒体来评说生效判决，即不符合宪法原则，也不切实际。一个判决产生后，社会公众必然产生各种评价，评价标准也会千差万别。但法官在判决书中对案情的评价标准却不能千差万别。一份出自欧洲的《法官的公正性指导原则及有关建议》中提醒：“在任何情况下，法官都应当绝对避免做出任何与案件无关的价值评判或道德评判”。[7] 因为一切以事实为依据，以法律为准绳，法律应当成为至上的评价标准。当上述多个评价标准均作用于判决书时，判决书确实变

[1] 2004 年 10 月 10 日，最高人民法院院长、首席大法官肖扬在耶鲁大学进行了题为“中国司法：挑战与改革”的演讲，他指出：判决不仅是单纯的法律责任的判断，更重要的，它是一个可能造成一系列社会影响的司法决策。为此，中国司法机构提出了“审判的法律效果与社会效果的有机统一”问题。之所以提出这个问题，是因为实践中二者经常不一致，简单地援引法律条文进行判决不一定得到社会的认同。因此，对正义执著追求的“理想主义”可能在一定程度上必须让位于解决纠纷的“现实主义”。见中国法院网 http://www.chinacourt.org/public/detail.php?id=134381

[2] 专题《死刑如何 PK 民意》，见 news.cn.yahoo.com/cn/sixingminyi/index.html

[3] 见《中华人民共和国全国人民代表大会和地方各级人民代表大会代表法》第四条。

[4] 见《中华人民共和国法官法》第八条。

[5] 见《人民法院报》2003 年 7 月 4 日。

[6] 徐迅：《法院不必太脆弱》，见《检察日报》2003 年 9 月 4 日。

[7] 见怀效峰主编《法官行为与职业伦理》第 194 页，法律出版社 2006。

成了无足轻重的大杂烩，因为人们不必在判决书中寻找法官的真实理由和判断逻辑了，只要在报纸上寻找政策的、道德的、民意的评价标准和各类不同人的解读即可。这些不同的判断标准模糊了法官对案件的评价体系，让律师和检察官无所遵循，从而令法律丧失了崇高地位，不仅加剧媒体审判、激情公审等非法治行为，也让判决书本身失去了应有的价值——判决书的公开亦变得不那么重要了，这当然不利于人民法院依法独立行使审判权，也不利于维护司法的尊严。

弊端三：判决书不公开加剧了法官投稿行为，损害法官追求公正的职业形象。

中国法院与媒体的关系中，一个值得研究的问题是法官就具体诉讼案件向大众媒体（而不是法律学术类刊物）发表谈话或投写新闻稿的现象，笔者称之为“法官投稿行为”。大部分法官的投稿行为当然是安全的，在过去的二三十年中也对中国法治的进步产生了积极的效果。但这并不是全部情形，有的法官投稿行为导致了名誉权诉讼纠纷。“中国新闻侵权案例精选与评析”课题组收集到的案例当中，有三例属于此类情况。

中国法官热衷于投稿行为，这与法律对审判机关的定位有关。《中华人民共和国人民法院组织法》第三条第二款规定中国法院具有教育功能：“人民法院用它的全部活动教育公民忠于社会主义祖国，自觉地遵守宪法和法律”。法律并未规定这种功能如何实现，它可以是公开审判，让公民来旁听，让媒体与记者们去传播；也可以是公开判决书，让专家与学者们去研究，由他们在课堂上传播，在大众传媒上向公众做出专业评价。当然，最直接的办法是由法官直接通过大众传媒向公众传播，这就是笔者所说的“法官投稿行为”。

有资料表明，中国法官的投稿行为获得了制度性的鼓励，[1] 个别品行不端的法院工作人员甚至利用这种制度的漏洞制造虚假的审判新闻而获取名

[1] 如《中华人民共和国法官法》第三十条规定：“开展法制宣传工作成效显著的”法官，“应当给予奖励”。某省高级法院的一份《法院宣传工作奖励办法》将发表法官投稿的媒体分为四类，发表于不同类别媒体的法官会获得不同的奖励。见 http://www.gongwen123.com/Article/ldjh/zfjs/200709/Article_59817.htm。此外，发表作品较多、质量较高的法院和法官也获得了最高法院的表彰，见 http://www.chinacourt.org/public/detail.php?id=257653

利。[1] 时至今日，制度性的鼓励一如既往，这源于一系列可以理解的重要因素，包括：新法不断颁布，旧法不断修改，而公众对法律缺乏了解；媒体对法庭新闻有高度兴趣，但大部分法庭记者的法律专业水准低下，难以对案件做出准确的解读，加之媒体在商业方面的考虑，更难以对案件做出严肃的解读；虽然法庭有必要就判决理由做出充分解说，但不少判决书的制作仍然说理不足，常常令媒体感到“不解渴”；法院自身也存在着通过宣传等公关行为树立自身良好形象的需求，等等。

虽然法官的投稿行为有种种看似正当的理由，但以依法治国的原则来评价，其弊端也是显而易见的：因为它可能损害法官的公正与中立形象。如上所述，一篇被诉为侵权的案件新闻竟然是这起案件的主审法官和胜诉当事人的律师合作撰写的。尤其重要的是，当这位法官成为名誉权案件的被告时，他所报道的案件尚在二审当中。法官最终在名誉权案件中胜诉了，但他受到了学者的批评。中国著名的媒体法学者魏永征认为，法官与原告一起在报纸上指责、批判被告，将招致公众对法官公正性的质疑：“法官在案件尚未审结时，通过舆论工具宣传自己对案件的观点和倾向，是十分罕见的”，“法官的全部职责就是通过依法审判来维护社会正义，法官不应当充当评论家、鼓动家、社会活动家这样的角色。”[2] 学者十几年前对这一判决的批评在温和中带着尖锐，因为法官充当“评论家、鼓动家、社会活动家”均只是法官投稿行为的表象。

毫无疑问，公正是法官最重要的品行之一。“公正对于司法官员比对从事其他职业的人，比如说公务员、教师、政治领导人或企业家更加强烈的要求”。“对于司法官员最严重的批评不是说他 / 她判案没有效率，而是没有公正地判案”。[3] 为确保这种公正的形象，多国法官均先后就法官与媒体的关系展开讨论，总的趋势是因此而弱化了法官们的言论和表达自由。如：英国

---

[1] 1997 年，笔者所在的中央人民广播电台曾揭露一起由法院工作人员制造的系列虚假审判新闻，造假者将新闻稿盖上本法院的公章以示真实，骗了多家新闻机构，后受到行政处分。见《人民法院报》1997 年 9 月 4 日；详见徐迅著《中国新闻侵权纠纷的第四次浪潮》第 306 页，中国海关出版社 2002。

[2] 魏永征《又审判又批判焉能公正裁判》，见 2001 年 1 月 17 日《检察日报》。

[3] 引自 David Wood《澳大利亚法官伦理道德（讨论稿）》，见怀效峰主编《法官行为与职业伦理》第 14 页，法律出版社 2006。

的 Kilmuir 法官曾致信英国广播公司，认为法官不应该出现在电视和广播里。他的这种观点后来被称为“Kilmui 原则”。加拿大的某些法官甚至反对法官成为法律教科书的作者，他们认为“法官对可能将由他审理的法律问题的观点不应在书籍中出版，而只能在适当时间以判决的形式发表。”在美国，一位法官在电视上就正在加利弗尼亚进行审理的辛普森案件发表了评论，尽管这位法官所在的法院远在三千里之外，他也决不会有机会审理辛普森案的任何一个方面，但他还是因此受到了纪律处分。[1]

随着中国法官职业化的进程，“增强审判独立意识和中立意识”被明确为职业化法官的基本标准之一，[2] 特别是 2001 年 10 月 18 日发布的《中华人民共和国法官职业道德基本准则》[3] 更是就法官与媒体的关系做出了一系列明确指引，其中包括第一条规定：“法官在履行职责时，应当切实做到实体公正和程序公正，并通过自己在法庭内外的言行体现出公正，避免公众对司法公正产生合理的怀疑”；第十三条第一项规定：“除非基于履行审判职责或者通过适当的程序，不得对其他法官正在审理的案件发表评论”；第十六条规定：“法官在公众场合和新闻媒体上，不得发表有损生效裁判的严肃性和权威性的评论”；第四十五条规定：“法官发表文章或者接受媒体采访时，应当保持谨慎的态度，不得针对具体案件和当事人进行不适当的评论，避免因言语不当使公众对司法公正产生合理的怀疑”等。随着时间推移，这些准则日渐深入人心，某些大法官的言行也因有违反准则的嫌疑而招致批评。[4]

专业分工日益细化，是社会进步的标志之一。毕竟，判决书的写作和新闻稿的写作要遵循不同的专业原则与标准。在日益追求司法效率的中国，法

[1] 以上内容分别转引自怀效峰主编《法官行为与职业伦理》第 256 页、271 页及 472 页，法律出版社 2006。

[2] 2002 年《最高人民法院关于加强法官队伍职业化建设的若干意见》，见 http://www.chnlaw.net/chinalaw

[3] 见法律图书馆 http://www.law-lib.com/law/law_view.asp?id=16400

[4] 如 2008 年全国两会期间，最高法院一位副院长因在会上对一起正在审理并引起公众高度关注的案件发表个人观点而受到网民批评。被批评者反复援引的正是《中华人民共和国法官职业道德基本准则》第十三条第一项：“除非基于履行审判职责或者通过适当的程序，不得对其他法官正在审理的案件发表评论”。见 http://comment.news.163.com/reply/post.jsp?type=null&board=news_guonei6_bbs&threadid=46NT5BSU0001124J&showdistrict=&pagex=2 另见高一飞《法官的言论自由当受到限制》，http://www.tecn.cn/data/detail.php?id=17973

院或法官们以相当的时间与精力从事投稿行为也可能导致某种风险——国家会认为法院非因完成审判任务而是完成投稿任务而增加编制，纳税人会认为法官忙于写作新闻稿而忽视法庭审判和判决书的制作。事实上，与十年前相比，中国的法学教育有了长足发展，据教育部网站公布的数字，与1997年相比，2006年全国各高等院校培养的法学硕士增加了7.7倍，法学博士增加了6.2倍，法律专科生增加了4.9倍，法律本科生增加了6.3倍。与之相匹配的是法学专业教师的大量增加。近年来，已有相当数量受过法律专业训练的毕业生进入了媒体，法庭记者的专业素养已今非昔比。

在上述背景下，中国法院系统似乎有必要随着加大裁判文书公开的力度，逐步调整对“法官投稿行为”的鼓励机制。在笔者看来，与其鼓励法官们亲自撰写有关案件的新闻稿，以期用公关的力量压倒媒体上的恣意喧嚣，不如建立机制，鼓励法官写好判决书，奖励优秀的判决书，同时推动媒体建立起报道司法活动的行规。只要这些判决书是可以被公开获得的，自有法律学者和律师会认真研读判决书，也会有训练有素的法庭记者传播专家的各种观点。法官、专家和记者遵循各自的专业规律，干好自己份内的事情，各自的职业形象也会逐渐鲜明起来。由此当然可以大大减少法官面对角色冲突的困境与尴尬。

最后不得不指出的是，部分法官的文字水平太低[1]可能是妨碍裁判文书全面公开的重要原因。面对这样的裁判文书，法院不仅仅是不愿公开，不敢公开，也不必公开——因为这样的裁判文书连文字关都过不了，则很难期待其具有研读的价值。而一旦公开，法院无疑会成为众矢之的，公众的批评乃至蔑视都是难免的。然而，如何减少错误百出的裁判文书，进而让最优秀的法律人才成为法官，这绝非短时间内可以实现的目标。

[1] 如2004年全国两会期间，全国人大代表、山西省九三学社副主委王毓钟向最高人民法院院长肖扬反映说，有些基层法官写就的法律文书在语法和逻辑方面存在各种问题，比如有的判决书出现语法错误，语句不通，用词不当；有的则文字晦涩难懂，白话文和文言文交织在一起，“之乎者也”充斥文中；有的则夹杂许多行话、黑话、方言，有损判决书的权威性和严肃性；不少判决书还存在错字、漏字、多字，错用标点符号现象。见南方都市报2004年3月13日《肖扬批评部分法官素质差 判决书夹杂行话方言》http://news.sina.com.cn/c/2004-03-13/13253019082.shtml

结语：从新闻侵权法角度观察到的现象看，裁判文书不够公开的弊端可能具有普遍意义。

裁判文书公开的水准不是孤立存在的，它受到一系列因素的影响——制度的、文化的、社会发展水平的。目前存在太多的妨碍全面公开的原由，其中：法官队伍的素质、判决书的制作水平是直接原因；法治发展水平的差距是根本原因。中国裁判文书公开的现状虽不能令人满意，但确比十几年前有了巨大进步，它是司法制度一系列改革措施的综合结果，也是未来检验司法改革成果的重要指标——改革力度越大，公开的力度也越大。

四、“避免媒体误导性报道”：不公开审理的理由？[1]

广东曾经是我国改革开放的前沿，广东法院在司法体制改革方面也产生出一系列成功经验。当时代进入到21世纪，我国改革开放进入新时期后，在如何处理与新闻媒体关系的问题上，从广东法院传出的某些信息却总是令人质疑。前有封杀六名记者采访权一事，[2] 后有某省高级法院发出公文，要求媒体不得发表与法院判决相反的评论。而本文所质疑的，是一起本应公开审理的案件却在实际上并未公开的情形下做出了判决。

这里全文抄录珠海市香洲区人民法院(2004)香民初字第446号《通知书》：

仲XX：

你方与朱XX名誉权纠纷一案，原告朱XX于2004年3月23日以案件涉及个人名誉权，避免媒体误导性的报道，保证案件客观公正审理为由，向

[1] 本文2004年1月27日发表于《检察日报》，见正义网 http://www.jcrb.com/n1/jcrb773/ca361427.htm

[2] 《广东法院“封杀”6名记者》，见人民网 http://www.people.com.cn/GB/paper447/10846/985060.html

本院提出不公开审理的申请。

经审查，本院认为原告的请求符合法律规定，依照《中华人民共和国民事诉讼法》第一百二十条的规定，决定本案不公开开庭审理。

2004年3月23日（公章）

这份《通知书》经被告律师提出交涉，被法院口头撤回，同时决定立即公开开庭审理。于是，这起案件在没有任何一人旁听的情况下“公开审理”了。

我一直听媒体的同行们说，法院有时对依法应当公开审理的案件就是不公开，但香洲区法院的这份《通知书》却是我收集到的第一份有效法律文书。

笔者以为，这份《通知书》的发出及废止极不严肃：

其一，名誉权案件应当公开审理。众所周知，人民法院不公开审理的民事案件只有以下几类：涉及国家秘密、个人隐私或法律另有规定的情形，以及离婚案件和涉及商业秘密的案件。名誉权案件只有涉及个人隐私时方可以不公开审理，其他情形均不能构成不公开的理由。此案原告的申请已属荒唐（即“为避免媒体误导性宣传”），因为所谓公开审理的内涵之一就是对新闻记者公开，这一请求直接对抗公开审判的基本原则。而法院认定其请求“符合法律规定”就更为荒唐。本来，民诉法第一百二十条规定的基本精神是：除法律有明文规定的以外“应当公开审理”，其基本点是“公开”。但在这家法院的《通知书》中，本来是“应当公开审理”的法律被引为不公开的依据。审判机关何以自圆其说？

名誉是人的社会评价。“社会评价”不是自我评价。因此一个人的名誉是否受损，社会评价是否降低，主要不在于当事人自己的主观感受，而在于社会主流意识的判断。这决定了审理名誉权案件的公开与否具有比其他类型的案件更重要的意义。香洲区法院对一起名誉权案件决定不公开审理，如此产生的判决、裁定的公正性当然令人质疑。

其二，一件书面《通知书》被口头撤回也极不严肃。在这里，审判机关翻手为云，覆手为雨。虽然刚刚认定原告关于不公开审理的请求“符合法律的规定”，继而又不说明任何理由而推翻原《通知书》的决定，行使审判权的随意性极大，法官的职业素养很差。

其三，虽然法官宣布“立即公开开庭”并且确实公开开庭审理了这一案件，但仍违反民诉法第一百二十二条关于“人民法院审理民事案件，……应当公告当事人姓名、案由和开庭的时间、地点”的规定。事实上，由于未经公告，因此没有任何公民或记者事先获得开庭信息，前来旁听。由此“公开开庭审理”产生了与不公开审理同样的效果。

目前，此案已两审终结。但一审中存在的这一系列问题均公然违反程序法，它令法院对此案做出的实体性判决、裁定的合法性、公正性大打折扣。讨论这一程序性裁定的是非得失是想指出：在程序公正的价值日益被司法界重视的今天，如此藐视程序法的审判活动竟大行其道。特别是当这种违法司法与控制媒体的正常采访活动联系在一起时，它应当引起特别的关注。因为，这不是我们应当维护的司法尊严，而是必须防止的司法专横。

五、记者旁听习水嫖宿幼女案有违公开审判原则[1]

据2009年4月10日《京华时报》报道，贵州习水县嫖宿幼女案庭审时，媒体记者从全国各地来到这里，要求旁听庭审。经过两个多小时的协调，习水县法院和遵义市中院向贵州省高院提出申请。8日早上，诸媒体被告知，只有新华社和中央电视台的4名记者可以进入庭审现场，但不得携带任何器材设备和纸笔。受害女生康某的父亲想申请进入法庭，未被允许。

（一）所有记者都不该被批准进入本案法庭

有记者问：习水县嫖宿幼女案庭审时，新华社、央视的4名记者进入庭审现场，这是否合适？有些记者认为不公平，您怎么看？

我认为，问题的关键不是哪个媒体的记者该进法庭，而是这种做法本身违反了审判公开以及涉及未成年人隐私的案件依法不公开审判的原则。因此，

[1] 本文系作者接受记者采访的主要内容，见2009年5月18日《检察日报》。

所有的记者都不该被批准进入本案法庭。

我国宪法第一百二十五条规定："人民法院审理案件，除法律规定的特别情况外，一律公开进行。"这说明，"审判公开原则"并非越公开越好，它包括"依法公开审判"和"依法不公开审判"两方面。习水案涉及被害幼女个人隐私，依法不公开审理，就属于"法律规定的特别情况"。这些内容刑诉法中也有规定。而且1982年最高人民法院、最高人民检察院曾发出的《关于审理强奸案件应慎重处理被害人出庭问题的通知》中，将此类案件列为"不公开审理的案件"，并规定："开庭时，除本案的审判人员、书记员、公诉人、律师、值庭人员、司法警察和其他诉讼参与人在场外，不允许其他任何人进入法庭。把个人阴私（"阴私"一词1996年刑诉法修改时改为了"隐私"）案件的审理，在实际上搞成'内部公开审理'的做法，违反刑事诉讼法规定，应予纠正。参加开庭审理个人阴私案件的有关人员也不应对外传播审理的情况"。[1] 可见，批准记者进入依法不公开审理的法庭，与上述规定相悖。

对"嫖宿幼女案"，习水县法院是宣布"依法不公开审理"的，那么，只要是与案件审理无关的人，无论是谁，是哪家媒体的记者，哪怕是"没有带任何器材设备和纸笔"的记者，也不该进入庭审现场。

（二）省高级法院无权批准记者进入本案法庭

有记者提出：记者与其他公民不一样，贵州省高院允许媒体旁听是否是出于满足公众知情权的需要？

我认为，新闻自由有一种天然的张力。对媒体而言，当然是信息越公开越好，"挖掘真相"是记者的责任，无可厚非。但对于司法审判，什么可以公开，什么不能公开，法律已经在保护当事人合法权益和公众知情权之间作出了权衡。所以，主要的问题在于法院是否严格依法办事，准确把握"审判公开"的原则，该公开的案件真正公开，不该公开的案件坚决不能公开，这

---

[1] 2013年1月4日两高发出公告，废止了包括两高1982年发出的《关于审理强奸案件应慎重处理被害人出庭问题的通知》在内的司法解释和司法解释性质的文件，但其基本精神被2012年大修的刑事诉讼法及其司法解释继承并完善。见2013年1月18日新华网 http://news.xinhuanet.com/legal/2013-01/18/c_114423198.htm

才是司法公开的要义。庭审活动是否向部分记者公开，这是法律规定的范畴，不是法官自主决定的事情。省高级人民法院无权批准四名记者进入依法不公开审判的法庭。

让我们担心的是，这次省高级法院已经批准4名记者进入了“依法不公开审判”的庭审现场，那么下次再遇到“依法不公开审判”的案件开庭时，法院是否仍然可以据此先例“批准”？而记者们是否也有权据此先例再次申请进入？如果不批准，有什么理由厚此薄彼？如果一律批准，那么宪法、法律的规定还要不要遵守？法律尊严何在？但愿这次批准不会成为一个恶劣的先例。

（三）法院不能以违法的方式支持舆论监督

有记者问：有人认为，法院批准媒体记者旁听庭审，也是为了让媒体进行舆论监督，以更好地实现司法公正。

我指出，媒体报道是不是实现公平审判的必要条件，有不同看法。我认为媒体的职业化报道有利于实现司法公正，但前提仍然是在法律的框架以内。而法院只对事实和法律负责，依法独立行使审判权。法院接受监督的方式多种多样，不能以违反法律的方式去实现或满足舆论监督。

记者提出，一方面，媒体期待更多的司法信息公开，另一方面，司法机关却要严格遵守“依法不公开审判”的规定，实践中，该如何处理这一矛盾？

我认为应该严格依法来对待。审判公开是普遍原则，对于法律要求公开的，法院理当公开，并且符合公开审判的各项原则及规定；对于法律不允许公开的案件，法院也应该理直气壮地拒绝媒体进入庭审现场、查阅案卷等方面的请求。当然，司法机关可以在庭审后或者公开宣判时，通过新闻发布会等方式有选择地介绍案件审理情况，但其前提仍然是严格依法。

如果有公民、组织高度质疑某一案件的司法公正问题，可以按程序法的规定行使诉讼权利或进行监督，公众通过人大依法质询也是一种选择。也就是说，实现司法公正有诸多制度性安排，媒体是否报道“依法不公开审理”案件的庭审现场，不是实现案件司法公正的法定条件，更不是唯一条件。

对依法应该公开的案件信息，媒体应该积极探求，坚决地主张，及时发布给公众，以满足其知情权；但是，对于依法不应公开的审判信息，或者媒体自己获取的非常有可能损害司法公正的信息，也不该强求采访或披露，而是要尊重司法机关依法独立办案，以实现司法公正。

六、除了公开，还是公开[1]
——荷兰新闻法官侧影

2003年底，作为中国—荷兰司法合作项目的“法院与媒体比较研究国际研讨会”在京举行，一位来自荷兰法院的女法官维维安给笔者留下了深刻印象。

荷兰法律文化具有悠久的传统，而其独特的“新闻法官”制度更令我这个媒体人兴趣盎然。维维安法官的演讲和答问从一个侧面反映了荷兰法院处理与新闻媒体相互关系的原则和具体模式，可以管窥发达国家司法与媒体相互关系的现状。

（一）提升司法权威要靠公开

几位来自荷兰的法律专家都谈到，在他们这个海牙国际法院的所在国，法官是极具权威的。不仅法院的建筑宏伟壮观，法官的地位也是高高在上。一位法学教授说：如果法官没有权威，人们就不会执行判决。

但专家们也忧虑地看到，近年来荷兰的新闻媒体已经不像以往那样尊重权威了。在以前，在谈到首相或其他高级行政官员时，媒体总是会同时尊称他们的职务，而现在却经常直呼其名，有时干脆只用缩写。法学教授们认为，面对这种情形，法官们普遍感到紧张，或许要不了多久，不那么被尊敬和恭维的可能就是法官了。

---

[1] 本文系作者2003年参加中国—荷兰司法合作项目“法院与媒体比较研究国际研讨会”的收获之一。

怎么办？来自荷兰乌特勒支地方法院的新闻法官维维安告诉大家，她所在的法院院长说：我们别无选择。要想让公众了解并信任我们，只能公开公开再公开，除了公开，还是公开。因此，除了判决书，我们也尝试以其他方式与公众沟通。

以下的事例令人印象深刻：有一位记者对法庭的合议程序十分感兴趣，希望能够采访。维维安就此征求院长的意见并获同意。她首先考察了这位记者的背景，查阅了他以往的新闻作品，认为他是一个职业道德良好、专业水准较佳的记者，于是请他提交采访计划。记者非常想知道，法官的判决究竟是如何做出的，想旁听庭审后法官们讨论制作判决的合议过程。维维安说，这个采访计划被院方批准了，为慎重起见，双方签署了一份协议，要求记者对法庭合议的细节保密，文章发表前要经法院方面过目。协议签字之后，这位记者在法官面前郑重起誓。

“接下来我需要获得有关法官的合作”，维维安说。有同事对这项决定不高兴，因为依照法律规定，合议的过程应当保密，法官们从来没有在一名记者面前讨论判决。“我向他们解释，说明为什么要如此透明——因为法院没有什么可隐瞒的，我们可以通过媒体告诉公众判决究竟是如何产生的。”她的劝说获得了成功。此后的一个月时间里，这位记者采访了该法院多起案件的合议过程。维维安将载有那篇报道的刊物展示给大家，她说：“我们的目的达到了！记者对合议过程的描述很好，很生动，他说法官们在判决前讨论了与之有关的方方面面的问题，做出判决的过程就像是打一场‘法律乒乓球’，双方或各方来回辩论，不断地在天平上为各方当事人加上法码，以实现公平……”

（二）新闻法官：“北京四合院的影背”

在新闻法官维维安那里，上述接待记者的采访的工作属于“公关”性质，相当于中国的“宣传”。她说，这类工作主要由法院内那些懂得法律并具有传播学背景的公关主管（宣传官）完成，而新闻法官最重要的一项工作是在公开审判的法庭上处理与传媒的关系。

荷兰法官认为，司法的公正要让人民看到。就知情权而言，记者有权要求获得法庭的相关信息，以确认正义是否得到了伸张。所以，公开审判活动对双方都有好处，法院与媒体的利益是一致的。但维维安也认为，媒体对案情感兴趣，但法官更重视嫌疑人和被害人的权益。新闻法官的责任，就是在二者间找寻平衡。

维维安法官说，荷兰媒体对法庭关注最多的是刑事案件，占报道总量的80%。所有公开审判的案件，文字记者都可以进入法庭，但广播电视记者入庭要征得主审法官的同意。录音、录相和摄影记者可以在庭审的两个阶段工作，一是宣布罪状时，二是宣判之时。她解释说，这样做的目的一是不愿让媒体影响法庭的审判活动，二是不想让庭审变成公众娱乐的戏剧。因此，任何可以识别身份的镜头都不能上电视，犯罪嫌疑人的镜头更是不准被拍摄。她说："我只希望与本案无关的人上镜头"。

一起罢工案件起诉至法庭，到庭旁听的工人群情激奋，他们都戴着黄色的安全帽，煞是惹眼。摄影记者立刻兴奋起来，但他们的行为受到法警的严格监督，执意在庭上拍摄罢工工人的记者被赶出了法庭。一起谋杀案的被告人是一名护士，她被控杀了8个人。开庭时记者拍了她的双脚——观众视线中出现了一双十分昂贵的鞋子。法院认为这种镜头令人遐想和猜测，可能对审判产生误导，于是维维安警告记者下不为例。

对那些"不听招呼"的媒体，维维安有时也很不客气。有家鞭炮厂爆炸，造成30多人失踪。此案开庭宣判时出现了戏剧性的场面——纵火嫌疑人用方言高呼冤枉，还要动手打法官，法庭秩序突然失控。荷兰国家电视台的记者将混乱的现场全部拍摄下来，并且向全国播出。乌特勒支地方法院很不高兴，因为法庭规则不准拍摄被告人。于是，维维安所在的法院连续3个月不准这家电视台的记者进入法庭。她说："记者们在考验法院的忍受程度，而法院必须向记者们发出明确的信号：如不遵守法庭规则，你们就得失业！"

谈到自己的工作，维维安法官有个十分生动的比喻，她说："新闻法官就像是北京四合院的影背。虽然法院的大门是敞开的，但影背却令外界不可以洞穿院内的一切，因为院中的居民需要安宁的生活。"

（三）“法院不是公共图书馆”

在荷兰的每一个法院里，新闻法官是该院就案件向公众发言的惟一法定代表。维维安说，任何法官在做出判决之外都应当保持沉默，他对外发表观点的机会只在宣布判决的那一刻。但法院是一个为公众服务的机构，公众有权了解他们所关心的情况，因此新闻法官便成为所有法官对外发言的惟一喉舌。而其他任何法官均不得私下接待记者，当案件进行在诉讼程序之中时，任何法官均不得做出任何评论。

新闻法官的职责是提供（但不主动挑选）信息，安排好媒体的报道，维持法院与媒体及公众的联系。有时记者们要求就案件程序提出问题，维维安就代表法院向公众做出解释。

在向媒体提供案件情况时，新闻法官必须经常在几种权益之间寻找平衡，包括公开行使的司法权、犯罪嫌疑人的权利、诉讼程序不受媒体的干扰等等。维维安告诉中国同行：有人认为，已经生效的判决应当允许被查阅，但她持反对态度，因为“法院不是公共图书馆”。法院不应将生效判决的历史档案提供给媒体，因为被告人已经为他的犯罪行为受到了惩罚，不应让他为其历史上的行为再度受到媒体的审判。

某位竞选总理的议员被谋杀了，但他所属的党派仍然在参加选举，并且一下从一个默默无闻的小党成为全国第三大党。有几个记者向法院打来电话，询问该党的某位议员是否有案底。事实上，这位议员确实有案底，刑事的、民事的都有。依荷兰民事诉讼法规定，民商事判决应当向第三方公开，除非会造成极大的损害。维维安意识到：说出这一切，这位议员的政治生命将就此完结，而这位议员所在的政党及其追随者在议会中正立足未稳。她说，我必须考虑的因素有：第一，议员的位置很重要；第二，他确有案底；第三，要求获得信息的是有影响的大报；第四，披露案底信息可能对议员及其政党造成很大的损害；第五，议员作为公众人物，大家都希望了解他的情况……综合上述各种情况，尊重法律的规定，维维安告诉记者：该议员却实有民事案底，但未介绍具体内容，同时对刑事案底只字未提。因为维维安认为，议员已经为罪行付出了代价，不应再被惩罚。维维安自我评价说：“我很满意自已的这个决定，因为它避免了不必要的损害。”

到目前为止，新闻法官这个职务在荷兰法院系统已经存在了30年。

七、刑事案件的信息保密与司法公开[1]

从大众传播法的角度，我对修订刑诉法初步解读后的心得是：本次大修不论是禁止自我归罪原则、强制证人到庭的例外制度，还是少年司法制度，主要趋势是进一步控制并限制了侦查信息的公开与传播，相当多的规范是出于对人权的保护，同时使新闻媒体的合法消息源有较大幅度的缩减。我以为，这可能是我国媒体的刑事案件报道和评论从传统的以侦查阶段为重点，向以审判活动为重点转型的开端。2013年1月1号大修后的《中华人民共和国刑事诉讼法》生效日将是中国法制新闻史上一个重要的转折点。

从《公民权利和政治权利国际公约》的规定出发，司法公开在必要时受到限制具有正当性。但这并不能改变司法公开作为一个基本原则的重要价值。我们需要讨论司法信息的保密与公开之间的独有规律。我本人认同本次修订中对相关案件信息给予限制的所有安排，但是这不是全部评价。因为认同之外的另外一个重要的评价是遗憾：即本次大修在推动司法进一步公开，特别是审判公开方面没有任何新的制度性安排。

所有引人注目的犯罪现象都不是孤立的，总是引人深刻地思考社会的基本结构问题。因此，公众对重大刑事案件真相及审判结果的知情权也是一种重要的人权。司法公开原则包括依法公开和依法不公开两个部分。良性的法治，总是会在这两方面实现最佳平衡。

既然侦查阶段需要更多的保密，那么开庭审判阶段的依法公开就有必要切实获得保障。近年来，法院虽然对审判公开做了不少努力，但也有很多不足。比如，该公开的不公开，许多新闻记者进入法庭的条件比公民还要严苛，公

[1] 本文是作者于2012年6月10日参加中国政法大学新闻与传播学院组织的“新闻与法治论坛”上的发言稿。

民只要身份证，记者还要出示记者证和单位介绍信。有的法院干脆以法庭太小、没有座位的理由把所有记者拒之门外。而不该公开的乱公开，比如在贵州习水奸宿幼女案一审开庭时，贵州省高级法院就毫无依据的批准四名记者进入了已宣布依法不公开审判的法庭。如此明显违反程序法的做法并未承担任何责任。我们需要考虑，通过何种制度安排可以禁绝这类公然违反程序法的行为。比如，法律监督机关是否可以有所作为？

再比如，判决书查询制度。刑诉法规定，不论是否公开审判，“宣告判决，一律公开进行”。这意味着判决书并不保密。但是目前，任何一个不是案件当事人的公民或法人，要想在法院通过正当程序查阅已经生效的判决书，是难上加难（知识产权案件的判决除外）。法院想公开就公开，不想公开就不公开，甚至法官在本系统内也查不到。法院对媒体查询判决书的要求更是格外戒备，没有理由，就是不提供。

判决书不是法官的个人财产，它除了要裁判一个人的自由、财产、乃至生命之外，还有具体解释法意，为社会确立行为规范和价值观的作用，它是财政支付而产生的公共财产，不是法院的法人财产，更不是法官的私人财产。目前法院经常以当事人不同意为理由，拒绝向公民法人提供生效判决书。那么，什么理由是正当合理的？什么理由是违法的？违法而拒绝公开的又应当承担什么责任？法律应当做出安排。实话说，我认为目前司法信息公开的制度设计还比较粗放，不如政府信息公开条例的某些安排。仅以救济制度而言，当政府对依法应当公开信息拒绝公开时，公民法人可以寻求司法救济。但在判决书公开方面，法院基本是自说自话，一手遮天，缺少权力的制衡，基本上也不承担任何责任。这妨碍了正当的信息传播和学术研究，更妨碍实现《法院组织法》所规定的一项任务，即法院用它的全部活动教育公民忠于祖国，遵守宪法和法律。

再从媒体需要的角度谈谈想法。近年各方面对媒体报道影响司法公正的问题一直热议不断。本次刑诉法大修突出限制侦查阶段的信息传播是对这种忧虑的一副解药。但这并不是问题的全部。美国一位公共关系专家说：“媒体是一头巨兽，它永远都是饥肠辘辘的。要想征服它的心，就要先征服它的胃。”而这个“胃”，就是对信息量的巨大需求。信息技术革命使当代媒体的这个“胃”畸大无比。案件新闻中包含了好故事的所有要素，因此对案件新闻的超级兴趣是媒体固有的本能。记者是一种职业，他要完成报道任务；新闻机构是一个行业，要开拓自己的业务领域；媒体还是一种产业，目前是国民经济新的增长点。只有禁区和禁止性规定、缺少合法信息源的信息制度，只能使冲突更加激化：记者进不了法庭，就用公民身份而隐匿记者身份设法混入法庭；不能录音、录像，就自带微型录音机藏在衣兜里搞偷拍偷录；访不到当事人和被告，就去骚扰、逼访他的近亲属；判决没生效不宜评论，可生效了又找不到判决书，就会产生各种猜测，进而传成了谣言……堵是堵不住的，试图通过封闭信息、控制信息流动的方式解决问题并非根本出路，关键还是要进一步完善公开审判制度，在保密与公开二者间寻找合理平衡，特别是逐步扩大司法公开的领域、范畴与内容，开拓合法的信息源。很遗憾，刑诉法的本次大修已经结束，只能期待下一次大修了。或许司法解释的层面会有一些作为，我们拭目以待。

当然这仍然不是问题的全部。从媒体角度说，更为重要的还有对法律规范的了解和法治精神的准确把握，是采编人员专业能力的提升，是媒体自律和新闻行业自律机制的建设。这与本单元的主题虽然有关，却距离稍远，或许我们还可以此为主题继续展开专门的讨论。

八、刑诉法大修：新增多项保密规定 加强个人信息保护[1]

徐迅 张立芳

《新闻出版报》编者按：

2012年3月14日十一届全国人民代表大会第五次会议通过的《关于修改〈中华人民共和国刑事诉讼法〉的决定》，将于2013年1月1日起施行。这次刑诉法大修百余处，其中相当多的条款直接或间接地影响新闻媒体的采

[1] 本文为作者与张立芳合作，是应媒体之约所做“修订刑诉法对媒体案件报道的影响”系列文章的第一篇，发表于2012年6月13日《中国新闻出版报》。本书出版前做出个别补充修改。

访报道行为。对刑事案件新闻采编行为影响之大，有专家称“前所未有”。《中国新闻出版报》特约相关研究者对这一影响做出解读，用4篇稿件从保密规定、禁止自我归罪原则、未成年人犯罪案件和“亲亲相隐”制度等方面进行解析，以利媒体在法律生效前做好必要准备，包括准确理解法律规定和法治精神，调整采编行为规范，提高报道水准，防范法律风险。

2012年1月，在押未成年人被公安人员带到校园示众的事件引发了媒体和舆论的广泛讨论。根据报道，2011年12月29日，两名在押的未成年人被陕西省咸阳市公安局秦都分局的武警带到陕西科技大学附属中学，向3000余名中学生进行现身说法。据了解，参加报告会的在押未成年人共有两名，其中一名18岁，另一名只有15岁，分别因盗窃和抢劫伤人被逮捕。

在新修订的刑诉法颁布之前，关于该事件的讨论大多集中在秦都分局违反了《未成年人保护法》的相关规定上，而随着2012年3月全国人大会议审议通过刑诉法修正案草案，在2013年1月1日生效时起，类似秦都分局该种行为也将同时违反刑事诉讼法。受刑诉法修改的影响，媒体对于未成年人犯罪题材的新闻报道也将会有新的严格限制。

修订后的刑诉法第275条明确规定：“犯罪的时候不满十八周岁，被判处五年有期徒刑以下刑罚的，应当对相关犯罪记录予以封存。犯罪记录被封存的，不得向任何单位和个人提供，但司法机关为办案需要或者有关单位根据国家规定进行查询的除外。依法进行查询的单位，应当对被封存的犯罪记录的情况予以保密。”按照修订后的刑诉法，秦都分局带着在押未成年人示众显然违反了对未成年人犯罪档案予以封存的规定，而媒体对相关事件进行公开报道时也要严格遵守“予以保密”的规定，不能刻意挖掘和披露未成年人的个人信息和犯罪记录。

（一）更加重视个人信息保护

新闻媒体的一大功能是传播信息，其本质是公开与披露，它总是与秘密相冲突。在法律上，这些秘密包括国家秘密、商业秘密和个人秘密（或隐私）。如果说，公开是媒体的权利，那么保密就是它的底线与义务。新修订的刑诉法大大完善了刑事诉讼过程中的保密规定，既有对公权的维护，更有对个人信息的保护。

根据笔者统计，新刑诉法中，涉及“保密”“不公开”“封存”等新增的限制信息传播的规定至少有11条，大致可以分为三类：第一，身份不公开，即证人(包括警察)、鉴定人、被害人、秘密侦查人的身份在某些情况下不公开；第二，方法不公开，即涉及技术侦查的措施与方法不被公开；第三，信息不公开，即涉密（国家秘密、商业秘密和个人隐私）证据、技术侦查所获材料、律师对委托人信息、五年有期徒刑以下未成年人犯罪记录等不予公开。见下表。

法律中的关键词	法条	法律规定的具体内容
保密、保守秘密	46条 52条 150条	律师对委托人的有关信息有权保密。 对涉及商业秘密、个人隐私的证据应当保密。 技术侦查措施应当保密。
保护措施、不公开	62条	部分证人需要保护的，身份不公开，住宅受到保护。
不得会见与通信	75条	监视居住的嫌疑人未经批准不得会见与通信。
材料不得用于其他用途	150条	技术侦查所获资料不得用于刑事诉讼之外的事项。
隐匿身份	151条	必要时可由有关人员隐匿身份侦查。
不暴露身份与方法	152条	证据如危及人身，应不暴露有关人身份及方法。
不被强制到庭作证	188条	法院可以强制证人到庭作证，但被告人近亲属除外。
封存未成年犯罪人记录，不提供	275条	五年有期徒刑以下未成年人犯罪记录封存。 除依规定，被封存记录不向任何单位与个人提供。

现行的刑诉法第85条已经规定：“公安机关、人民检察院或者人民法院应当保障报案人、控告人、举报人及其近亲属的安全。报案人、控告人、举报人如果不愿公开自己的姓名和报案、控告、举报的行为，应当为他保守秘密。”刑诉法修订后增加的上述保密规定与之相补充，构成了相对完整的刑事诉讼程序中个人信息保护的体系。

随着网络等新的信息技术的发展，加强个人信息保护，出台《个人信息保护法》的呼声日益高涨。与现行刑诉法侧重保护国家秘密相比，新修订的刑诉法向着个人信息保护的方向迈进了一大步，力度之大，前所未有。这表明，宪法所规定的“国家尊重和保障人权”并非一句空话。

（二）为司法不公开划界

我国宪法中明确了公民的言论、出版自由，同时也规定了“人民法院审理案件，除法律规定的特别情况外，一律公开进行”，以保证公民对司法信息的知情权。从新闻媒体的角度看，司法公开是媒体进行案件报道的信息之源。刑诉法大修中增加了诸多保密的规定，是否会限制了公民的知情权和媒体的报道权，成为一种倒退？

答案是否定的。司法公开的内容分为依法公开和依法不公开两部分，增加保密规定实际上是从司法不公开的角度完善了我国的司法公开制度。新增的保密规定是对全体公民的生命财产安全的保护，也是对诉讼当事人合法的个人隐私、利益的保护，同时也为新闻媒体的报道划定了明确的法律边界。新增保密规定意味着某些此前被媒体视为职业道德的问题，如对证人和侦查人员个人信息的保护、对侦查手段与措施的保密等，在 2013 年 1 月 1 日修订的刑诉法生效后将成为法律问题。而修订后的刑诉法第 150 条关于“采取技术侦查措施获取的材料，只能用于对犯罪的侦查、起诉和审判，不得用于其他用途”的规定也将进一步限制媒体从公检法机关所获的合法消息源。

从国内外的法律实践来看，言论自由与社会秩序及公民隐私权之间始终存在冲突，在不同情境下必定需要其中一种权利做出让步。新修订的刑诉法的保密规定就是新闻媒体的报道权在法定条件下让位于社会秩序或公民个人隐私，以实现公平审判及保护公众安全、维护社会秩序的目的。2011 年发生在深圳的“最残忍的采访”，首刊媒体披露了涉嫌强奸案件受害人的个人信息，部分媒体私闯民宅、强行采访受害人及其亲属，产生了严重后果，受到舆论的广泛批评。媒体的此类行为在新修订的刑诉法生效后将会受到更为严格的限制。

（三）顺应国际人权保护大趋势

首次将“尊重和保障人权”写入部门法，与国际人权公约的规定相呼应，是本次刑诉法修订的最大亮点。我国政府于 1998 年 10 月 5 日在联合国总部签署了《公民权利和政治权利国际公约》，有关国内法与公约的衔接一直处于摸索前进之中，本次刑诉法大修就是国内法与公约相关规定的一次对接。举例来说，《公民权利和政治权利国际公约》的第14条规定：“由于民主社会中的道德、公共秩序或国家安全的理由，或当诉讼当事人的私生活的利益有此需要时，或在特殊情况下法庭认为公开审判会损害司法利益因而严格需要的限度下，可不使记者和公众出席全部或部分审判；但对刑事案件或法律诉讼的任何判决应公开宣布，除非少年的利益另有要求或者诉讼系有关儿童监护权的婚姻争端。”同样第17条规定：“任何人的私生活、家庭、住宅或通信不得加以任意或非法干涉。人人有权享受法律保护，以免受这种干涉或攻击。”修订后的刑诉法中新增的保密规定，是依据我国的国际承诺而为司法公开与不公开进一步划定了明确边界，是相关人权保护规定与国内法的对接。

在我国，刑事诉讼法又被称为是“小宪法”，通过规范刑事诉讼程序来保障司法审判的公正和效率。此次刑诉法大修中新增的保密规定，进一步完善了司法公开制度，虽然对于秘密侦查存在一定争议，总体而言，保密规定突出了人权保护，对于新闻媒体的刑事案件报道规范也是一次前所未有的丰富与完善，具有积极的现实意义。

九、新闻报道与“亲亲相隐”制度[1]

徐迅 陈婕

在报道法制新闻特别是重大案件时，犯罪嫌疑人的家属往往成为各大媒体争相采访的焦点。家属们的生活不堪其扰，有的还会遭到各种舆论的攻击，被指责有包庇嫌疑，扣上为嫌疑人开脱罪名的帽子。亲人犯罪，不仅是受害人家庭的悲剧，对罪犯的家庭而言也是一个悲剧。难道只有漠视亲属间的情感、大义灭亲才是应该提倡的吗？

[1] 本文为作者与陈婕合作，是应媒体之约所做“修订刑诉法对媒体案件报道的影响”系列文章的第二篇，发表于2012年7月2日《中国新闻出版报》。本书出版前做出个别补充修改。

（一）新增“亲亲相隐”制度

2012年修订的《中华人民共和国刑事诉讼法》第188条规定：“经人民法院通知，证人没有正当理由不出庭作证的，人民法院可以强制其到庭，但是被告人的配偶、父母、子女除外。”

“但是”之后，是本次刑诉法大修新增的内容。这一“亲亲相隐”制度又称“亲属容隐制”，指一定范围内的亲属之间互相隐瞒罪行而不受法律的制裁。这一思想早在孔子“父为子隐，子为父隐，直在其中矣”的论述中就有所体现。“亲亲相隐”制度注重维系亲情伦理关系，自战国至清朝各代渐趋发展完善。但由于新中国的立法全面废除“旧法统”，这一规定也为“大义灭亲”的思想所取代。

其实，“亲亲相隐”并非中国特有，英美法系以及欧洲多国都有这一传统。不过，西方的容隐制与中国不同，重在以保护个人的基本权利为出发点，而且其亲属范围较小，尤其英美法系国家基本只确认夫妻之间的这种特许权。如美国1999年《统一证据规则》第5条规定：“在刑事诉讼中，被告人的配偶享有拒绝作对被指控的配偶不利的证言的特免权。”英国1898年《刑事证据法》规定：“在普通刑案中被告的配偶可以作证但只能当辩护证人，不能强迫其作证。如果被告不让配偶出庭作证，控诉方也不得对此加以评论。”

家庭是维系社会稳定的基本单元，罪犯在受到法律制裁后仍旧需要亲情的关怀和包容，只要没有执行死刑，最终还是要回归家庭与社会。主张“大义灭亲”则是将公平正义和亲情伦理置于对立之中。中国传统文化一向非常重视家庭关系。本次刑诉法大修在立法中保障“亲亲相隐”，将是否出庭作证作为一项选择性权利加以保障，而不是义务性要求赋予被告人的配偶、父母和子女，实际上是在打击犯罪和维系亲情之间的平衡作出制度安排，在伦理上为社会作出了规范，同时更加强了对人权的保护。

（二）新闻报道往往与之相悖

以修订刑诉法新增的“亲亲相隐”制度所体现的基本精神为依据，会发现目前媒体的一些采访报道行为、议题设置选择与之相悖。

首先是对嫌疑人近亲属的打扰与逼访。在案件报道中，记者为获取案情信息、选取不同的报道角度，常将采访视角集中在嫌疑人亲属身上，特别是重大的刑事案件，亲属们的生活不堪其扰。在故宫盗窃案中，被告人石柏魁的家人就因无法承受来自各方的压力而离家躲避起来。石柏魁的姐夫说：“来找的记者太多了，爹妈觉得丢人，没法面对”。

刑法中有“罪责自负”的原则，犯罪的是嫌疑人，而非其亲属，因此亲属没有义务就案件向公众说明什么。按照修订刑诉法的规定，被告人的配偶、父母和子女对是否在法庭上作证有选择权。那么在新闻采访过程中，记者也同样应当尊重近亲属对是否接受媒体采访、接受哪家媒体采访的选择权。新刑诉法于 2013 年生效后，媒体应当对打扰、逼访近亲属的采访行为重新作出判断与取舍，这既是遵从法治精神的需要，也是新闻报道更具人文关怀的体现。

其次，不仅打扰近亲属，更有指责。在一些重大刑事案件的报道过程中，有些犯罪嫌疑人的亲属甚至会受到新闻评论或社会舆论的无端指责和攻击。

对犯罪行为的追究在法律上实行的是罪责自负，该致歉的也应该是犯罪者，假以公平正义之名而对亲属过分苛责显然有失媒体的法治与道德水准。在遵从基本的法治精神的基础上，在报道中多一些人情味，是对一个负责任的媒体提出的更高要求。

再次，“大义灭亲”报道不绝于耳。从证据学角度解读刑诉法第 188 条，有学者认为，这并不意味着亲属没有作证的义务，也不意味侦查和公诉人员不能强制取证，法律只是规定不得强制法定的亲属出庭作证。因此，我国并未实行“亲亲相隐”制度。但笔者认为，这至少表明我国立法伦理上正在由一味强调大义灭亲向“亲亲相隐”制度过渡。

电视新闻节目中，诸如“某某屡劝不听，父母无奈大义灭亲”的报道不绝于耳，媒体动辄就对亲属们冠之这一头衔，殊不知他们并非泯灭亲情，将吸毒者、偷盗惯犯送警或者动员他们自首，是对违法者的未来作出的最好安排，是高度理性的选择。可见，媒体相关新闻报道的角度有多种，如何作出选择，则是对媒体专业能力的考验。

十、刑诉法大修：禁止自我归罪原则与新闻报道[1]

徐迅 陈婕

2012年5月8日，中央电视台《今日说法》栏目的一期节目《小偷与长刀》中，犯罪嫌疑人龚某（化名）声泪俱下地面对媒体镜头哭诉着自己的罪行：“离我家五六米的地方看见一个人拿着一把刀……移到我这边来，不让我打电话，向我砍了过来……他就跑了，追在后面我就捅了一刀过去。”

这是一起刑事案件，因感情纠葛而起，致嫌疑人龚某与死者马某发生打斗，因马某被误认为是小偷，最终被村民打死。从电视节目称其为“犯罪嫌疑人”来看，这一影像应当是在诉讼的侦查阶段采集的。法院尚未开庭，嫌疑人就面对媒体进行自我控诉，这样的特写在电视节目中并不少见，以现身说法的方式教化受众，似乎已经成为电视法制节目常见的表现手法。然而，在使节目更加生动直观的同时，我们不禁思考，面对媒体诉说犯罪情节是嫌疑人的自愿行为，还是受到了某些身体或心理上的压力？

（一）何谓禁止自我归罪原则

我国2012年3月14日修订通过并于2013年1月1日起生效的《中华人民共和国刑事诉讼法》第五十条在现行法第四十三条的基础上增加了新规定，表述为：“严禁刑讯逼供和以威胁、引诱、欺骗以及其他非法方法收集证据，不得强迫任何人证实自己有罪。”这是我国刑事法律中第一次确立反对强迫自证其罪的原则。

反对强迫自证其罪，亦称为禁止自我归罪原则，又可称为沉默权。它起源于17世纪英国普通法的支持者们反对教会和国王、争取宗教和宪法自由的

[1] 本文为作者与陈婕合作，是应媒体之约所做“修订刑诉法对媒体案件报道的影响”系列文章的第三篇，发表于2012年8月14日《中国新闻出版报》。本书出版前做出个别补充修改。

斗争中，之后被世界多国效仿采纳为刑事诉讼法的重要原则。有些国家还为沉默权提供了宪法性保障,最典型的如美国宪法第五修正案的规定,任何人“不得在刑事案件中被迫自证其罪”。1966 年第 21 届联合国大会通过的《公民权利和政治权利国际公约》第十四条第三款规定：“受刑事追诉的人不被强迫做不利于自己的证言或强迫承认犯罪”。可见，保障被追诉人享有沉默权已成为国际共识，它是现代刑事诉讼中犯罪嫌疑人、被告人享有的一项基本诉讼权利，也是刑事司法正当程序的一项重要保障。

禁止自我归罪原则是本次刑诉法大修中的新增条款，这表明我国法律试图通过对非法取证、刑讯逼供等行为的禁止性规定，来保障被追诉人在公平审判方面应享有的基本权利，当然也是对公权力在司法领域滥用的制约。尽管有学者认为刑诉法在立法中未规定发生强迫自证其罪的法律后果，并且与刑诉法第一百一十八条“犯罪嫌疑人对侦查人员的提问应当如实回答”的规定有相冲突之处，但这一新增条款仍被认为是我国国内法与民权公约衔接过程中的一项重要突破。

（二）媒体的刑事案件报道如何调整

按照刑诉法的表述，不得强迫任何人证实自己有罪，“任何人”的概念意在强调不限于刑事诉讼程序中，当然首先是指刑事侦查阶段的嫌疑人。而我国的刑事案件新闻报道中，如本文开篇所述情形，开庭之前，嫌疑人、被告人向媒体自述作案过程与犯罪动机的报道却比比皆是。

沉默权原则并不意味着被追诉者的绝对沉默，而是将是否陈述、是作有利自己的陈述还是作不利自己陈述的决定权赋予了被追诉者。既然如此，那该如何确定嫌疑人这种自我控诉行为是否出于自愿？对这样一个身陷囹圄、丧失人身自由的人，媒体与公安、检察机关如何有效排除受众对“强迫自我归罪”的合理怀疑？

其次，在案件开庭审理前，被追诉人在没有律师在场的情况下，就在媒体上讲述作案过程，其犯罪事实真实生动地呈现在电视屏幕上，引导受众对这一案件进行有罪推定。那么，法庭审判中律师辩护的意义何在？案件审判的公正性会不会因此受到影响？显然，“禁止自我归罪”“无罪推定”等法治原则不仅是公安司法机关应当遵循的，它也应当成为媒体司法报道的基本准则。

公安、检察机关是追究犯罪的公权力机构，持有罪推定的立场似乎并不奇怪。而媒体也搞有罪推定、自我归罪，则与新闻报道必须客观、中立的应有立场相违背，这也正是“媒体审判”遭诟病的主要原因所在。多年来，公安、检察机关建设起一支宣传队伍，有一整套宣传制度。在完成宣传任务的压力下，公安、检察机关频频向媒体发出案件通稿，其中违反法治精神的内容屡见不鲜。媒体如果不能依据法治的基本精神作出独立的判断，对有罪推定、自我归罪的来稿不加警惕，一律放行，最后也只能自担不利的法律后果。这已经被若干新闻侵权诉讼的生效判决所证实。

小结：任何人不受强迫自证其罪原则及其具体体现的沉默权，作为正当法律程序保障的重要组成部分，旨在平衡公安司法机关与被告人的诉讼地位，既是对被控者的法律保护，也是对公权力的制约。案件新闻报道中常见的嫌疑人、被告自我归罪的故事和画面，难以排除受众对其行为是否为自愿的合理怀疑，与基本的法治精神不符。笔者认为，新修订的刑诉法颁布生效后，媒体的报道行为有必要做出调整，应严格遵循法治的基本精神，对嫌疑人、被告人在开庭前自述犯罪事实的报道重新做出慎重的考量与评估。

十一、刑诉法大修：未成年人犯罪或成媒体禁区[1]

徐迅 张立芳

2012年5月10日，合肥少女被毁容案在安徽省合肥市包河区法院一审宣判，法院以故意伤害罪判处被告人陶某（1995年出生，犯罪时16岁）有期徒刑12年零1个月。2011年9月，陶某因与少女周某发生矛盾，遂往周某身上

[1] 本文为作者与张立芳合作，是应媒体之约所做“修订刑诉法对媒体案件报道的影响”系列文章的第四篇，发表于2012年6月26日《中国新闻出版报》。本书出版前做出个别补充修改。

泼洒打火机油并用打火机点燃，致使周某严重烧伤毁容。事件发生后不断被媒体跟进报道，在此期间，少年嫌疑人陶某的姓名、照片、出生年月等个人信息不断被披露。

从新闻价值的角度看，媒体对“少女毁容”事件保持关注是必要的，但是不能因此而忽视了犯罪者的身份——一个未满 18 周岁的未成年人。《中华人民共和国未成年人保护法》明确规定“对未成年人犯罪案件，新闻报道、影视节目、公开出版物、网络等不得披露该未成年人的姓名、住所、照片、图像以及可能推断出该未成年人的资料”。同时，2012 年新修订的刑事诉讼法也专门对未成年人刑事案件的司法程序作了规定，其中，不公开审判和犯罪记录封存的规定可以视为对媒体新闻报道的法定限制。刑诉法修订相关内容说明我国对未成年人的司法保护已经从专门法转向部门法，并且更为严格，必须引起新闻从业者的注意。

（一）此类案件消息来源被压缩

刑诉法修订后增加了“未成年人刑事案件诉讼程序”一章，共包含 11 条关于未成年人刑事诉讼案件的规定，其中对未成年人犯罪行为的调查、审理和犯罪记录封存的相关规定与媒体的新闻报道密切相关。

新修订的刑诉法第 268 条规定：“公安机关、人民检察院、人民法院办理未成年人刑事案件，根据情况可以对未成年犯罪嫌疑人、被告人的成长经历、犯罪原因、监护教育等情况进行调查。”此条规定明确了未成年人犯罪案件的调查主体是公检法机关，也就是说，媒体在其中并不享有任何采访和调查特权，对于未成年人犯罪案件而言，合法的信息收集和发布渠道只能是公检法机关。

第 274 条规定：“审判的时候被告人不满十八周岁的案件，不公开审理。但是，经未成年被告人及其法定代理人同意，未成年被告人所在学校和未成年人保护组织可以派代表到场。”这一规定安排了两个新制度：首先，据现行刑事诉讼法，“十六岁以上不满十八岁未成年人犯罪的案件，一般也不公开审理”。而修订刑诉法则提高了不公开审理的上限，扩大了保护范围，不满十八岁的未成年人犯罪案件一律不公开审理。不公开审理，当然谈不上公开报道。其次，对未成年人犯罪案件不公开审理的制度作出了更具体的安排，规定某些特定组织与人员可以派代表到庭，这些人员中并不包括新闻记者。这是对现行刑诉法相关内容的一次完善与细化。

第 275 条规定了判处五年以下有期徒刑的未成年人犯罪记录封存制度，这对知晓未成年犯罪嫌疑人、被告人个人信息及犯罪情况的亲属、学校、律师、社区、公检法机关等提出了保密要求：未经允许不得向包括媒体在内的其他组织和个人披露相关信息。

上述刑诉法修订后增加的规定从源头上保证了未成年犯罪嫌疑人、被告人的个人及犯罪信息不被公开传播，有助于他们的改造与回归社会，但对媒体而言则是严格限制，对此类案件的报道空间将急剧压缩。

（二）报道中回顾背景资料须谨慎

刑诉法修订后新增的涉及未成年人的规定中，未成年人犯罪记录封存制度的建立是最大亮点。

刑诉法修订后第 275 条规定："犯罪的时候不满十八周岁，被判处五年有期徒刑以下刑罚的，应当对相关犯罪记录予以封存。犯罪记录被封存的，不得向任何单位和个人提供，但司法机关为办案需要或者有关单位根据国家规定进行查询的除外。依法进行查询的单位，应当对被封存的犯罪记录的情况予以保密"。

这点与《刑法》第八次修订后第 100 条"依法受过刑事处罚的人，在入伍、就业的时候，应当如实向有关单位报告自己曾受过刑事处罚，不得隐瞒。犯罪的时候不满十八周岁被判处五年有期徒刑以下刑罚的人，免除前款规定的报告义务"的规定相对接。从国际规则看，犯罪记录封存与国际上的前科消灭制度相似，从程序上保障犯罪的未成年人在服刑完毕之后重新做人。

在犯罪记录封存制度下，无论当事人已经成年或者仍未满 18 周岁，他们未成年时期、五年刑期以下的犯罪记录都将处于被封存状态，任何单位和个人未经允许不得查询，而依法可以查询的单位与个人也负有保密义务。

在我国媒体的案件报道中，类似于背景资料的介绍性内容随处可见，在这种报道模式下，诸如犯罪"前科"的信息往往会作为补充资料被再次披露出来。2013 年 1 月 1 日修订刑诉法实施后，对于符合犯罪记录封存条件的未成年人犯罪案件，媒体刻意挖掘和传播相关信息的行为将具违法性，即便之前曾经被公开披露过，媒体也不得将该部分资料再次挖掘出来公开报道。

（三）尽量避免涉足以规避风险

刑诉法修订后规定犯罪记录封存的前提是“犯罪的时候不满十八周岁”“被判处五年有期徒刑以下刑罚”，这意味着犯罪记录是否封存要先经过法院的判决。但现实情况是，媒体往往在案发时、在侦查阶段就开始报道，并且不可能预先判断被报道的案件是否属于封存范围。这对媒体而言是一个潜在的风险。

显而易见，修订刑诉法为媒体报道未成年人犯罪案件增加了重重束缚，为了避免可能引发的法律纠纷，这一领域几乎可以被认为是媒体新闻报道的禁区。

将未成年人犯罪案件作为刑事诉讼的特别程序，建立未成年人犯罪记录封存和不公开审判制度，是少年司法制度中对犯罪未成年人以“教育为主，惩罚为辅”方针的具体落实，体现了社会对于未成年人的关爱和保护。媒体在刑事案件新闻报道中尽量避免涉足这一领域，不仅可以规避法律风险，同时也履行了保护青少年健康成长的社会责任，彰显职业道德和社会公德。

十二、少年司法制度对电视法制节目的影响[1]

我国 2012 年修订的刑诉法新增“未成年人刑事案件诉讼程序”，以一章 11 条的篇幅，将未成年人犯罪案件作为一种特别程序予以规定，这是我国通

[1] 本文系作者主持国家广电总局法规司科研项目“修订刑诉法对电视法制节目的影响”中的书面报告部分成果。

过一系列具体措施，落实对犯罪的未成年人实行以“教育为主、惩罚为辅的原则”的具体行动。

新规定影响到新闻媒体的案件报道主要是如下几个方面。

（一）未成年人犯罪案件一律不公开审理与记者在法庭上的采访权利

一档名为《畸型的攀比》的电视法制节目出现这样的画面：

主持人：今天，南京中级人民法院对这起案件进行了判决。

法庭画面：

画外音：嫌疑人常平21岁，范旭20岁，而刘华只有17岁，他们与21岁的王维康都是连云港老乡，而王维康的经济条件最好。

对三名犯罪嫌疑人进行宣判：常平犯绑架罪，被判处死刑；范旭犯故意杀人罪，被判死缓；刘华犯非法拘禁罪和毁灭证据罪，不过对被害人家庭进行了赔偿，且犯罪时未满十八岁，因此法院从轻处罚，判处有期徒刑两年，缓刑三年……

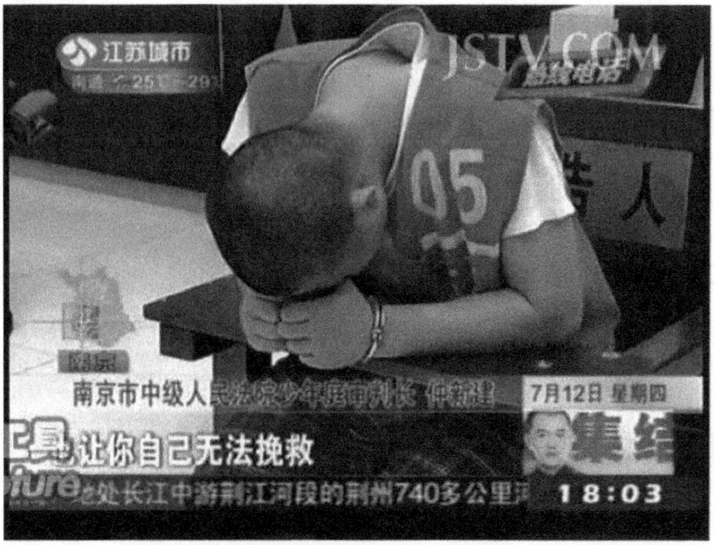

《畸型的攀比》中的未成年犯罪被告人刘华

画面中埋头哭泣的被告人就是犯罪时年仅17岁的未成年人刘华。在2013年1月1日修订的刑事诉讼法生效后，如果开庭时他还不满18岁，就不可以公开审理了，因为法律已经做出了重要修改。（见下表）

1996年刑事诉讼法	2012年修订的刑事诉讼法
第一百五十二条 人民法院审判第一审案件应当公开进行。但是有关国家秘密或者个人隐私的案件，不公开审理。 十四岁以上不满十六岁未成年人犯罪的案件，一律不公开审理。十六岁以上不满十八岁未成年人犯罪的案件，一般也不公开审理。 对于不公开审理的案件，应当当庭宣布不公开审理的理由。	第二百七十四条 审判的时候被告人不满十八周岁的案件，不公开审理。但是，经未成年被告人及其法定代理人同意，未成年被告人所在学校和未成年人保护组织可以派代表到场。

从上表可以看出，1996年的刑事诉讼法对未成年人犯罪案件设了两个年龄坎，一个是“十四岁以上不满十六岁”一律不公开审理；另一个是“十六岁以上不满十八岁”，一般也不公开审理。也就是说，虽然对未成年人犯罪案件“不公开审理”是原则，但十六岁到十八岁这个年龄段有弹性，个别特殊的案件可以公开审理。但2013年1月1日新修订的刑事诉讼法生效后，凡属审判时不满十八岁的未成年人犯罪案件，均属于不公开审理的范畴，新闻记者不能进入法庭，当然也不能公开报道庭审情况。

（二）部分未成年人犯罪记录封存的制度加大了媒体的保密责任

为了使犯罪的未成年人更好地回归社会，新修订的刑诉法第二百七十五条规定了未成年人犯罪记录封存制度。其中第一款规定了犯罪记录封存的条件：“犯罪的时候不满十八周岁，被判处五年有期徒刑以下刑罚的，应当对相关犯罪记录予以封存。”最高人民法院的司法解释和最高人民检察院的刑事诉讼规则则对该封存制度进行了细化。司法解释第四百九十条规定：“犯罪时不满十八周岁，被判处五年有期徒刑以下刑罚以及免除刑事处罚的未成年人的犯罪记录，应当封存”。而且对于需要封存犯罪记录的案件，应当采用不公开宣判的方式。[1] 刑事诉讼规则对未成年犯罪嫌疑人作出不起诉决定后的记录封存的具体程序也进行了详细规定。

由全国人大法工委刑法室编著的《中华人民共和国刑事诉讼法解读》（最新版）中指出：“被封存的犯罪记录包括侦查、审查起诉和审理过程中形成的与未成年人犯罪相关的各种材料。司法机关的封存工作不仅要对犯罪嫌疑人、被告人的材料采取保密措施，妥善保存，非因法定事由不得向外界提供；在有关方面要求为未成年人出具无犯罪记录证明时，司法机关不应当提供有犯罪记录的证明。”[2] 按照这一解释，未成年人犯罪记录封存的材料范围十分广泛，内容十分丰富，几乎涵盖了新闻报道感兴趣的所有内容。

新刑诉法第二百七十五条第二款则规定了封存的标准及例外：“犯罪记录被封存的，不得向任何单位和个人提供，但司法机关为办案需要或者有关单位根据国家规定进行查询的除外。依法进行查询的单位，应当对被封存的犯罪记录的情况予以保密。”这款规定几乎堵死了新闻界对未成年人犯罪案件报道的所有官方消息源。

以往新闻机构报道未成年人犯罪案件，主要遵循我国未成年人保护法与预防未成年人犯罪法的规定。即 2006 年修订的《中华人民共和国未成年人保护法》第五十八条规定：“对未成年人犯罪案件，新闻报道、影视节目、公开出版物、网络等不得披露该未成年人的姓名、住所、照片、图像以及可能推断出该未成年人的资料。”这一规定的保护重点在于犯罪未成年人的个人信息不应被披露，而他的犯罪事实（也就是媒体所感兴趣的故事）应当不属于禁止披露之列。仍以上述电视节目《畸型的攀比》为例，涉案共有 3 名被告人，其中 17 岁的未成年人刘华因非法拘禁罪和毁灭证据罪被判处有期徒刑两年，缓刑 3 年。如果此案判决产生于 2013 年 1 月 1 日之后，法律对刘华的保护就不仅是个人信息的不可识别，而且他的犯罪记录也应当封存，封存原因是他的刑期符合封存的法定条件。封存，其实就是保密。不仅案件不能公开审理，司法机关掌握的所有材料也都因封存而属于新闻报道的禁区了。

---

[1] 参见《最高人民法院关于适用<中华人民共和国刑事诉讼法>的司法解释》第四百八十七条。

[2] 臧铁伟主编《中华人民共和国刑事诉讼法解读》（最新版）第 609 页，中国法制出版社 2012。

（三）刑事诉讼法与未成年人保护法的矛盾有待解决

现在我们已经知道，关于未成年人犯罪案件报道，相关规定主要来源于三部法律，《中华人民共和国刑事诉讼法》（2012）、《中华人民共和国未成年人保护法》(2012) 以及《中华人民共和国预防未成年人犯罪法》(2012)。细心的研究者会发现其中存在着缝隙，或称灰色地带，可能使犯罪未成年人的个人信息公之于众，从而使保护犯罪未成年人权益的法律规定变成一纸空文。

这片灰色地带是怎样产生的呢？需要注意到，未成年人保护法和预防未成年人犯罪法强调的是犯罪未成年人的个人信息保护，即“对未成年人犯罪案件，新闻报道、影视节目、公开出版物、网络等不得披露该未成年人的姓名、住所、照片、图像以及可能推断出该未成年人的资料。”这里强调的是“案件”。但新刑诉法第二百七十四条规定：“审判的时候被告人不满 18 周岁的案件，不公开审理”。这里突出的是“年龄”，界限划在“审判时”。这意味着审判时已满 18 岁的未成年人犯罪案件可以公开审理。这就给记者进入法庭，报道未成年人保护法所称的“未成年人犯罪案件”留下了可能的空间。这方面著名的案件如哈尔滨医科大学附属医院杀医案的电视报道。

一档名为《哈医大杀医案开庭》[1] 的电视节目有如下内容：

主持人：……来看本台记者稍早前从庭审现场发回的报道。

视频画面出现，李梦南出场

记者：我现在所在的哈尔滨中级人民法院刑二庭刚刚审理完毕。整个法庭的情绪比较稳定，秩序也比较井然。只是在李梦然被带进法庭的时候，王浩的母亲喊了一句“李梦南，还我儿子！”情绪比较激动。后来在法庭的劝慰下，情绪比较稳定。整个庭审分为刑事和民事两个审理过程。在刑事审理过程分为法庭调查和辩护两个阶段，公诉机关认为被告李梦南故意非法剥夺他人生命，杀死一人、重任一人、轻伤一人，触犯了中华人民共和国刑法第三百三十二条，犯罪事实清楚，证据确实充分，应当以故意杀人罪追究其刑

[1] http://v.ku6.com/show/oVGOZmmvB7rgIyvfDHsQRw...html

事责任。被告人李梦南犯罪时不满18周岁，根据中华人民共和国刑法第十七条，应当从轻或减速轻处罚。李梦南的辩护人提出，李梦南行凶之后，又返回医大急诊室进行救治，这是否是自首行为；另外他长期服用药物是否具有完全的刑事行为能力；在长期治疗过程中，医院方面是否有误诊、误治以及医疗歧视等方面的问题，希望给李梦南减轻罪行……

李梦南犯罪时不到18岁，开庭时已满18岁，不论此案发生在2012年，还是新刑诉法生效后的2013年，都符合公开审理的条件。可见法院公开审理有法律依据。按照公开审判制度的题中应有之义，凡是公开审理的案件，当然包括向新闻媒体公开。问题在于，本案又肯定属于未成年人保护法第五十八条规定的“未成年人犯罪案件”，犯罪未成年人李梦南的个人信息应当受到法律保护，他的“姓名、住所、照片、图像以及可能推断出该未成年人的资料”均“不得披露”，法律对其个人信息的保护标准是“不可识别”。遗憾的是，开庭之前，李梦南的姓名、住址、亲属等信息被多家媒体大量曝光，即使央视的新闻节目模糊其面容，想要实现“不可识别”也是一句空话。

更为复杂的情形还在于，如果犯罪的未成年人如同电视节目《畸型的攀比》中的刘华一样，被判处两年有期徒刑，缓刑三年时，他的犯罪记录应当被封存。但如果因开庭时他已满十八岁而公开审判的话，“犯罪记录应当封存”也成了一句空话。

显然，法律对犯罪未成年人的保护是严格的。但是如果不把这个问题搞清楚，再遇有类似情形时，不论是刑事诉讼法，还是未成年人保护法、预防未成年人犯罪法的相关规定都可能成为一纸空文。

本课题组经过研究认为：未成年人保护法第五十八条是专门为大众传媒制定的规范，它一一列举了应受该法规范的媒体种类：以前表述为“新闻报道、影视节目、公开出版物”，2006年修订时又特别增加了“网络”；以前表述为“姓名、住所、照片以及可能推断出该未成年人的资料”，2006年修订时又特别增加了“图像”，反映出立法者努力使法网严密，涵盖所有的媒体、涵盖所有的表达方式的立法初衷。[1] 那么，当着这两部法律与新刑诉法有不一致的情况下，新闻媒体应当适用哪部法律呢？换句话说，如果法院对一个未成年人犯罪案件依法决定公开审理，媒体能不能报道，要不要报道呢？

《中华人民共和国立法法》第八十三条规定了适用法律的优先次序："同一机关制定的法律、行政法规、地方性法规、自治条例和单行条例、规章，特别规定与一般规定不一致的，适用特别规定；新的规定与旧的规定不一致的，适用新的规定。"那么，同是全国人大及其常委会制定的法律，未成年人保护法第五十八条的规定属于特别规定，而刑事诉讼法属于一般规定。结论是：对于李梦南杀医案，法院依法可以公开审理，但未成年人保护法为媒体确立的保密义务，媒体应当执行。

做出这样的判断基于三个理由：

首先，未成年人保护法第五十八条的规定是专门针对媒体的采访报道行为而规定的，应当属立法法所说的"特别规定"。

其次，根据1992年在我国生效的《联合国儿童权利公约》的规定，"关于儿童的一切行为，不论是由公私社会福利机构、法院、行政当局或立法机构执行，均应以儿童的最大利益为一种首要考虑。"在这里，"儿童最大利益原则"为解决未成年人保护和与之相关的法律冲突提了供一个合理的依据与解说，使特别法优先的法律适用原则更加顺理成章。

最后，如果不是这样理解并适用法律，在某些特定的情况下，未成年人犯罪记录封存的制度就根本无法落实。如李梦南杀医案一样，案发之初，开庭之前，他的姓名、住址、照片、图像以及可能推断出其身份的信息已经铺天盖地，封存其犯罪记录只能是一句空话。

值得注意的是：2012年底发布的司法解释第四百六十七条规定对少年司法程序中犯罪未成年人个人信息保护问题进行了强调和细化："开庭审理时被告人不满十八周岁的案件，一律不公开审理。对依法公开审理，但可能需要封存犯罪记录的案件，不得组织人员旁听"。第四百八十七条规定："对未成年人刑事案件宣告判决应当公开进行，但不得采取召开大会等形式。对

[1] 《中华人民共和国未成年人保护法》和《中华人民共和国预防未成年人犯罪法》的相关表述基本一致，其中未成年人保护法于2006年修订，是最新的。

依法应当封存犯罪记录的案件，宣判时，不得组织人员旁听；有旁听人员的，应当告知其不得传播案件信息”。依据司法解释第四百六十九条规定：“审理未成年人刑事案件，不得向外界披露该未成年人的姓名、住所、照片以及可能推断出该未成年人身份的其他资料。查阅、摘抄、复制的未成年人刑事案件的案卷材料，不得公开和传播。被害人是未成年人的刑事案件，适用前两款的规定”。上述条款，从不公开审理、不公开宣判，以及未成年被告人与被害人信息资料控制等方面进行了规定，体现了对未成年人个人信息的保密，凸显了对未成年人人权的保障。新颁布的刑事诉讼规则第五百零二条也对未成年人信息的保密加以规定:“人民检察院办理未成年人刑事案件过程中，应当对涉案未成年人的资料予以保密，不得公开或者传播涉案未成年人的姓名、住所、照片、图像及可能推断出该未成年人的其他资料”。

显然，最高检察院和最高法院发布的刑诉法司法解释，均对犯罪未成年人个人信息保护问题做出了安排，很大程度上解决了与未成年人保护法、预防未成年人犯罪法之间的衔接问题，其基本思路与本课题组的意见不谋而合。结论是：未成年人犯罪案件，即便是公开审理，只要涉及封存犯罪记录的，记者也不能进入法庭（法庭“不得组织人员旁听”）；即便是公开宣判，所有的人也都有保密（“不得传播案件信息”）义务，记者不能例外。

更为重要的是，上述一系列保密义务应当从源头开始。隐私是个人秘密，秘密一旦公开就不再成为秘密，之后的保密措施便不能实现保密目的。因此，真正涉及未成年人犯罪案件的保密义务始于公安侦查阶段。在这方面，与新刑诉法同时生效的《公安机关执法公开规定》中并未做出具体安排，要想使法律保护未成年人的相关规定落到实处还需要公安司法机关与媒体的共同努力。

（四）未成年人犯罪题材几乎可成报道禁区

回顾我国保护犯罪未成年人的法制进程，可以见到一个十分清晰的、越来越严格的走势。

1990 年 8 月 29 日，中国常驻联合国大使代表中华人民共和国政府签署了联合国《儿童权利公约》，中国成为第 105 个签约国。此后，我国保护未成年人的立法出现几次重大进展。每次调整均加大了对媒体采访报道行为的限制。

1991 年我国制定《中华人民共和国未成年人保护法》，第四十二条规定："对未成年人犯罪案件，在判决前，新闻报道、影视节目、公开出版物不得披露该未成年人的姓名、住所、照片及可能推断出该未年成人的资料。"这意味着在判决后，媒体还是可以披露相关信息的。

1999 年我国制定《中华人民共和国预防未成年人犯罪法》，上述规定出现在第四十五条："对未成年人犯罪案件，新闻报道、影视节目、公开出版物不得披露该未成年人的姓名、住所、照片及可能推断出该未成年人的资料。"内容似乎与 1991 年的未成年人保护法完全相同，但是取消了"在判决前"四个字，意味着不论在判决前，还是判决后，犯罪未成年人的个人信息均不得披露。

2006 年全国人大常委会修订《中华人民共和国未成年人保护法》，第五十八条再次出现上述规定："对未成年人犯罪案件，新闻报道、影视节目、公开出版物、网络等不得披露该未成年人的姓名、住所、照片、图像以及可能推断出该未成年人的资料。"法条在一一列举"新闻报道、影视节目、公开出版物"之后，又增加列举了"网络等"；在一一列举"姓名、住所、照片"后，又增加列举了"图像"。

2012 年修订的新刑诉法，更是新增未成年人犯罪记录封存制度，不仅犯罪未成年人的个人信息要不可识别，判处五年以下有期徒刑的未成年人犯罪情节、证据等也应当不为人知，即使有权查询的机构和人员也有保密义务。而司法解释逐一细化了涉及犯罪未成年人及受害未成年人的个人信息保护制度，使法网更加严密而可操作。

事实上，法律的上述规定在新闻界执行的并不好，以下网络及电视报道，就将犯罪未成年人的全部个人信息披露无遗。

《南方日报》2010 年 8 月 5 日报道：根据公安部发布的 A 级通缉令，近日，贵州公安机关正在侦办何俊、曾祥友、游祥炎、邹泽 (均已被抓获)、白中杰抢劫、杀人团伙犯罪案件。该团伙自 2010 年 7 月 12 日以来在贵阳、安顺、毕节等地连续实施抢劫、杀人作案 6 起，杀死 9 人。[1]

[1] 《公安部 A 级通缉令缉拿的 9 人被杀案 17 岁逃犯落网》，见人民网 http://society.people.com.cn/GB/42733/12359878.html

再如电视新闻节目《夜幕下的劫案》报道了一起3名青少年抢劫、强奸的恶性案件，其中一人是15岁的未成年人。报道中，先后出现了3名嫌疑人的画面，并未做任何处理。最后镜头扫过法律文书时泄露了15岁少年的姓名叫蔡某某，其身份信息被披露。

电视节目《内鬼》报道了2011年底发生在福建省泉州市某酒店的一起保险柜被劫案，其中最小的一名犯罪嫌疑人陈某某出生于1994年2月，犯罪时未满18岁。报道虽然对其面部做了模糊处理，节目中仍泄露了其姓名、父母姓名及家庭住址等个人身份信息，细心的观众仍可能从这些信息中推断出未成年人的身份。

可见，现有法律的规定远未消化为媒体的自觉行为，而新的、更加严格的法律规定又扑面而来。按照刑事诉讼程序，一个未成年人实施犯罪行为后，不到终审判决，并不能准确判断他是否属于应当封存犯罪记录的人。如果案发时就将嫌疑人的个人信息全盘托出，如李梦南案一样，最后即使确实应当封存他的犯罪记录，也无计可施——因为个人信息早已全部公开，覆水难收了。

2013年1月1日修订的刑事诉讼法生效后，未成年人犯罪报道领域将陷阱重重，新闻界将面临严峻的考验。如果没有准确的判断能力和高超的把握技巧，自觉将该领域设为禁区可能是最为聪明的选择了。

十三、“糯康死刑直播”批判[1]

2013年3月1日，央视在新闻频道直播特别节目《诛枭——糯康集团主犯被执行死刑》，迅速引起舆论关注，也引来不少批评。尽管直播结束后央视在微博上做出回应，称“诛枭不是看杀人”，同时也删除了央视国际网上的所有相关视频内容，但讨论仍然在继续。

近年来，世界范围内关于废除死刑的讨论与制度改革持续不断，因而死

[1] 本文发表于《新闻记者》杂志2013年第四期，标题为《一次死刑犯的电视游街示众》。

刑成为十分敏感的新闻话题和人权议题。在这种情况下，任何涉及死刑问题的媒介表达都属于顶级选题，考验节目制作者的综合素质。该节目的播出可能有一些积极的价值，如可以警示海外仇华势力，表明中国有能力保护本国公民在海外的安全，以及中国警方国际合作侦查办案能力等。但不可否认的是这次特别节目存在诸多败笔，总的看弊远远大于利。

首先，这次特别节目的标题引人误解，甚至刺激眼球。在《现代汉语辞典》中，“诛”字有四种解释，其中居前两位的均直接与“杀”意有关。特别是当副标题中出现“被执行死刑”时，媒体将之报道为“直播死刑”，观众将之理解为“直播死刑”，都是顺理成章的事情。否则，央视也不必在事后对网民解释“诛枭不是看杀人”。从节目播出的实际内容看，更准确的表达应当是“糯康等四名死刑犯由看守所交付法院执行”，而不是“被执行死刑”。显然，前者（看守所交付法院）是我国刑事诉讼法规定的“死刑的执行程序”开始前的一小部分，而后者（被执行死刑）却需要反映执行的全过程，给观众以“死刑正在执行”的收视预期，具刺激眼球的效果。当这种刺激与生命的尊严相连时，其正当性及文明程度都降到了最低点。

其次，节目内容渲染暴力有余。剥夺同类的生命，是人类最具暴力性质的行为，国家依法剥夺生命也不例外。从整个节目内容看，糯康的画面突出了其怕死、想家、人身被械具强制、被多名警察前后簇拥、交付法官的过程中被形象地“绳之以法”（取下械具，被绳子五花大绑），出现在直播画面中的执法者始终都是警察。主持人的解说中谈到了“报应”。而记者对糯康的提问涉及其母亲、子女等家人，并手持一本杂志告诉他，照片上正在哭泣的老人是被害船员的母亲，“你有没有想到她也不能和自己的孩子在一起了？”这种解说和提问似乎显示正义，但潜台词却仍然体现出杀人偿命、血债血偿的“同态复仇”的价值取向——因为你剥夺了别人母子团圆的权利，所以你也不能母子团圆。复仇，是公认的原始的死刑价值观，与现代文明差距万里，在中国国家级媒体传播这一新闻事件中却不时出现，实在令人遗憾。特别需要考虑的因素是，国家级电视媒体直播与执行死刑直接相关的选题已多年未见，甚至历史未见，除了直播外，还被其他各档新闻节目传播，更被无数网站转载，似乎也完全没有考虑这种画面对未成年人的影响——是否有违《中华人民共和国预防未成年人犯罪法》第三十二条关于“广播、电影、电视、戏剧节目，不得有渲染暴力、色情、赌博、恐怖活动等危害未成年人身心健康的内容”之规定，这是必须被节目制作者重点考虑的基本问题。

再次，节目内容彰显法制不足。对有罪之人处以刑罚是国家司法行为，而死刑立即执行则是极刑。我国没有废除死刑，但一直实行少杀慎杀的死刑政策。一个人被依法剥夺生命，必须遵照一系列严格的司法程序，以体现审判与刑罚的正当性与合法性。依照刑诉法的规定，审判环节的公开性最强，而执行死刑的公开问题却受到最严格的规范与限制，即“执行死刑应当公布，不应示众”（第252条第五款）。“公布”意在禁止秘密执行；而“不应示众”，则出于一系列文明与人道的考虑。如果糯康等人伏法一事需要被突出宣传，本应依法突出公开审判环节，即使不得不表现执行死刑环节，也完全有条件突出法定程序的严格要求，彰显中国死刑制度的程序正义。这些要求从《刑事诉讼法》看，直接相关的规定有三条（250-252条）多款，最高人民检察院的司法解释有四条（635-638条）规定；最高人民法院的司法解释有八条（320-327条）规定，涉及外国人的死刑执行程序还有特别规定。而《公安机关办理刑事案件程序规定》仅在288条中有一句“对被判处死刑的罪犯，公安机关应当依据人民法院执行死刑的命令，将罪犯交由人民法院执行”。可见，在死刑执行环节，执法的主角是法院，其次是作为监督者的检察院，公安机关只有一个“交付罪犯”的法定责任。但整个特别节目中，并未出现任何一位法官、检察官，执法者的画面全部都是警察。记者本可以向糯康提问其对中国法制的印象，却仅仅从受害人情感出发提问。直播节目一再失去了彰显法制的机会，却突出渲染了暴力、复仇等负面因素，观众通过观看本期节目产生的对死刑的印象与我国法律制度的设计无法重合，降低了节目合法性。比较而言，一些报纸对这一死刑执行过程的报道在彰显法制方面的表现优于电视。

最后不得不批评的是，这次特别节目实为一次“死刑犯的电视示众”。自上世纪八十年代起，我国严厉打击严重刑事犯罪过程中出现的对嫌疑人、罪犯（包括死刑犯）游街示众的现象受到国际社会的多次批评。1988年，最高人民法院、最高人民检察院和公安部联合发文，要求司法机关“不仅对死刑罪犯，对其他已决犯、未决犯以及一切违法人员，一律不准游街示众”。但是现实中，对嫌疑人、罪犯及死刑犯游街示众的现象一直屡禁不绝，地方政府和公安机关因此受到的批评最多，有人受到了处分。“游街”指在公共场所，“示众”就是给大家看。电视节目不分中外老少，人人皆可观看，并且不请自来地进入亿万家庭，冲进每个观众的眼帘。这正是电视媒体表现死刑题材的短版——因为并不是什么都适合被观看。这次特别节目虽然不是游街，但其示众的本质与游街并无区别，且示众的客观效果不知比游街的效果大多少倍，实际是我国法治文明的倒退，因此而受到社会的诸多批评不足为奇，相信这样的社会效果是央视预先没有估计到的。

十四、警方回应舆论关注应当坚守法律底线[1]

——简评警方对李某某涉嫌强奸案的舆论应对

2013 年 2 月下旬，媒体热炒“李某江之子李某某涉嫌轮奸案”，多日占据多家媒体的要闻位置，不仅网络媒体趋之若鹜，一些传统媒体也派出记者，就案情及相关法律问题追问警方及法律界人士。

这一事件之所以迅速成为舆论热点，既因李某江“官员 + 名人”的特殊身份，也因为性暴力犯罪的性质恶劣且刺激眼球，还因为司法审判结果的悬念令人期待，在多个角度均具备社会关注、成为舆论热点的要素。加上网络舆论的众声喧哗，此案最终的审判结果是否确能不枉不纵，实现严格依法办事令人堪忧。特别是 2013 年 1 月 1 日生效的新刑诉法所设立的少年司法制度也面临一次严峻考验。

以目前所知的情况分析这一舆论热点事态的发展，侦查机关处于关键位置。主要涉及如下问题。

（一）侦查机关对媒体证实网络传言的努力应持什么态度?

[1] 本文撰写于 2013 年 3 月初，在本书中首次公开发表。

本案是未成年人涉嫌强奸案件，这一基本案情决定其必然涉及两重、可能涉及三重保密问题：一是强奸案件涉及个人隐私依法不公开审理（刑诉法183条）；二是涉及未成年人犯罪案件一律不公开审理，不仅案情、证据不公开，犯罪未成年人的个人信息也不得披露（刑诉法274条、未成年人保护法58条、预防未成年人犯罪法45条）；三是如果本案最终有未成年被告人被法院判处五年以下有期徒刑，则其犯罪记录还应当依法封存，并永不为社会公众所知（刑诉法275条）。可见，不论是为嫌疑人个人信息保密、还是为案情保密，本案都是侦查机关依法履行保密义务的典型案例。

在此法制框架下，当媒体派员（包括传统媒体记者持证采访，也包括网络媒体派员打探）向警方求证传言时，警方发言人完全有条件依法予以说明，拒绝提供情况，而不是对传言给予“证实”。但从目前已知情况看，侦查机关不仅数次回应了记者的“证实”，有媒体还报道称警方向媒体“通报”了案情，警方甚至向媒体澄清案件受害人不姓李，而姓杨。这不仅大大刺激了记者们进一步挖掘相关信息的动力，而且警方每一次的“证实”与“澄清”都一再推高了舆论热潮。

对媒体而言，从警方获得的消息是官方消息，属于合法信息源、甚至权威信息源。这令不少本来了解法律底线的媒体处于两难境地：依未成年人保护法等规定，媒体本不应披露犯罪未成年人的个人信息；但嫌疑人李某某的个人信息已被官方证实，不再成为秘密，此时谁不报道，谁将在新闻大战中败北。

（二）警方对内部人员泄密的问题应当有管理

根据网络披露，李某某等涉嫌强奸案的报料人是香港南华早报的网络编辑王丰，而他则是“从北京海淀公安分局接到消息”。如果属实，最初是由警方内部人员向境外媒体泄露了侦查机关依法应当保守的秘密，然后这一消息“出口转内销”。

刑事诉讼法在2012年刚刚经历大修，新增多项规定限制侦查阶段的信息流动，加大了侦查机关的保密义务。从本案情况看，刑诉法有关保密的新老规定在警方内部远未得到认真执行。

据了解，我国台湾省刑事诉讼法第245条规定“侦查不公开制度及例外情况”。但现实中，有一些检调人员私下把案件信息提供给记者，而职业记者往往遵循世界通行的为秘密消息源保密的职业伦理，因此可保来自检调方的秘密报料人安全。为此，2012年5月台湾地区修订刑诉法，将第245条中“不得公开揭露”修改为“不得公开或揭露予执行法定职务必要范围以外之人员”，并在规定最后附加“第一项侦查不公开作业办法，由司法院会同行政院定之”。很多学者认为，所谓“执行法定职务必要范围以外之人员”，实际主要指媒体从业者，这一规定意在限制检调人员成为媒体的秘密消息源，进而泄露侦查秘密。

（三）公安行政规章应当与法律紧密衔接

秘密的特点在于，一旦公开则秘密不存。在刑事诉讼中，侦查机关处于前端。如果前端不能依法保密，则此后的起诉和处于末端的审判阶段的依法保密将变得没有意义。在这方面，公安机关的相关规定应当扮演积极角色。

以刑诉法新增的少年司法制度为例，最高人民检察院颁布的《人民检察院刑事诉讼规则(试行)》和最高人民法院颁的《关于适用〈中华人民共和国刑事诉讼法〉的解释》，均以数条篇幅对起诉、审判阶段的保密义务细化规范，特别是解决了刑事诉讼法与未成年人保护法、预防未成年人犯罪法在犯罪未成年人个人信息披露方面的规定相衔接的问题。

反观2012年12月3日颁布的《公安机关办理刑事案件程序规定》，除320条对犯罪记录封存制度有所安排之外，只有笼统的一句“依法保护未成年人的名誉和隐私，”却没有未成年人个人信息保密的细化安排，更没有对未成年人保护法58条、预防未成年人犯罪法45条规定的衔接与回应。制度安排上的漏洞，不仅为基层公安机关回应舆论时的不规范行为留下空间，而且使少年司法制度的起诉与审判程序变得困难重重——所谓不公开审理、犯罪人个人信息保密以及犯罪记录封存，都徒有形式，名存实亡了。

刑事诉讼历来是媒体和舆论关注的领域。它不仅涉及公众的知情权，也涉及诉讼相关当事人的人权保障。新媒体时代，各公权力机构在应对舆论关注方面做出了多种努力，其中积极应对、掌握主动权的确是有效措施之一。但这种“积极”和“主动”均应坚守法律底线。一旦法制不存，主动权又价值何在？

附：与本文直接相关的法律规定摘抄

《中华人民共和国刑事诉讼法》（2012年修正，2013年1月1日生效）

第一百八十三条 人民法院审判第一审案件应当公开进行。但是有关国家秘密或者个人隐私的案件，不公开审理；涉及商业秘密的案件，当事人申请不公开审理的，可以不公开审理。

第二百七十四条 审判的时候被告人不满十八周岁的案件，不公开审理。但是，经未成年被告人及其法定代理人同意，未成年被告人所在学校和未成年人保护组织可以派代表到场。

第二百七十五条 犯罪的时候不满十八周岁，被判处五年有期徒刑以下刑罚的，应当对相关犯罪记录予以封存。

犯罪记录被封存的，不得向任何单位和个人提供，但司法机关为办案需要或者有关单位根据国家规定进行查询的除外。依法进行查询的单位，应当对被封存的犯罪记录的情况予以保密。

《中华人民共和国未成年人保护法》(2012年修正, 2013年1月1日生效)

第五十八条 对未成年人犯罪案件，新闻报道、影视节目、公开出版物、网络等不得披露该未成年人的姓名、住所、照片、图像以及可能推断出该未成年人的资料。

《中华人民共和国预防未成年人犯罪法》（2012年修正，2013年1月1日生效)

第四十五条 对于审判的时候被告人不满十八周岁的刑事案件，不公开审理。对未成年人犯罪案件，新闻报道、影视节目、公开出版物不得披露该未成年人的姓名、住所、照片及可能推断出该未成年人的资料。

十五、刑事案件信息披露制度：两个标杆案件的观察与比较[1]

2013年有两个案件占据了各类媒体的大量篇幅，薄熙来受贿、贪污、滥用职权案依法公开审理，李某某等强奸案依法不公开审理。两案的开庭情况共同展示中国刑事司法公开审判制度的现状。由于审判过程中两案的相关信息披露都达到了前所未见的程度，均足以颠覆目前法院执行公开审判制度的案情披露标准，其正负影响均不可估量。

法院依法公开审判的案件中，相关信息披露不充分、记者难以进入法庭等现象一直是广受记者及公众诟病的问题。但在薄熙来案审判过程中，由于法院在5天审理期间前所未有地通过微博及时传递了大量庭审信息，不仅使记者能否进入法庭变得不那么重要了，反而使所有关心此案的人目不暇接——多数专业媒体来不及消化，不善于甚至无力解读；多数网民更是一头雾水，只能就些低俗话题发表评论；少量法律专业人士表现最佳，一些律师和法学教授的表达客观理性，对审判的评价正面为主。这一审判信息公开的力度之大，远远超出目前我国法院每天都在进行的公开审理案件的信息披露水平，审判公开着实前进了一大步。问题在于：它是否能够成为常态，而非个例？如果社会公众及媒体以此案信息公开的水准为参照，对所有社会关注的、依法公开审理的案件信息披露提出同等要求，这对全国各级法院的勇气及应对能力将是综合考验，当然也必将成为推进审判公开制度前所未有的大好机会。

公开审判并非越公开越好——依法公开与依法不公开，共同构成公开审判制度的内涵。严格依法办事，该公开的真正公开、不该公开的坚决不予公开，才是符合法治精神。但在李某某等强奸案的审判中，虽然有多项法律规定此案不能公开审理、需要依法保密，但客观上的案情公开程度甚至远远超出了绝大多数公开审理案件的信息披露范畴，不仅法律要求身份保密的两种案件

[1] 本文撰稿于2013年9月2日，本书首次发表。

当事人（犯罪未成年人、性侵犯案件受害人）的个人信息被无情曝光，连受害人的妇科检查结论也被公之于众。依法不公开审理的案件信息被公开到如此等程度，自有刑诉法以来所未见。甚至法院还破天荒地在闭庭后召开了新闻发布会。案例是活的法制教育。如果这一切都是正常的、合法的，且最终不了了之，[1] 则未来律师、媒体及公众将以此案为尺度对那些不公开审理的案件大胆公开其案情，甚至会走得更远，这对我国司法人权保障必将是灾难性的挑战。

李某某强奸案反映出不公开审理案件的信息披露制度存在多方面缺陷，关键在于信息源而不是媒体。如果案情信息在如下方面得以控制，则媒体将无所作为。

问题一，侦查机关对依法不公开审理案件的保密责任应当如何履行？《公安机关办理刑事案件程序规定》对此是否应当有细化安排。

问题二，律师就案件的法庭外陈述有没有规则？从《律师法》到《律师职业道德和执业纪律规范》以及《律师执业行为规范》中都找不到依据，这给某些律师利用舆论影响审判留下制度漏洞。那么，是否需要区别不同条件，比如：公开审理与不公开审理的案件；案中具有法定身份的（代理人或辩护人）与不具有法定身份的（如家庭法律顾问等）；是披露案情还是发表评论；处在诉讼程序进行中还是在程序结束后等，律师业应确立具体的而非笼统的言论规范。

问题三，作为审判机关，法院是否应当并可以向不公开审理案件中的各当事人发出法庭外禁言的要求？如果有当事人在不公开审理的法庭和公共舆论两个战场上同时搏弈，违反法庭的禁令而向社会及媒体发布案件事实与意见，是否可以因违反法庭纪律而给予制裁？如果现有制度不足以支撑法庭的权威，是否有必要补充或修改法律？等等。

上述两案给司法公开及公开审判制度以挑战和难得的机遇，司法改革当顺势而为。

---

[1] 据笔者观察，李某某等强奸案信息披露的不正常状态催生了一系列规范：首先是全国人大常委会制定刑法修正案九，在我国刑法中新增藐视法庭罪；其次是北京市律师协会先后出台两个业务指引文件，规范律师有关案件的庭内外言论。

第五章

案件报道的自律规则

一、媒体报道案件的自律规则 [1]

媒体报道与司法公正的冲突，或曰新闻自由与司法独立的冲突由来已久，中外皆然。笔者多年观察这种冲突的发展脉络，找寻缓解或平衡这种冲突的途径，认识到这种冲突的本质，实际是公众对司法活动的知情权、公民的言论自由权、公民获得公平审判的权利以及公民对任何国家机关及其工作人员的批评建议权等一系列基本宪法权利的冲突。我以为，这绝非一个基本的精神或口头的命令，亦或简单的办法就可以解决问题。

观察世界各国的做法，由于新闻自由这一宪法原则的极端重要性，各国

[1] 本文是作者于 2003 年 11 月 1-2 日参加在江西省吉安市召开的"新闻报道与司法公正研讨会"提交的论文，发表于《新闻记者》杂志 2004 年第一期，并被收入"《新闻记者》三十年选"《中国传媒业的观察家与思想者》一书，文汇出版社 2013。本书出版时有少量修改。

特别是发达国家都小心翼翼地避免运用强力给予限制，而更多的是采取各种措施促使新闻业实行自我约束。

在我国，由中华全国新闻工作者协会第四届理事会第一次全体会议于1991年通过，经1994年和1997年两次修订的《中国新闻工作者职业道德准则》是新闻界最重要的自律性准则。虽然它曾经对规范新闻工作者的职业行为产生了巨大的作用，但是也存在着内容简单、表述含混和操作性差的缺陷。[1] 笔者根据法律已有的规定和以往的经验教训，提出以下10条规范供业内人士讨论。

1. 媒体不是法官。案件判决前，媒体不应做出定罪、定性的报道。

法律依据：

（1）宪法：

人民法院依法独立行使审判权，不受行政机关、社会团体和个人的干涉。

（2）刑事诉讼法：

未经人民法院依法判决，对任何人都不得确定有罪。

解释要点：

（1）反对媒体审判。它明确：一个案件进入司法程序之后，是由法官审理案件而不是媒体在审案。媒体只是观察者，而不是裁判者。

所谓“媒体审判”，是指新闻机构在诉讼过程中，为影响司法审判结果而发表的消息和评论。所以要反对媒体审判基于两个原因：一是维护案件当事人获得公平审判的权利；二是维护独立的司法审判权。

（2）媒体审判最重要的表现有二：一是给案件定性，如是否构成侵权、是否构成越权执法、是否应当承担法律责任、赔偿多少等等；二是给被告人定罪。有时，给被告人定罪的行为并不直接表现为确定罪名，而是使用含义明确的形容词。

（3）媒体审判是发生在诉讼中的行为。具体说，它是指案件立案后、结案前的新闻传播行为，特别是判决做出之前的行为。据此，立案之前，执法机关尚未介入，谈不上媒体审判；结案之后，由于媒体的报道和评论不再损

[1] 虽然《中国新闻工作者职业道德准则》于2009年进行了一次新的修订，但在报道司法活动的规范方面仍然存在“内容简单、表达含混、操作性差”的缺陷，远远赶不上我国法制的进程。作者注。

害案件当事人获得公平审判的权利，也无法影响司法机关独立做出判决，则不应属于媒体审判的行为。

2. 不应指责诉讼参与人及当事人正当行使权利的行为。

法律依据：

（1）宪法：

中华人民共和国公民在法律面前一律平等。

（2）人民法院组织法：

人民法院审理案件除法律另有规定的以外，一律公开进行。被告人有权获得辩护，人民法院有义务保证被告人获得辩护。

（3）刑事诉讼法：

人民法院、人民检察院和公安机关应当保障诉讼参与人享有的诉讼权利。

（4）民事诉讼法：

民事诉讼当事人有平等的诉讼权利。

当事人有权在法律规定的范围内处分自己的民事权利和诉讼权利。

（5）行政诉讼法：

当事人在行政诉讼中的法律地位平等。

解释要点：

（1）公民有获得公平审判的权利。市场经济体制下，司法（即人民法院）的裁决具有终局性。一旦发生纠纷，充分行使诉讼权利就是当事人寻求救济的最后通道，是所有公民法人一项最基本的权利。这种权利是通过一系列诉讼行为实现的，它包括起诉、答辩、请求回避、提供证据、质证、辩护、最后陈述、上诉等。

（2）对当事人行使正当诉讼权利的行为横加指责有悖法治精神。在以往的不当报道和纠纷事件中，新闻机构在这方面曾多有表现，报道中的相关用语都是对案件当事人行使正当诉讼权利的不法干涉，表现出新闻制作者对我国诉讼制度的无知。它向社会传递的是非法治、反法治的信息，应当杜绝。

3. 对案件报道中涉及的未成年人、妇女、老人和残疾人等的权益予以特别的关切。报道犯罪的未成年人和性侵害案件的受害者应使之不可辨认。避

免搅扰与犯罪无直接联系的组织和个人的正常生产和生活。

法律依据：

(1) 宪法：

国家培养青年、少年、儿童在品德、智力、体质等方面全面发展。

国家保护妇女的权利和利益。

国家和社会帮助安排盲、聋、哑和其他有残疾的公民的劳动、生活和教育。

禁止虐待老人、妇女和儿童。

(2) 未成年人保护法：

保护未成年人的工作，应当遵循下列原则：

(一) 保障未成年人的合法权益；

(二) 尊重未成年人的人格尊严：……

(3) 预防未成年人犯罪法：

对未成年人犯罪案件，新闻报道、影视节目、公开出版物、网络等不得披露该未成年人的姓名、住所、照片以及可能推断出该未成年人的资料。

(4) 妇女权益保障法：

妇女在政治的、经济的、文化的、社会的和家庭的生活等方面享有与男子平等的权利。

禁止歧视、虐待和残害妇女。

禁止通过大众传播媒介或者其他方式贬低损害妇女人格。

(5) 残疾人保障法：

残疾人在政治、经济、文化和家庭生活等方面享有同其他公民平等的权利。

禁止歧视、侮辱、侵害残疾人。

(6) 老年人权益保护法：

国家保护老年人依法享有的权益。

禁止歧视、侮辱、虐待和遗弃老年人。

解释要点：

(1) 对弱势群体的特殊关切精神应无处不在。未成年人、妇女、老人、残疾人是公民中的弱势群体，因此宪法规定了对其特别保护的原则，而相关法律则细化了保护的具体规范。宪法和法律传递的精神是对这几类特殊群体要予以特别的关切，这种精神在整个社会生活中应当无处不在，当然包括诉讼活动及有关诉讼案件的新闻报道。

对不同弱势群体的关切重点不同。比如，对未成年人和妇女侧重于保护隐私等人格权，而对残疾人和老年人更侧重于反对歧视和生存保障。

（2）案件报道中有两类人应使之不可辨认。这两类人具体指：一是未成年的犯罪者，二是性侵害案件受害者。所谓“不可辨认”，是指有关人的姓名、性别、年龄、住址、照片、电视影像以及可能推断出其真实身份的所有信息都应当避免披露。

（3）避免搅扰与犯罪无直接联系的组织和个人的正常生产和生活。犯罪具有社会危害性，但是否构成犯罪却需要严格的司法程序来判定。新闻媒体对犯罪人的不当披露和猜测，可能损害相关人的人格尊严；如果涉及企业或组织，还有可能造成较为严重的经济损失；同时也会不恰当地引导社会舆论，妨碍司法公正。

4. 对不公开审理的涉及国家机密、商业秘密、个人隐私案件的案情不宜详细报道。

法律依据：

（1）刑事诉讼法：

人民法院审判案件，除本法另有规定的以外，一律公开进行。

人民法院审理第一审案件应当公开进行。但有关国家秘密或者个人隐私的案件，不公开审理。涉及商业秘密的案件，当事人申请不公开审理的，可以不公开审理。

审理的时候被告人不满十八周岁的案件，不公开审理。

（2）民事诉讼法：

人民法院审理民事案件，除涉及国家秘密、个人隐私或者法律另有规定的以外，应当公开进行。离婚案件，涉及商业秘密的案件，当事人申请不公开审理的，可以不公开审理。

（3）行政诉讼法：

人民法院公开审理行政案件，但涉及国家机密、个人隐私和法律另有规定的除外。

(4) 最高人民法院关于严格执行公开审判制度的若干规定：

人民法院审理的所有案件应当一律公开宣告判决。

解释要点：

(1) 新闻报道与秘密有天然冲突。新闻报道以揭露事件的真相为目的，但并非所有的事件都适于通过新闻媒体公开示人。根据法律的规定，涉及国家秘密（机密、秘密、绝密）、个人隐私的案件依法不公开审理。企业采取保密措施的视为商业秘密，涉及商业秘密的案件，经当事人申请，法院依法可以决定不公开审理。

(2) “不公开审理”的案件并非不可以报道。理由有三：其一，依照法律规定，不公开审理的案件，其判决也应当公开进行，因此对不公开审理案件的判决结果可以报道。其二，报道判决结果就可能涉及案情，因此案情并非不能报道，而是“不宜详细报道”。其三，报道案情的内容应当以判决书披露的内容为限。

(3) 依法不公开审理的案情以“不公开报道”为原则，并非所有不公开审理的案件其案情均不得详细报道。比如未成年人犯罪案件，法律禁止披露犯罪者的身份，却未禁止披露案情。况且此类案情公开披露对社会有一定的教育、警示意义。[1]

5. 不针对法庭审判活动进行暗访。

法律依据：

最高人民法院关于严格执行公开审判制度的若干规定：

依法公开审理的案件，经人民法院许可，新闻记者可以记录、录音、摄像、摄影、转播庭审实况。

解释要点：

(1) 限制部分采访行为是为了保障法庭秩序。法庭是审判场所，其庄严、神圣的秩序是司法尊严的需要，也是维护当事人合法诉讼权利的需要。某些

[1] 本文发表于2004年1月，引用当时的法律。按照2012年修订后的刑事诉讼法，判处五年以下的未成年人犯罪记录应当封存，不为社会所知。因此对这部分犯罪未成年人的保护水平已大大严格于本文所述标准。参照本书文章：《未成年人犯罪或成媒体禁区》。

采访行为（如摄影、广播电视直播等）妨碍法庭秩序，过多的采访行为常常有喧宾夺主的情形，某些法官面对庭上的大量记者，会产生压力或出现“作秀”现象，从而忽略了审判职责等。这一切都可能妨碍司法公正。

(2) 在公开审判的法庭上采访必须经过许可。这里的采访行为包括记录、录音、摄像、摄影、转播，几乎囊括了所有的采访方式，因此在法庭上不存在进行暗访（包括偷拍、偷录以及未经许可的记录[1]等行为）的空间。

6. 平衡报道，不做诉讼一方的代言人。

法律依据：

(1) 宪法：

被告人有权获得辩护。

(2) 刑事诉讼法：

人民法院有义务保证被告人获得辩护。

(3) 民事诉讼法：

民事诉讼当事人有平等的诉讼权利。

(4) 行政诉讼法：

当事人在行政诉讼中的法律地位平等。

解释要点：

(1) 新闻与司法的职业理念没有根本冲突。司法的理念是追求公平正义，通过行使司法审判权平衡各方的权利义务，人民法院徽记上的天平是对此最为形象化的解释。而新闻业追求客观公正，以真实性为新闻的生命，反对偏听偏信，视新闻失实为职业污点。因此，在追求公平正义方面，新闻与司法两界并无冲突。

(2) 成为诉讼案件一方的代言人是案件报道最糟糕的选择。由于只有司法的裁决才具有终局性，因此只为诉讼案件一方代言的报道经常使新闻机构

[1] 记者在法庭上的记录行为是否需要法官批准，一直是新闻界关注的问题。本文发表的 2004 年 1 月，法庭上未经批准的记录确实属于违反法庭纪律的行为。2012 年底刑诉法修订后，《最高人民法院关于适用 < 中华人民共和国刑事诉讼法 > 的解释》第 249 条规定了法庭纪律，其中（三）规定“不得对庭审活动进行录音、录像、摄影，或者通过发送邮件、博客、微博客等方式传播庭审情况，但经人民法院许可的新闻记者除外”，表明在法庭上的记录行为已不在“人民法院许可”的范围内。

处于被动地步，并可能导致新闻侵权纠纷。

（3）偏听偏信是成为“诉讼一方代言人”的外在表现。

（4）以新闻事实代替法律事实是成为“诉讼一方代言人”的内在原因。

（5）成为诉讼一方代言人的新闻机构丧失了客观公正的立场，从“观察者”变为“参与者”，损害自身形象，招致媒体审判的批评。

（6）平衡报道是避免成为诉讼一方代言人的良方。所谓“平衡报道”，是指给诉讼（特别是民事、行政诉讼）案件双方当事人以平等的陈述案件事实和表达法律观点的机会。

7. 评论一般应当在判决后进行。

法律依据：

宪法：

人民法院依照法律独立行使审判权，不受行政机关、社会团体和个人的干涉。

中华人民共和国公民有言论、出版、集会、结社、游行、示威的自由。

中华人民共和国公民对于任何国家机关和国家工作人员，有提出批评和建议的权利。

解释要点：

（1）报道与评论是不同的新闻文体。其一，内容不同：报道说的是事实，评论表达的是意见和观点。其二，来源不同：报道所说的事实来源于客观现实，评论所表达的意见和观点是人的主观判断。其三，存在方式不同：报道所说的事实，其真相是惟一的，而评论所表达的意见和观点，由于表达者立场、利益、出发点不同，对同一个事实所表达的意见和观点也会不同，因此观点是多元的。其四，法律空间不同：法律对报道的要求是“真实”，不能证实新闻真实，就要承担新闻失实的法律责任；对评论的要求是“公正”或“公允”，凡符合公正评论条件的评论均应免除法律责任。

（2）客观平衡的报道不会损害司法公正。所以要反对媒体审判，是因为倾向一方的、偏听偏信的、渲染炒作的案件报道和评论不恰当地引导了社会舆论，可能损害司法公正。客观平衡地报道司法活动的进程，一般不发表评论，既满足公众对司法活动的知情权，也不损害司法公正。

(3) 评论是公民言论自由的重要载体。所谓言论自由，主要是表达意见的自由，进而是批评的自由。宪法规定，公民可以对任何国家机关及其工作人员提出批评和建议，司法机关和司法判决也不应例外。表现在新闻媒体上，这种批评权和建议权的具体实现就是发表评论。但是，人民法院独立行使审判权也是重要的宪法原则，它应当充分体现在司法进程中。如果司法尚未裁决，媒体即发表评论，言说公平与否，那是无源之水，无本之木。判都没判，何以评说“公正”还是“不公正”？但既已下判，特别是已经做出了终审判决，不管如何评论，都不能再影响判决结果了，就应当准许评论的发表。

(4) “评论一般应当在判决后进行”的规则在言论自由和司法公正间找到了一个平衡点，兼顾了几项重要宪法权利，它应当作为新闻机构处理有关案件报道的评论问题的一般原则。

8.判决前发表的质疑性、批评性评论应当谨慎限于违反诉讼程序的行为。

除了若干宪法原则外，这一规范并没有直接的法律依据，完全是从实践中抽象出来的新闻采编经验和体会。

解释要点：

(1) 评论是媒体审判的常用载体。前提是我们反对媒体审判。所谓“媒体审判的载体”主要是指发表观点和意见的新闻评论。因而在一般情况下，判决前不宜发表评论，特别是批评性评论。

(2) 质疑和批评程序违法行为无损司法公正。如果说定罪、定性式的报道和评论是媒体审判的主要表现的话，那么有关诉讼程序问题的报道和评论则不应属于媒体审判。违反诉讼程序的表现如：不提前公告开庭信息、依法应当公开审理的案件不公开、不询问当事人是否要求回避、在法庭上不对证据进行质证、不准一方当事人发表辩论意见、剥夺当事人最后陈述的机会、阻止当事人进行和解、不按时送达判决书等等，这些行为都是显而易见的。在诉讼过程中，新闻媒体对此发表报道进而展开评论、批评上述违反诉讼程序的行为，不仅不是媒体审判，反而是对司法公正的积极维护和推动，属于正当的舆论监督。

(3) 质疑和批评违反诉讼程序的行为应当谨慎。尽管报道以致评论诉讼中违反程序法的行为不属于媒体审判，但仍然有必要总量控制，避免在公众中造成司法不公的整体印象。具体做法是对素材严加核实，力求报道典型事实，而不宜不加选择，铺天盖地。本条规范使用了“应当”“限于”等字眼，就是为了促使新闻机构采取“谨慎”的行为模式。

9. 批评性评论应当抱有善意，避免针对法官个人的品行学识。

批评的“善意”的原则不仅限于案件新闻，它应当适用于所有的批评性报道和评论。

法律依据：

报刊刊载虚假失实报道处理办法（新闻出版署 1999）：

报纸、期刊刊载虚假失实报道和纪实作品，有关出版单位应当在其出版的报纸、期刊上进行公开更正，消除影响；致使公民、法人或其他组织的合法权益受到侵害的，有关出版单位应当依法承担民事责任。

报纸、期刊刊载虚假失实报道和纪实作品，致使公民、法人和其他组织的合法权益受到侵害的，当事人有权要求更正或者答辩有关出版单位应当在其出版的报纸、期刊上予以发表；拒绝发表的，当事人可以向人民法院提起诉讼。

解释要点：

(1)“以阶级斗争为纲”的时代已经过去。但遗毒仍有市场，批评一人一地，抓住一点，不及其余；一棍子打死，不准许答辩和反批评；刻意表现被批评者的张惶、尴尬和丑态，对人不对事；不考虑客观环境，不触及深层原因……这些表现的思想根源，就是“把他打翻在地，再踏上一只脚，让他永世不得翻身”，以这种你死我活的阶级斗争方式来展开批评，当然会导致某些媒体的舆论监督“杀伤力”过强。

(2)“善意”原则是形成良好舆论环境的重要基础。

何为“善意”？条件有二：

其一，非恶意。所谓“恶意”，它直接对抗“善意”，其表现就是一棍子打死，“整垮你”，“整死你”，“就是要臭臭他”，“不搞得他身败名裂，就不算胜利”……批评的目的不在于被批评事件本身，而在于被批评的人；不在于意见的流通和观点的碰撞，而在乎人的下场。这种批评不仅导致社会支付过高的成本（如大批干部受处分，本有前途的干部因一次曝光而结束政治生命），错误地引导社会只关注对责任人的处理，而不去探究深层原因，同时在社会上制造一种不尊重不同意见，不尊重被批评者正当权益的不良风气。简单说，恶意就是对人不对事，或借事整人。

其二，准许被批评者申辩。非恶意的并非就是善意，鉴别是否善意的一个重要条件，是是否准许被批评者申辩。公正地制裁犯罪尚且容许被告人申辩，“善意的批评”却不准被批评者陈述理由，那么善意究竟何在？更何况当今正处于转型时期，探索无处不在，新事物层出不穷，难道只有媒体传播的才是“惟一正确的”观点？不允许被批评者申辩和不允许不同意见并无根本的区别。

其三，富有建设性。批评的目的不在于批评本身，即不是为了批评而批评，而是为了解决问题。因此，仅仅指出错误虽然是可以的，却是不够的。如果不仅指出错误，还提出建设性意见，这种批评无疑是善意的。

其四，避免针对法官个人的学识品行。任何善意的批评都应当对事不对人，这应当成为批评的一个普遍原则。法官是执法者，法官的尊严与法律的尊严虽然不是一回事，却也密切相关。在我国，部分法官素质较差，主要是由历史原因造成的。简单将司法活动的失误归结于个人原因是不切实际的，对被批评的个人也是不公平的。如果新闻批评不是积极引导公众讨论案件本身引发的法律问题，而是刻意突出少数法官的无知愚蠢，无疑将在公众中强化“法官不值得信任”的观念。久而久之，会促使公众在面对纠纷时不去选择司法救济这种最为文明的方式，而是另寻它途（如私了、找政府、上访或暴力相向等），受损的将是社会整体利益。

10. 不在自己的媒体上发表自己涉诉的报道和评论。

法律依据：

（1）出版管理条例：

出版物的内容不真实或者不公正，致使公民、法人或其他组织的合法权益受到侵害的，其出版单位应当公开更正，消除影响，并依法承担民事责任。

（2）广播电视管理条例：

广播电视新闻应当真实、公正。

解释要点：

(1) 媒体版面与播出时段是公共资源。媒体的为人民服务不应变成为自己服务。

(2) 客观公正是新闻从业者最基本的职业理念。当媒体涉诉时，该新闻机构及其记者是诉讼当事人，而不是客观中立的观察者。

(3) 运用新闻机构的话语优势为自己的官司“助阵”导致诉讼双方的信息和观点披露不对称，破坏公平原则。

(4) 如果可以为媒体自己留下一点空间，只应是因为犯下某种误导公众的错误而向公众做出道歉，而不是以宝贵的版面或播出时段为自己喊冤叫屈。

(5) 作为诉讼事件当事人也有权利像其他新闻事件的当事人一样，接受其他媒体的相关采访，或在其他媒体上发表相关评论。

以上各项自律规则都具有直接或间接的法律依据。笔者所做的，是将它们从法律的精神中和新闻业的基本理念中抽象出来，用便于媒体从业者理解和运用的格式和语言加以表达。建立规则的目的是以具有操作性规则来规范媒体的相关行为，尽力减少或避免新闻与司法的冲突，使双方在追求平衡的过程中各得其所，从而推动政治文明的建设。

二、记者不是警察[1]

许多精彩的警匪影视剧中，常常缺不了一对“黄金搭档”——勇猛干练的男警察与聪明漂亮的女记者。这种记者与警察的绝配套路演绎了无数惊心动魄又缠绵绯恻的故事，也创造了世代流传的经典佳作。

毫无疑问，记者与警察有着许多相似之处，根本的共同点是探寻真相。

[1] 从本篇开始，收入作者为《新闻三昧》撰写的一组系列文章，细化了本书上文《媒体报道案件的自律规则》的具体内容。本文发表在《新闻三昧》2003 年第 10 期。

但是如果我们将新闻记者视为一个令人崇敬的职业，承认专业化是新闻从业目标的话，我们就必须更多地注意到二者的不同。

（一）记者与警察大有不同

一是工作内容不同。记者从事调查工作。“调查”是社会学或传播学上的概念，它是指为了解情况而进行的考察，多数情况指到现场考察。警察从事侦查工作。“侦查”是一个法律概念，它是指司法程序中为搜集证据，审查证据揭露犯罪、查缉犯罪人以追究刑事责任而进行的专门调查工作和有关强制措施。在我国，侦查权由公安机关和人民检察院行使，其他任何国家机关、团体和个人都无权行使。

二是工作目的不同。记者追寻真相的目的是为了公开披露；而警察调查真相的目的是为了缉拿罪犯，调查取证。有人可能会说，难道记者追寻真相不是为了打击犯罪吗？这当然没有错。但是这个共同点在法律上却是模糊不清的。记者的调查不能替代警察的侦查，因此只有记者而没有警察，就无法打击犯罪。

三是工作程序不同。记者的调查一般没有严格程序，新闻采访学所介绍的采访方式有几十种，选用什么方式采访调查，在大多数情况下由记者根据实际情况自行决定。而警察的侦查行为却有严格的法律规范，违反法定程序的侦查行为被视为非法，所获取的证据不能用于证明案件事实，侦查中出现刑讯逼供等严重违法行为还会导致法律责任。

四是法律环境不同。记者的调查不具有强制力，被调查者可以提供情况，也可以不提供情况，被采访人不向记者披露真相一般不会导致法律责任。但警察的侦查行为受法律保护，被调查人袭警、拒不作证或作伪证要承担法律后果。

五是工作性质不同，这也是最根本的不同。记者的调查工作，其本质是行使公民权利，其来源是公众对公共信息的知情权；而警察的侦查行为是行使公权力，其来源是法律的授权。

明确这些不同十分重要。因为角色的混乱常常导致行为的错位，酿成难以挽回的后果。

（二）真实案例给我们的启示

案例一：

为了解文物走私犯罪的真实情况，某著名电视台的两名记者假扮成文物贩子，在西安古玩市场打探行情。对方对记者的假身份信以为真，带领他们来到当地有名的盗墓村，一个叫黑哥的盗墓贼在没收了记者的通讯工具后，领他们来到一处尚未开掘的西汉墓地。经过了两天多的挖掘，13 件西汉时期的文物出土。经过讨价还价，以 14000 元成交。这一切均被记者用偷拍设备记录下来。报案后，警方立即出动，盗墓贼黑哥已携款闻风而逃。在将文物献给陕西省文物局后，题为《亲历盗墓》的暗访节目在某电视台播出。

这两名记者像是卧底的警察。近年来，“记者卧底……”的标题多次出现在新闻标题中，甚至连消息提供者也被称为“线人”。警察术语频频出现在新闻采访行为中，不仅表明记者的行为与警察确有共同之处，也表明某些记者自觉不自觉地将自己等同于警察。但是仅以卧底行为而言，警察的深入虎穴侦查取证是政府机构指派，经过法定程序批准，受法律保护；而记者“卧底”于犯罪集团，只是自己的一厢情愿，即使是受单位领导指派的，也不同于警察卧底，不受法律的特别保护。具体在这一事件中，记者的行为已涉嫌犯罪，所涉罪名有二，即我国刑法第 328 条规定的“盗掘古文化遗址、古墓葬罪”和第 326 条规定的“倒卖文物罪”。法律面前人人平等，新闻记者没有违法犯罪的特权，不能以违法犯罪来揭露违法犯罪。那种为了披露性交易真相而假装嫖客，为了揭露贩毒行为而伪装成毒贩子等行为都是“电视记者亲历盗墓”的翻版。

启示一：揭露违法犯罪不是记者参与违法犯罪的特许证。

案例二：

美国加州戴维斯的警察接到某电视节目制作公司打来的电话，说有一个恋童癖嫌疑犯将与一名扮演 13 岁女童的记者见面，电视公司邀请警察与他们一起赶赴约会现场，以当场拿获色狼。警察参与了这次行动，并抓获了嫌疑人，并获得了电视公司提供的一些可以作为证据的录像带。一位叫珍尼弗．赫西的女记者假扮那名13岁少女，她通过网上聊天室与老色狼频繁交流了四年。这期间，她运用这种引诱嫌疑人上钩，然后报告警方加以拘捕的行为，共有二十多次，其中包括一起将一位老师送上州法庭的行动。大多数设套引诱罪犯自投罗网的经过都被拍成了电视片，供一些有线电视网播放。

这一案例在当地引起了巨大的争议。警官布鲁克斯赞同电视公司的行动，他说，警方对与新闻机构如此密切的合作不仅不持保留态度，而且十分满意。但是伦理学家却指出，此举使人们对新闻记者的职业道德产生了深深的怀疑。为了获得新闻素材而为他人设置陷阱，诱人犯罪，这符合新闻职业道德吗？新闻记者完全将自己卷入警方的破案之中，这是否有损新闻业的独立性？

女记者的行为与警察的诱惑侦查有些相似之处。在法律界，“诱惑侦查”或称“证据陷阱”是一个充满争议的问题。世界上较为普遍的选择，是将诱惑侦查方式限于针对贩毒、非法军火交易、黑社会集团等严重的有组织犯罪，而对一般犯罪并不适用。毕竟，政府的责任是制止犯罪，而不是制造犯罪。

这里讨论问题的前提是：记者没有侦查权。普通公民可以做的，记者可做；普通公民不可以做的，记者也没有例外。那么，普通公民是否可以给他人设置陷阱，诱使他人犯罪呢？这是一个复杂的法律和道德问题，仅就上述个例而言，可以通过一系列的设问来剖析：

记者的行为是什么？假装少女，与色狼在网上频繁交流。

记者的目的是什么？引诱色狼入网，制作电视节目。

直接的结果是什么？色狼落入法网，电视公司获利。

间接的结果是什么？公众对记者的职业道德产生怀疑，新闻业的诚信度和独立性受到损害。如果记者可以像警察一样，为揭露犯罪而给他人设置陷阱（况且警察设陷阱受法律制约和规范，而记者设陷阱却随心所欲），则人们对新闻职业的信任将不复存在。

启示二：记者采用设置陷阱的方式调查违法犯罪时必须权衡由此产生的副作用。

案例三：

南方一位著名记者白小超（化名）在得知妻子是一名毒贩后，希望通过采访摸清贩毒集团的内部情况，撰写长篇纪实报道，同时挽救妻子。于是他打入毒贩内部，跟随妻子经历了两次毒品交易。他认为，现实中的情形并不像他想象的那么富有戏剧性，写不成什么“纪实文章”，便打算劝妻子向警方交出毒品并自首，却不料毒品早就转移出售，而他本人已经成了贩毒犯罪中的一环了。在激烈的思想斗争之后，他不得不向警方自首，并协助警方抓获了自己的妻子。

这位记者以为自己的如意算盘可以达到一箭双雕的目的——既写出好文章，又挽救妻子。不仅一事无成，自己反而被毒贩玩于股掌，拖下浑水，最后身陷囹圄。这只能用两个字来形容：天真。犯罪是邪恶残酷的，犯罪分子是诡计多端的，没有国家机器的强大力量支持和保障，记者靠自身力量与犯罪分子周旋也是危险的。此外，超越记者作为事件观察者的客观身份，而参与到事件的进程中，甚至扮演特定的角色（如毒贩），将不可避免地产生相应的法律责任。

因此，记者在调查采访中发现违法犯罪线索，不应心存侥幸，不可自作主张，而必须迅速采取措施。具体到白小超，他可以选择的方式有二：首先可以劝说妻子向警方自首；劝说不成应立即向警方报告。

启示三：调查采访中发现犯罪线索应当向警察报告。

采访是新闻记者的基本功。在新闻采访学的著作中，专家们总结归纳出几十种采访方法。但近年来，新闻记者运用隐性采访的事例不断增多，隐性采访大有一枝独秀的态势。某些报社的老总说：“隐性采访是本报的拳头产品”；有媒体在招聘记者时，将是否能获得隐性采访的素材作为衡量记者采访能力的重要条件；有的记者在自己的名片上自豪地印上“暗访记者”的字样；更有记者断言“偷拍在电视业已成燎原之势”……以上几例都属于隐性采访，可见调查犯罪是隐性采访的高发区。出于保护新闻记者的人身安全，确保新闻的客观准确及新闻职业的独立性，以及维护新闻记者的职业形象的考虑，笔者主张慎用隐性采访。

三、避免罪案报道的负作用[1]

新闻所报道的题材分为若干类型，在受众所关注的各类新闻事件中，罪案题材总是报道的热点，中外莫不如是。在纸媒体上，案件新闻总是占有一席；而各类电视节目中，案件特别是犯罪案件也总是言说不尽的话题，而表现侦查破案的“警匪剧”也在电视剧中自成一类。如果你关注美国最著名的电视收视调查“尼尔森排行榜”，会发现一个名为“犯罪现场”的电视专题节目，永远在全美收视前十名的节目中占有一席甚至两席。

只要想一想戏剧为什么会吸引观众，就能理解罪案题材为什么会在媒介传播的内容中长盛不衰。一个犯罪案件中，几乎包括了一出好戏的所有元素：人物、冲突、悬念、情节、细节、心理活动……案件的真相一层层被揭开，就像是戏剧剧情的一幕幕发展，吊着观众的胃口。所不同的是，戏剧是经过艺术加工的，是被表演出来的，而罪案却是真人真事，是现实生活中的活剧。因而后者也比前者更吸引受众的眼球。三年多前，笔者针对北京的法官、律师和记者各100名进行了一项问卷调查，结果表明，这三类人群共同认为：“对有冲突、有悬念的故事感兴趣”是受众关注法庭新闻的首要原因，其重要程度大于“了解新闻信息”“了解法律知识”的总和。

毫无疑问，罪案题材在媒体的各类传播内容中具有天然的优势，但同时它对从业者的素质也有较高的要求，其中一项最低的标准是必须有效避免罪案报道的负作用。有时，新闻从业者常常处于两难的境地，比如，不描写罪犯的凶残，难于展现警察的勇猛；不介绍犯罪手段的复杂多变，也难于表现侦查人员技高一筹；不挖掘犯罪的社会原因，则难于引导读者做深层思考……此时，如何把握一个恰当的“度”，是对一个媒体的社会品格，对从业者的良知和判断力的考验。

[1] 本文发表于《新闻三昧》2003年第11期。

以下各项重要标准是罪案题材传播过程中必须考量的。

标准之一：任何时候都不以赞赏、同情及美化的基调表现犯罪。

曾经有一位女记者去访问某省女子监狱，采访了若干女犯。女性犯罪大多涉及两性及婚姻家庭关系，一些女犯向记者讲述自己的犯罪经过——有的杀了亲夫，有的毁了情敌，更有的伤害了完全无辜的人。言语间，有女犯为自己的行为辩解，而记者听得唏嘘不已，不时落泪，最后她的报道基调可想而知。回到编辑部，有同事对女记者的表现提出不同意见，说："你的情感被罪犯牵着鼻子走，为什么不从受害者及其家属的角度想一想呢？"

毫无疑问，记者对任何新闻题材都应当保持理性和独立的判断力，而犯罪题材尤甚。其中，对犯罪不以"赞赏、同情和美化"的基调加以表现，是记者良知的直接体现。犯罪是一种复杂的社会现象。任何犯罪都具有社会危害性，因此国家要予以打击和制裁，以保证正常的社会秩序。任何犯罪都会有一定的社会原因，同时也与犯罪者本人的阅历和追求有关。在表现犯罪题材时，是着力揭示犯罪的罪恶，还是刻意强调犯罪的客观原因，落笔之间，带给受众的是完全不同的效果。

标准之二：不泄露警方及检控方的侦查手段。

前不久，有报道说郑州市警方派出 8 名性感警花，在强奸案高发区频频出没，专门缉拿色狼。这一信息传播速度极快，有的报道十分详尽，对女警的数目（8 人）、装备（一辆皮卡车、一部手提电脑和一支小手枪）、行动方式（化妆、秘密侦查）和行动地点（城乡结合部）一一透露，令女警们一目了然地暴露在犯罪分子的视野中。这一报道因泄露警方的行动方案而受到质疑。在以往的罪案报道中，详尽披露侦查手段的情况并不少见，以至一些罪犯在落网之后承认，他们所以屡屡得手，是因为从某些媒体的"破案纪实"中提升了反侦查能力。

严格地说，在履行侦查犯罪职能的警方和检控方的行动中，究竟哪些信息属于侦查秘密，不宜公开披露，应当由法律规定。具体的新闻采访行为中，由于情况千变万化，让记者来具体判定对某项信息应否披露是困难的。兼顾应当保密和满足公众知情需要的可靠办法是由警方或检控方来鉴别。由此，针对警方侦查执法活动进行的秘密采访应当成为罪案报道的禁区。

1998 年 8 月 25 日，南方某报在头版刊出《本报记者在上海街头报警》的新闻。记者在上海街头测试警方的快速反应能力，化名冒充外地旅客，以在街头被抢项链为由，拨打 110 报警。警察赶到现场后发现是一场骗局，当场决定拘留暗访记者。记者假扮身份拨打虚假报警电话，扰乱了警方的正常工作，浪费了有限的警力资源。公安部发布的《110 接处警工作规则》规定："对谎报警情者拨打骚扰电话的，应当根据有关法律法规予以查处"。上海警方理直气壮地严格执法，对新闻从业者是一个警示。

标准之三：不以引人模仿的方式描述犯罪案件的作案细节。

一名强奸杀人犯在落网后供述，他的作案手法都是从报刊电视上学来的，这次只不过是验证一下而已；在北京被捕的一名未成年人案犯说，他最爱看某个冠以"法治"的电视节目，自己的作案方法是从电视里学来的；警察在搜查犯罪嫌疑人住处时，发现了大量描述犯罪题材的报刊……

如今，随着媒体的增多，上述事情已经见多不怪了。媒体在报道犯罪事件的过程中，为了产生轰动效应，过于详细地描述犯罪细节，客观上对犯罪产生一定的引导、诱发甚至叫唆作用，这已是不争的事实。有些罪案题材的报道不是努力表现执法者的凛然正气，而是绘声绘色地描述犯罪分子的一举一动，将人类的弱点和丑恶，包括愚昧、贪婪、无赖、不负责任、不计后果、暴力、凶残、蔑视生命等等行为原始地、集中地展示于受众，不仅让人体会不到任何社会正义的存在，反而成为某些犯罪分子的教科书。

标准之四：不刻意渲染犯罪现场的血腥和恐怖。

许多罪案是暴力犯罪，如杀人、抢劫、绑架、强奸等，这是对正常社会生活最严重的破坏，始终是政府严厉打击的重点。某些媒体在表现犯罪现场时，刻意渲染暴力犯罪的血腥和恐怖，在这方面，以电视和照片最为突出。比如，某电视台一条新闻报道省会城市的反扒志愿者队伍。当他们在公交车站抓获几名扒手时，犯罪嫌疑人掏刀自残，企图拒捕，志愿者们毫不畏惧地冲上去将其制服。电视新闻中，两次播出犯罪嫌疑人有伤口汩汩流血的特写镜头和血流满地的近景镜头。又比如，一位老人在家中自杀，电视记者在救护车到来之前赶到出事地点，拍摄并播出了现场：老人躺在床上（全景）——老人绝望地蠕动（近景）——沾着鲜血的大剪刀（特写）——床边地上一大滩鲜血（特写）。这样的电视新闻怎能不让人感到恐怖？

标准之五：不正面表现执法者不合法、不文明的执法行为。

我国已经进入依法治国的时代，执法者履行侦查和打击犯罪的职能也必须严格依照法律规定，违法执法、越权执法都是违背法治原则的。近年来，我国公安、检察机关相继出台了一系列文明执法的规定，规范执法行为，保障犯罪嫌疑人的人格尊严和正当权益。如某些城市对刑事案件被告人上法庭之前戴头套，隔绝嫌疑人与社会及媒体的关注；北京市法院系统也出台规范，在法庭上对被告人不得撅胳膊、按脑袋……这些规定都体现了法治文明。但是，我们在传媒上仍然不时见到某些不文明的执法行为——对死刑犯五花大绑，揪头发示众；执行死刑的现场人山人海，罪犯挂牌子游街。如此不规范、不文明的执法行为本不应出现在公共传媒上，更不宜大加渲染。

标准之六：未经许可，不披露罪案中的国家机关工作人员、证人、犯罪嫌疑人的近亲属、受害人等的个人信息。

个人信息是指相关人的姓名、性别、年龄、住址、民族、健康状况、婚姻状况、教育程度、财产状况、家庭情况等等。未经当事人许可而加以披露，将涉嫌侵犯个人隐私。涉及罪案的相关人的个人隐私保护尤其应当被媒介重视。国家工作人员指警察及公诉人员，他们由于履行追究犯罪而可能招致犯罪分子的报复，应当给予有效的保护；证人将在审判中证明案件真实情况，不当曝光可能妨碍审判的顺利进行，也可能使证人的人身受到威胁；我国法律实行罪责自负，嫌疑人的无辜近亲属不应受到牵连，他们的正常生活不应受到影响；

而受害人个人信息的披露也可能使之长久陷于被害的痛苦之中。

本条标准与上述几条的表述有所区别，它有一个前提条件“未经许可”。这表明，罪案相关人的个人信息并非不可披露，但是应当经过许可。可以表示“许可”或“不许可”的人应当是当事人本人而非执法机构。

在新闻工作中，从业者经常会听到这样的指示：“牢牢把握正确的舆论导向”，“正面宣传为主”等等。其实，以上各项标准都是涉及罪案报道时，新闻工作者所必须注意的基本问题。它把“舆论导向”和“正面宣传”的政治概念分解为一条条可以操作的规范。正确处理上述问题，需要高度的政治觉悟，需要社会责任感，也需要智慧和技巧。真正可以自如把握并游刃有余地处理上述问题的，无疑将是罪案报道的高手。

四、媒体不是法官[1]

如今，有越来越多的媒体将采访报道的触角伸向法庭。我曾经在首都搞过一个问卷调查，法官、律师、记者各一百人，问他们“媒介关心法庭新闻最重要的原因是什么？”在知情、监督、普法及故事这四个选项中，有53%的答问者认为，媒介所以关注法庭新闻，“最重要的原因”是“对有冲突、有悬念的故事感兴趣”。

在媒介传播的各种内容中，表现法庭审判案件的题材是一个含金量极高的“富矿”。为什么呢？戏剧好看，是因为它有人物、有冲突、有悬念、有精彩的结局，有情节、有细节、有情感交流、有心理活动。而一个案件中几乎具备了戏剧所有的元素，所不同的是戏剧经过创作加工，是假的；而法庭上的案件是人间活剧，是真的。因此，真实案例总是比艺术作品更能吸引受众。两位美国教授在研究了几十部法庭题材的美国电影后断言：“制片人对

[1] 本文发表于《新闻三昧》2003年第12期，也是本作者提出《媒体案件报道的自律规则》之一。

法庭题材的热爱是好莱坞最为持久的罗曼史。”在内容为王的传媒竞争时代，各新闻机构对发生在法庭内的精彩故事的追逐，就像人类对美食的追求一样永远不会结束，再加上满足公众对司法审判活动的知情权、普及法律常识以及监督司法审判的公正性等其他重要价值，对司法审判的采访报道就更成了新闻机构的重要权利。

然而同样重要的一种权利是：面对法律纠纷和犯罪指控，每一个公民、法人都有权获得公平的审判。尤其在法治国家，由于司法裁决的终局性质，几乎每一次审判都导致生杀予夺的严重后果，因此当事人（包括被告人）获得公正的审判也被全世界公认为一项最基本的人权。但是，媒体审判对公正审判构成威胁。这正是所谓媒体与司法冲突的由来。

（一）中国新闻界存在“媒体审判”现象吗？

中国新闻界对此存在不同认识。

2002 年，我国著名的媒体法学家魏永征先生撰文指出《媒体审判有悖法治精神》，立即有传媒界人士撰文商榷，题为《媒体舆论监督有悖法治精神吗？》在这里，“媒体审判”的概念替换成了“媒体舆论监督”，两个全然不同的概念变成了一体，于是，反对“媒体审判”就成了反对“舆论监督”。如此大的帽子，不知魏永征先生能不能顶起来？尽管反对意见如此缺少论据和符合逻辑的论证，但仍然不断在新闻界内获得支持，前不久又有作者在文章中指出：“所谓‘媒体审判’，纯属望文生义的无稽之谈”！

那么，究竟何为媒体审判？这个概念具有哪些特定的内涵？笔者认为，所谓“媒体审判”是指：新闻媒体在诉讼过程中，为影响司法审判的结果而发表的报道和评论。

这一概念包括如下要素：首先，它应当是发生在诉讼中的传播行为。如果一起纠纷或事件尚未进入司法程序，或者判决已经做出，进而司法审判（诉讼）已经结束，则不存在媒体审判问题。因为媒体的有关报道不再会对司法公正构成威胁。

其次，媒体在主观上有过错，即试图影响司法审判的结果。这种主观上的状态可以是故意的，即有明确的意思表示，如为案件定性，给被告人定罪，就是要将某某“打入十八层地狱”，渲染某某正在“等待公正的判决（暗示：某某不胜诉即是不公正）”。这种主观上的状态也可以是过失的，即应当预见报道或评论可能影响司法公正，却放任结果的发生。最典型的表现是偏听偏信，或做倾向性报道，不能在媒体上给案件双方当事人平等的陈述案件事实和表达法律观点的机会。

再次，媒体审判的载体主要是报道和评论。进而，读者来信、调查报告、照片、漫画及电视影像，即媒体所有的传播方式都可以表现上述主观过错。

笔者认为，中国新闻界确实存在媒体审判现象。以下两起案件最为典型：

其一：夹江打假案。1997 年发生在四川省夹江县的一起正常进行的行政诉讼案被媒体炒作为“咄咄怪事”，以“打假者反上被告席”广泛报道和评论。媒体认为法院受理此案是支持纵容造假行为，提出造假是“过街老鼠，人人可打”。此案的新闻报道在法律界广受批评，被指为“新闻强奸法律”，著名的行政法学家应松年评价为“行政法治宣传不当的最典型的例子”。

其二：河南张金柱案。一起情节恶劣但法律上疑点颇多的刑事案件在诉讼过程中被广泛报道，媒体传播的声音一致，皆曰“该杀”。法院判死刑、立即执行后，出现了两种不同的观点：媒体界普遍叫好，认为是舆论监督的成功范例；但司法实务界不少人认为这是典型的媒体审判，张金柱刑前也认为自己是“死在了记者手上”，而不是依法应当判处死刑。

除上述两例外，如张君系列杀人抢劫案、张二江贪污受贿案、蒋艳萍贪污受贿案等案件的新闻报道中，都曾不同程度地出现媒体审判情形。事实证明，在中国新闻界，“媒体审判”不是什么望文生义的杞人忧天，而是真实存在的客观事实。

（二）媒体审判的核心表现是定罪定性

我国宪法规定：“人民法院依法独立行使审判权，不受行政机关、社会团体和个人的干涉。”于 1997 年修订的《中华人民共和国刑事诉讼法》规定：“未经人民法院依法判决，对任何人都不得确定有罪”。这一原则的确立，是我国刑事司法制度的巨大进步。它同上述宪法原则一起，共同成为排斥媒体审判的基本法律依据。

指某人有罪，是对他最严重的指控。无端指责他人有罪，将导致诽谤诉讼。在法治国家，人民通过立法将这种定罪权力给予人民法院，这种授权是惟一的，排他的，任何其他机构和个人都不得行使。司法审判是一项专业性极强的工作，法官能做到事实清楚，证据确实充分，适用法律得当，程序合法，是认真遵循一系列专业理念和规程的结果。正因为如此，司法判决具有其他性质的裁决所不具有的终局性，从而享有尊严。

而媒体审判试图以新闻报道影响司法审判的结果，事实证明，某些报道确实也在相当程度上影响了司法审判的结果。这种现象的负面后果有二：一是损害了当事人获得公平审判的权利；二是损害了独立的司法审判权及司法权威。

媒体审判的核心表现有二，一是给被告人定罪，二是给案件定性。

“给被告人定罪”的表现有多种方式：有的是法院尚未开庭，媒介即直接给嫌疑人定下罪名，连“涉嫌”二字也不用；有的是在报道中使用含义明确的形容词，如骗子（诈骗罪）、色狼（强奸罪）、强盗（抢劫罪）、贪官（贪污受贿罪）等；有的将未经法院认定的情形当作犯罪事实加以陈述，如“索取上百万不义之财（索贿）”，“糟蹋了数名未成年少女（强奸或奸幼）”；有的在报道中给嫌疑人确定刑罚，如“严惩不贷”“罪不容诛”“千刀万剐”，还通过嫌疑人父亲之口说“儿子犯了这么严重的罪，怎么惩罚都不过分”等等。

“给案件定性”的主要表现是：有的凭想当然给案件定下由头，如“首例性骚扰案”“首例家庭暴力案”等；有的在法院开庭前，即就是否构成侵权、是否构成越权执法发表某些个人的见解；还有的就被告人是否应当承担法律责任、应当赔偿多少等案件实体问题发表意见。

（三）在中国反对媒体审判具有特别意义

中国新闻界有人反对将媒体审判作为一个命题加以讨论。比较有代表性的主张认为：过早或过多强调媒体审判的问题，可能对新闻监督产生不利影响。他们说：法官应当具有抗拒各种干扰的能力，“裁判犯了错误，能怪场外的啦啦队吗？”更有一些学者担心，过度强调媒体审判的问题，可能对中国并不发育的言论自由构成损害。

如果简单从理论上分析，上述主张都不无道理，但我们讨论一切问题都不应离开中国的具体国情。与西方发达的资本主义国家相比，中国的新闻机构并非代表公众对立法、行政、司法三种权力给予监督的“第四种力量”，而是定位于“党和政府的喉舌”。根据宪法的规定，“党在宪法法律范围内活动”，司法审判“不受行政机关的干涉”。因此，党和政府直接干预司法审判活动没有法律依据。党对司法工作的领导主要体现在制度设计和干部选任等方面，而不是具体干预案件的审理。当我国新闻机构通过采访报道对司法审判活动产生影响时，它并非仅仅代表普通公众，并不是球场之外毫无权力的“啦啦队”，而是不可避免地带着党权和行政权的背景，必然对独立的司法权产生损害。

通常认为，在立法、司法、行政三大国家机构中，司法是较为弱势的权力。笔者更以为，在“依法治国”已成为宪法原则的今天，司法权力在中国整个政治文明建设的进程中是一股积极的力量，尽管它还较为弱小，尽管它还不如人意，但整个社会应当像对待未成年人一样，有理由对他抱有希望，有理由对他给予扶持，使之享有较为良好的成长空间，从而长大成人，担当重任。这并非媒体或司法任何一界的利益，而是“建设社会主义法治国家”的需要，是中国社会文明进步的大局。

正因为如此，新闻机构及其从业者有必要对媒体审判保持高度的警惕，对案件当事人的正当权益给予尊重，对司法权威和司法尊严表示敬畏、给予维护。具体做法是：在案件报道中找准定位，当好观察者，不当裁判者，真正自觉、彻底地摒弃定罪、定性的报道模式。这是一个有社会责任感的新闻机构以及一个有良好职业素养的新闻工作者的正确选择。

五、公正审判的权利应获尊重[1]

媒体的案件报道总是要涉及一些相关人。在刑事诉讼中，有被告人、被

[1] 本文章发表于《新闻三昧》杂志2004年第1期，是本作者提出的《媒体案件报道的自律规则》之二。

害人、辩护人等; 在民事诉讼中有当事人等。在各类诉讼中,都会有诉讼参加人,他们包括法定代理人、法定代表人、委托代理人、共同诉讼代表人、第三人、证人、鉴定人员、翻译人员等等。依照法律的规定,他们在诉讼中各有不同的诉讼地位,享有一定的诉讼权利。他们正当行使诉讼权利的行为不应受到新闻报道的指责。

这是因为,在市场经济体制下,法院的裁决具有终局性。也就是说,任何纠纷、诉讼,到人民法院两审终审,所有的争执就结束了,这是任何其他裁决所不具有的最终效力。因此,获得公正审判的权利,其实是现代法治社会中公民享有的一项基本人权,旨在保障公民能够通过司法途径并经法院的公正审判维护自身的合法权益。

对现代刑事司法制度而言,“公正审判权”更是一个核心概念。1996 年,我国修改了《中华人民共和国刑事诉讼法》,1998 年,我国政府签署了《公民权利和政治权利国际公约》。法律界由此对刑事司法的国际标准、刑事司法中人权保障水平日益提高,一些现代的刑事司法理念,如程序正义、无罪推定、控辩平衡等获得了广泛的认同。但是,这种理念在传媒的案件报道中却常常难以获得准确、恰当的体现,有时更是背道而驰,较为典型的表现就是对当事人正当行使诉讼权利的行为横加指责。

(一)一位著名律师的“心结”

最容易受到不当指责的人是律师,尤其是刑事案件被告人的律师。曾经获得北京十佳律师称号的田文昌在这方面深有感触。1996 年,田文昌等两名律师接受委托,为受贿案件被告人胡建学担任辩护人。有媒体撰写报道,指责律师在法庭上“胡搅蛮缠,甚至诱使被告人翻供”。两位律师以损害名誉权为由向北京市西城区人民法院起诉,要求媒体赔礼道歉并赔偿损失。他们认为:“报道不仅损害了他们个人的名誉,还对律师队伍的整体形象造成了不良影响。”这起案件在法院主持下调解结案,发表该报道的媒体向两名律师赔礼道歉。

2003 年下半年,田文昌又因为刑事案件被告人刘涌辩护而结了一个新的“心结”。刘涌被媒体指称为黑社会老大,一审被判处死刑。田文昌担任其二审的辩护人，辽宁省高级人民法院改判为死缓。改判原因在社会上一度成为热门话题。一位自称某政法大学学生的网民在网上对田文昌说："我听过你的课和讲座，10 年前看到你为那些受禹作敏迫害的人伸张正义，在我的心目中你是平民的律师，正义的化身，我对你充满崇敬。万万没想到，10 年后的今天你却为大贪官、黑社会头子辩护，你在我心中是一个十足的伪君子。"更有人质问他"你的良知哪里去了？"刑事案件中的辩护律师因"给坏人说话"而陷入了"人民群众的汪洋大海"，遭到了群众运动式的谩骂和攻击，被一些严肃媒体形容为"法庭里的孤独舞者"。

面对质问，田文昌的回答是："当律师为被告辩护，特别是为坏人辩护时，是不是在维护正义？道理其实很简单，律师的辩护活动、代理活动是为了追求司法公正，司法公正就是正义。但要让每个人都明白这个道理并不容易，包括律师界。"

（二）律师的形象是一面镜子

有作者指出：律师的困境就是法治的困境。另一名律师的命运也很能说明问题。一位辽宁律师曾被检察机关指控涉嫌包庇罪。在法院判决其无罪后，他又打了两场官司：一是要求获得国家赔偿，二是要求某家新闻机构承担报道不实损害其名誉的法律责任。两个案件均获胜诉。法院在就名誉权案件作出的判决中指出：某报社的"文章内容虽然取自县人民检察院，但该报道却以报社自己的口吻叙述了原告的所谓犯罪经过，其内容失实，足以降低原告的社会评价，应负侵权的民事责任。"显然，这名律师是在为刑事案件被告人辩护过程中被检察机关指为涉嫌包庇的。媒体的有关报道不说明消息来源，又将未经法院认定的所谓"犯罪事实"当作肯定无疑的结论加以报道，完全没有考虑到律师的行为可能具有的正当性和合法性，因此遭遇新闻官司并承担败诉责任就是难免的了。

在刑事诉讼中，被告人面临着被剥夺财产、自由乃至生命等刑事处罚，正是生杀与夺之间。此时，国家作为追诉者占有压倒性的优势。为了防止被告人受到不公正的对待，确保其正常行使一系列诉讼权利就显得尤为重要。在这一过程中，律师常常扮演至关重要的角色。可以说，没有律师，就没有当代法治。由于律师常常代表个人与权力对抗，因而律师的工作及其受到尊敬的程度，在很大程度上体现整个社会对私权保护的水准。因此可以说，媒体对律师正当行为的褒贬毁誉，正是一个国家民主与法治水平和程度的镜子。在这方面，媒体案件报道对律师的描述要做到心中有数，张弛有度。

（三）有罪有错者依法享有诉权

1995 年 7 月 29 日，发生在四川省夹江市的一起行政诉讼案轰动全国。一家涉嫌制假的企业不服省技术监督局的行政处罚决定，将省技术监督局告上法庭。此案一经受理，媒体便进行了广泛的报道，有的标题为：《咄咄怪事，打假者反上被告席》；有的报道指责法院受理该案是支持和纵容造假行为，认为对造假行为是"过街老鼠，人人可打"，法院将打假者推上被告席，是为打假设置障碍，等等。此类报道受到了法律界、法学界的一致批评。行政法学的代表性刊物《行政法学研究》以编辑部名义发表评论，旗帜鲜明地指出："制假者状告打假者绝非'怪事'，打假也需依法进行。"著名行政法学家应松年教授评价此案是"行政法制宣传不当的最典型例子"。

产生上述错误报道的根源，是某些新闻制作者只凭想当然认为：制假者是有错甚至有罪的人，他们只能俯首贴耳地听凭发落，不应该享有什么权利。这实在是对法律的严重曲解。人的权利是与生俱来的，非因法律而不能剥夺，哪怕是那些有罪或有错的人。行政机关必须依法行政，法律没有授权的不能滥用权力。如果公民、法人认为行政机关越权执法，侵害了自己的合法权益，有权提起行政诉讼。行政诉讼以行政机关为当然被告，法院不受理公民、法人的起诉就是公然违法。有关夹江打假案的报道充满了对法律制度的错误理解，这种错误通过媒体的传播行为加以"放大"，所产生的消极后果将贻害多年。

近年来，这些法治社会的基本常识逐渐被越来越多的人所了解，媒体上对有罪有错之人正当行使诉权的指责也在减少，这不能不说是新闻界的一点进步。随着我国法制的日益健全，可诉的事项越来越多，而起诉、辩护、举证、质证、最后陈述、上诉、申诉等一系列诉讼权利的行使将确保实现公正审判。这是每一个公民都享有的权利，也包括那些有罪或有错之人。

有一个案例可以说明这个问题：1996 年湖南省岳阳市中级人民法院以故

意伤害罪判处刑事案件被告人徐爱兰死刑。6月17日执行。两年半后，当地一家媒体及《家庭》杂志发表内容大致相同的文学作品，讲述了一个保姆梅兰因报复情敌而雇凶毁容的故事，其情节与当年已执行死刑的徐爱兰犯罪情节基本相似。徐的丈夫及其14岁的女儿要求媒体刊登致歉声明遭到拒绝，遂起诉两媒体，要求公开道歉、消除影响、恢复名誉、共赔偿经济损失及精神损失30万元。法院一审判决原告胜诉，获赔3万元（二审资料不详）。

此案的判决结果当然是重要的。但它被法院依法受理一事已表明，判处死刑并不意味着死刑犯丧失所有的权利。在她被依法剥夺生命和政治权利之后，她的某些近亲属仍然享有一定的与之相关的权利。该案中死刑犯的丈夫和女儿，都是依最高人民法院《关于审理名誉权案件若干问题的解答》所规定的有权向人民法院提起保护死者名誉之诉的原告。死刑犯如此，更何况那些有罪有错的生者。

（四）指责案件当事人行使诉权与法治精神相悖

前不久，安徽省原副省长王怀忠经济犯罪案件正式开庭。当地有媒体报道，王在庭审中对起诉书指控的所有事实都予以否认，甚至出现了和证人唇枪舌剑针锋相对的局面。公诉人对其在法庭上的表现评价为“态度极其恶劣”。有作者撰写文章道：“王怀忠经济犯罪案件庭审中出现被告人和证人唇枪舌剑针锋相对的局面，这并不是一件坏事，它不但能提高控辩双方的水平，还能使被告人的经济犯罪事实通过针锋相对有审理而更加清晰，让庭审现场的旁听群众看到被告人真实的一面”。因此该文作者认为：不管是刑事犯罪侦查活动中面对嫌疑人，还是经济犯罪中面对王怀忠一类的被告人，办案人员对“态度极其恶劣者都不必忿忿然，因为这就是使国家司法建设走向文明的过程”。

这段文字虽然不是写给媒体人士的，但却具有重要的参考价值。建设社会主义政治文明，实现依法治国，必须从接受一系列现代法治的基本理念开始。从事案件报道的新闻记者有必要与执法机关办案人员的学习和思考保持同步。不然，就无法真实地记录历史。

六、对弱势群体的诉讼权益应予特别关切[1]

不论古今，人们在谈到“法”的时候，总是不能不涉及平衡的问题。中国古文字中的“法”字，包含有“平之如水”的意思；而如今人民法院的徽记上也有一架天平，象征着司法平衡各方权利义务的功能。纠纷和冲突面前，执法者凭着自己的理性和良知谨慎地权衡，一点一点地、不断地为争执的双方添加法码，以实现天平的平衡。但是，有一种法码并不是由执法者添加的，而是由法律直接规定的，这就是对弱势群体的特别关切和保护。这里所说的“弱势群体”，是指未成年人、妇女、老人和残疾人。

（一）宪法和法律特别保护弱势群体

宪法是我国的根本大法，它在明文规定“中华人民共和国公民在法律面前一律平等”之后，又明确规定了对上述弱势群体给予特殊保护的原则。具体内容包括：“国家培养青年、少年、儿童在品德、智力、体质等方面全面发展”；“国家保护妇女的权利和利益”；“国家帮助安排盲、聋、哑和其他有残疾的公民的劳动、生活和教育”；“禁止虐待老人、妇女和儿童”等。

依据上述宪法原则，全国人大及其常委会先后制定了《未成年人保护法》《预防未成年人犯罪法》《妇女权益保障法》《老年人权益保护法》以及《残疾人保障法》等相关法律，细化了宪法的原则性规定。宪法和法律所传递的精神是对这几类群体要予以特别的关切，这种精神在整个社会生活中应当无处不在，当然也包括诉讼活动及有关诉讼案件的新闻报道。能不能切实贯彻宪法法律的上述精神，是一个社会文明程度的重要指标，也是媒体相关报道水准高低的直接体现。

---

[1] 本文发表于《新闻三昧》2004 年第 2 期，是本作者提出《媒体案件报道的自律规则》之三。

（二）对弱势群体的保护重点不同

如果我们再加分析，会发现法律对上述几类弱势群体的保护重点不同。比如，对老年人和残疾人，法律保护的重点是使他们获得平等的教育、医疗、就业及社会保障的机会，避免歧视。而对妇女和未成年人，与案件及其报道有关的法律则侧重保护他们的隐私和人格尊严。

比如，《妇女权益保障法》规定："妇女的名誉权和人格尊严受法律保护。禁止用侮辱、诽谤、宣扬隐私等方式损害妇女的名誉和人格"。所谓"隐私"，是每个人正当合法的个人秘密。由于隐私权的核心是每个自然人对隐私的控制权，而不同的人其隐私的范畴也不尽相同，因此隐私具有极大的不确定性。比如，张三视两性关系为隐私，绝不愿受社会或他人的干预；而李四是个名人，或者希望成为名人，为了引起社会关注，主动向媒体披露自己的两性关系隐私，甚至性丑闻，这都是当事人自己的选择。虽然他们的选择在道德层面有优劣之分，但法律却对每个人的决定给予同等的尊重和保护。

在北京举办的一次商业演出中，一位著名的女演员没有正常出演，组织这次演出的公司就召开新闻发布会，公开披露了这位女演员因做人工流产手术而不能上台的消息。女演员以侵犯隐私权为由，将这家公司起诉至北京市朝阳区人民法院。她在诉状中写道："作为一个女人，本属正常但又不愿让公众知道的个人隐私却被他们当作'新闻'广泛发布，任何人都无法接受"。法院认为：这位女演员怀孕、做人工流产是正常的自然生理现象，这在我国现阶段仍然属于公民不公开的、不愿意告知他人的个人秘密（即隐私）。这家演出公司披露原告个人隐私的行为，伤害了女演员的人格尊严，是错误的。法院依法判决被告向原告书面赔礼道歉、恢复名誉、消除影响，并一次性赔偿女演员人民币3500元。

对于未成年人来说，法律的保护则更为具体和细密。相关的规定包括："任何组织和个人不得披露未成年人隐私"。法律所以做出这样的规定，是由于未成年人身心尚待发育，他们还不能准确地判断自己的隐私要不要披露，披露给谁，披露多少，披露以后的后果好不好。于是法律做出了强制性规定，就是"任何人不得披露"。这种"任何"是没有弹性的，它包括未成年人的父母、法定监护人、老师、医生等相关的公民和法人，当然也包括新闻媒体。

现实中媒体披露未成年人隐私的情况并不少见，最常见的是随意披露未成年人的身体或疾病伤残信息，其次是披露犯罪未成年人的个人信息。由于未成年人本身难于通过诉讼主张权利，因此通过诉讼制止侵犯未成年人隐私的个例较为罕见。在法律尚未修改，侵权行为难以通过诉讼加以制止的时候，要使法律的规定落到实处，靠成年人群体特别是媒体从业人员的自觉意识就显得尤为珍贵。

（三）案件报道中的两类人应使之不可辨认

在案件报道中，对弱势群体的特别保护体现在多方面，具体到隐私保护的问题上，最直接的体现就是使之不可辨认。所谓“不可辨认”，是指对相关人的姓名、性别、年龄、住址、照片、影视图像以及可能推断出其身份的所有信息都应避免披露。应当被不可辨认的有两类人：一是未成年的犯罪者，二是性侵害事件中的受害者。

《预防未成年人犯罪法》第四十三条规定：“对未成年人犯罪案件，新闻报道、影视节目、公开出版物不得披露该未成年人的姓名、住所、照片及可能推断出该未成年人的资料”。

法律的规定十分明确，但媒体上公然违法的个例却不断出现。2000 年，浙江金华发生一起震惊全国的高中学生杀母案，凶手年仅十七岁。案件尚在侦查期间，新华社的报道就将凶手的姓名、所在学校等和盘托出。虽然某些公开的评论已经指出这种报道的违法性，但一审判决后，新闻报道再次披露了案犯的姓名。2003 年 11 月 18 日，北京《京华时报》A05 版刊登报道：“17 岁少年校门口挥刀砍人”，配发的照片中，两名警察正提着砍人少年的后衣领，警察的形象模糊不清，而少年的面目却清晰可辨。

细细究之，上述法律所指的只是“犯罪案件”，似乎并不应当包括“违法案件”。那么是不是违法案件可以不受上述法律的规范呢？有一次某位电视记者咨询：一名父亲让自己 11 岁的儿子驾驶轿车上路，被警方查处。他的儿子可不可以被曝光？我向他介绍了法律的上述规定，并说明：非司机驾驶机动车是违法行为，尚不构成犯罪。但如果就此认为未成年人违法案件就可以公开曝光，又过于简单化。如果我们真正领悟法律保护弱势群体的基本精神，我建议媒体从严实施自我约束，对违法的未成年人也不予公开披露。

在案件报道中，应当使之不可辨认的第二类人是性侵害案件的受害者。在江西曾经出现一起案例：某案究竟是不是一个强奸案，由于证据的原因而反反复复。案件当中的女事主的身份也就在“受害人”和“坏女人”之间来回颠倒。案件审理期间，有作者将该案的整个案情公开披露，将该案的女事主描述成一个通奸之后又反咬他人强奸的“坏女人”。但案件的审理结果却证明这确实是一起强奸案，而女事主是一位地地道道的受害者。当这起案件的加害人被判处有期徒刑后，女事主又将所有公开披露其身份和相关案情的媒体都以侵犯隐私权为由告上法庭。法院判决她胜诉。判决书中写道：众被告“明知该案涉及隐私，不宜公开刊登，却在所登载的文章中允许使用真实地名和人物的真名实姓，将未经法院认定的事实予以登载，对过于细腻的情节描述不加删除，客观上扩大了损害结果的发生”。

使受众对上述两类人“不可辨认”的具体方法是，在语言文字上，淡化人名地名；在图像画面上，虚化面部眼部。曾有媒体公开批评新华社2003年发布的一则消息《沈阳市一强奸猥亵女生的教师一审被判死刑》，该消息报道了沈阳市某村小学四年级班主任程式俊在课堂上强奸猥亵6名女生，详细披露了作案单位和具体时间，虽然并未公开6名受害女童的姓名，但当地人却十分容易从消息披露的线索推断出受害人是谁。因此，是否确实达到“不可辨认”的保护标准必须看实际效果。

（四）避免案件报道损害无辜者的人格尊严

犯罪具有社会危害性，应当受到法律制裁。但是，任何人未经人民法院审判，不得定为有罪。某个人是否应受制裁，必须通过严格的司法程序由法官判定。新闻媒体对涉案情况的不当披露和猜测，可能会损害相关人的人格尊严；如果涉及到企业或生产经营活动，还可能会造成经济损失。因此，案件报道应当尽量避免搅扰与犯罪无直接关系的个人和组织的正常生活和生产。

2000年，渝湘鄂系列抢动杀人案首犯张君在重庆落网，多家媒体火速派出大量记者，将与张君相关的信息翻了个底朝天，某些媒体连篇累牍地报道张君与多名女人的关系，什么“患难情人”“故乡情人”“妈妈级情人”“最喜爱的小老婆”等等，甚至将根本未涉案的张君前妻加以曝光，将其几个子女的身世也作为报道资料。显然，某些报道内容超出了正常的案件报道之必需，有损那些与犯罪无关者的人格尊严和安宁生活。

另有一类报道因信息不全，导致某人被怀疑为作奸犯科之徒继而产生纠纷。比如2001年江西某报发表报道，称一位姓周的女士深夜遭蒙面人入室抢劫，她奋起反抗，并识破蒙面人就是邻居张某，但未点全名。文章见报后，周的一位邻居——菜农张某起诉了报社，称文章致他和家人被邻居误解，认为他就是劫匪，使他个人名誉受到损害，生意遭受损失。在法院主持下，报社不得不承诺以刊登连续报道的方式消除原报道给原告造成的负面影响，同时给付原告1200元，弥补张某一家的经济损失。此案调解结案。

七、涉密案情一般不宜详细报道[1]

近几年，关于司法公开的问题一直是新闻界的热门话题。按照公开审判制度的基本内涵，一个公开审理的案件应当包括两大基本内涵，一是对公众公开，二是对新闻媒体公开。由于涉及采访和报道，新闻界有理由对它表现出高度的关注。

与其他题材不同的是，案件报道有一些独特的规律，这就是宪法规定的“人民法院审理案件，除法律另有规定的以外，一律公开审理”。显然，“公开”是普遍原则，“法律另有规定”是特殊情况。作为新闻记者，仅仅了解“一律公开审理”远远不足以指导实践，只有准确把握“法律另有规定”的情形，才能在采编过程中充分地享有自由。

[1] 本文发表于《新闻三昧》2004年第3期，是本作者提出《媒体案件报道的自律规则》之四。

（一）新闻报道与秘密有天然冲突

新闻传播总是与秘密有着天然的冲突。如果说“公开”是新闻报道的正当权利，则“法定秘密”就是新闻采编行为的底线。

依据我国法律的规定，属于“法定秘密”范畴的内容分为国家秘密、商业秘密和个人秘密（即隐私）。涉及这三类秘密的案件的开庭审理，法律规定有不同界限。

首先看涉及国家秘密案件。国家秘密依保密法分为秘密、机密和绝密三级。涉及密级的案件属于“国家秘密案件”，最为常见的是间谍罪、泄密罪等罪名。根据《刑事诉讼法》的规定：涉及国家秘密的案件不公开审理，其目的是避免国家秘密的扩散。因此这类案件开庭审理时，对公民和媒体都不开放，不存在弹性空间。

其次是涉及商业秘密案件。企业采取保密措施的视为商业秘密，依法受到保护。涉及商业秘密的案件，经当事人申请，法院依法可以决定不公开审理。显然，为了最大限度地贯彻“公开审判”原则，法律对涉及商业秘密的案件公开与否做出了弹性规定，而案件当事人的意愿具有决定性的作用。也可以说，对涉及商业秘密的案件，如果当事人未提出不公开审理的申请，法院就应当公开审理，当然也可以公开报道。

较为复杂的是涉及个人隐私的案件。从字面理解，“隐”是秘密，“私”是个人，因此可以将“隐私”简单概括为“个人秘密”。1987年生效的《民法通则》当中，并未将“隐私权”作为一项独立的民事权利加以规定，但并不能说我国没有学理意义上的隐私法。[1] 据法律出版社出版的《人格权法律保护手册》收录的资料，到2000年年底时，我国现行有效的法律规范中涉及“隐私”概念的法律有9部，行政法规有3部，司法解释有13部，部颁规章有36部，地方性法规有132部。属于法定隐私的内容大体包括：住宅、邮电通讯、婚姻状况、两性关系、收养秘密、疾病（特别是艾滋病）、个人储蓄、未成年人犯罪、家庭及个人的单项调查资料等。显然，法定隐私的范畴较为广泛。

[1] 2010年7月1日生效的《中华人民共和国侵权责任法》明确规定了隐私权制度，因此目前隐私权已经是我国自然人的一项独立的民事权益受到法律保护了。

我国刑事、民事、行政三大诉讼法都明文规定：涉及个人隐私的案件不公开审理。因此，涉及个人隐私的案件是依法不公开审理的最重要的类型。根据《民事诉讼法》规定，“离婚案件，当事人申请不公开审理的，可以不公开审理”。因此可以认为：涉及法定隐私范畴的只有离婚案件存在是否公开审理的弹性空间，也就是说，如果离婚案件当事人不提出申请，法院应当公开审理。而其他属于法定隐私范畴的案件法院均应决定不公开审理。

作为新闻采编人员，必须了解上述“公开”与“不公开”审理案件的法律规定，因为公开与否是采编人员对案件行使采访权和报道权的基本法律依据。

（二）不公开审理的案件并非不可以报道

有一种观点认为，依法不公开审理的案件，就是不能报道的案件。1991年由中华全国新闻工作者协会制定的《中华全国新闻工作者职业道德准则》在1994年和1997年进行过两次修改，是目前我国最权威的新闻职业道德规范文本。涉及到本文主题有一句规定，内容为“公开审理案件的报道，应符合司法程序”。[1] 对这一规定可以产生两种理解：一是“不公开审理案件的报道”不受本规范约束，即可以不“符合司法程序”；二是因为案件不公开审理，也就不能公开报道，因此不必加以规范。可以肯定地说，这两种理解都是错误的，不符合法律的规定，也不符合现实情况。

根据最高人民法院《关于严格执行公开审判制度的若干规定》：“人民法院审理的所有案件应当一律公开宣告判决”。这里所说的“所有案件”，当然包括依法不公开审理的各类案件。因此，即使是不公开审理的案件，判决也都是公开的，新闻媒体对这些判决结果当然可以报道。现实中，对那些不公开审理案件的报道并不少见，各种类型都有。所以说，《中华全国新闻工作者职业道德准则》（1997）中的上述规定表述含混，存在重大瑕疵，应当修订。

---

[1] 《中国新闻工作者职业道德准则》于2009年修订，关于“公开审理案件的报道，应符合司法程序”之说被删除，代之以“维护司法尊严，依法做好案件报道，不干预依法进行的司法审判活动，在法庭判决前不做定性、定罪的报道和评论”。完全没有提及对不公开审理案件的报道问题。作者注。

既然报道判决，就会涉及案情。一般来说，对不公开审理案件的案情不宜详细报道，应当以判决书披露的内容为限。推而广之，在报道那些尚未进入司法程序，正处于行政复议或听证程序中的案件，只要是依法不公开进行的，都应当适用这个原则，即以国家机关公开的文书（如复议决定书）所披露的内容为限。这是因为，依 1998 年《最高人民法院关于审理名誉权案件若干问题的解释》之规定，新闻机构以国家机关依职权制作的公开的文书所作的报道享有特许权，具有最可靠的法律保障——免除媒体对内容的核实责任，不承担侵害名誉权或隐私权的法律后果。

但行使上述特许权必须注意几个问题；一是必须依据国家机关公开的文书，依内部文书不能构成此项特许权。如山东贪官胡建学案开庭时，某记者报道说“被告人的辩护人在法庭上胡搅蛮缠”，胡的辩护律师认为这是对自己的侮辱性报道，遂起诉记者及媒体侵害名誉权。但记者辩称是检察机关的简报提供了此说。但简报是机关内部文件，并非“公开的文书”，记者引用简报内容并不享有特许权，记者及新闻机构只得向律师赔礼道歉。二是国家机关公开的文书必须是“依职权做出的”，如果是超越职权或滥用职权做出的文书，媒体据此报道并不享有特许权。三是报道内容必须实事求是、客观准确，不能对文书内容添油加醋，否则对自行增加的内容承担侵权责任。四是如果国家机关的文书已经公开纠正了（如上级行政机关纠正了下级行政机关的决定、法院纠正了行政机关的具体行政行为、上级法院对下级法院的判决予以改判等），新闻机构拒绝报道纠正情形的，也要承担侵权责任。

（三）对不同案件的保密重点不同

了解为什么某些案件不能公开审理，就会发现法律规定的出发点。显然，不论是涉及国家秘密、商业秘密还是个人秘密的案件，不公开审理的基本原因是为了保密。但这几种案件的保密重点却有所不同。

比如，涉及国家秘密和商业秘密的案件，其保密重点是秘密本身。1993 年 4 月 30 日的《人民日报》刊登报道，披露原新华社国内新闻部编辑吴士深因犯有“为境外人员非法提供国家秘密罪”被判处无期徒刑。全文数百字，说明吴利用工作之便，私自复印绝密文件，指使其妻将文件提供给香港《快报》

记者，获得人民币兑换券五千元，后文件被香港报纸公开刊发。报道说明了事情的来龙去脉，包括非法行为、相关人员、非法所得、造成后果，也交待了判刑的法律依据，但未介绍犯罪细节，更未透露绝密文件的内容。

而未成年人犯罪的案件，其保密重点却是犯罪人的身份信息。根据我国《预防未成年人犯罪法》第四十五条的规定："对未成年人犯罪案件，新闻报道、影视节目、公开出版物不得披露该未成年人的姓名、住所、照片及可能推断出该未成年人的资料"。[1]

强奸案件及涉及性侵犯、性交易一类的案件，一般都不公开审理，新闻媒体在报道审判结果时，对案情和涉案人都需要保密，二者不可或缺。首先，此类案件的详情披露于世，可能有伤风化。比如日本人珠海集体嫖娼案于 2003 年 12 月 12 日在珠海市中级人民法院开庭审理，尽管大量中外记者围聚在法院门外，但均未被允许进入法庭。显然，法院试图避免有伤风化的案情在公众中流传，也要避免相关人（包括被告人、证人等）过度曝光。其次，性侵害案件受害者的人格尊严和生存环境也应当受到保护。1998 年初，一起强奸未遂案件中的受害人胡某某起诉 1 名作者和 6 家媒体侵害名誉权获胜诉。法院在判决书中写道：众被告"明知该案涉及隐私，不宜公开刊登，但却在所登载的文章中允许使用真实地名和人物的真名实姓，将未经法院认定的事实予以登载，对过于细细腻的情节描述不加删除，客观上扩大了损害结果的发生"。

八、不针对法庭审判活动进行暗访[2]

"暗访"是新闻采访的一种方式，相对"明访"而言。它是指新闻信息的采集者不公开自己的采访身份、采访目的和采访手段而进行的采访活动。

[1] 近年因刑事诉讼法的修订，关于未成年人犯罪案件的报道规范有了较大调整，具体内容请参阅本书文章《刑诉法大修：未成年人犯罪或成媒体禁区》。

[2] 本文发表于《新闻三昧》2004 年第 4 期，是本作者提出《媒体案件报道的自律规则》之五。

它还有一些别的称谓，如隐性采访、隐身采访、秘密采访，在摄影记者和电视记者那里，它还被称为秘拍、偷拍等等。虽然新闻采访学的教科书上，采访方式被归纳出几十种，暗访与偷拍只是其中的一种，但近年来，暗访与偷拍在中国新闻界却一枝独秀，大行其道，被记者们用于各种场合，各种题材。

关于暗访的理论与实践所涉及的诸多问题，需要一部专著来讨论。即使简单地说暗访与偷拍是记者的正当权益，也必须同时承认：任何自由都有边界，新闻记者的暗访与偷拍也有禁区。

而法庭审判活动是主要禁区之一。

（一）谁在如此暗访中受到损害？

谈到法庭审判活动，被媒体人较为看重的是一项重要的宪法原则——公开审判。一般公认，所谓“公开审判”包含两项内容，一是对公众公开，二是对新闻媒体公开。1998 年，最高人民法院院长肖扬上任伊始即宣布：“公开审理的案件，除允许公众自由参加旁听外，逐步实行电视和广播对审判活动的现场直播，允许新闻记者以对法律自负其责的态度作如实报道”。这一表态在媒体业受到普遍好评，而此后不久也出现了一些令人必须注意的现象。

1999 年 11 月 1 日，备受社会关注的中国大陆首富牟其中涉嫌信用证诈骗案在武汉市中级人民法院开庭审理，来自国内外近百家媒体的 200 余名记者被允许旁听庭审，但法庭宣布不准记录、不准录音、不准拍照。法庭派出 10 名法警在庭内不停地巡查。

一篇题为《记者面临“藐视法庭”的指控》的文章中记录了这样的场景：

记者们把考试作弊的手段都用上了。有的把微型摄像机、录音机放在口袋里，有的趁法警一扭头赶紧就写。南方某日报记者趁法警踱步他处时，偷偷在一张纸上写了几个字，几番较量后，字越写越多，谁知该老兄的胆子大了起来，终于被“盯上”。法警让他选择：或者交出纸条留在庭内，或者带上纸条走人。他选择了前者。在作弊者中，录音记者的‘肾功能’最差，为了换磁带，他们不断地上厕所。当然，最难的是摄影记者了，为了定格坐在被告席上的牟其中之形象，许多记者不惜冒着被驱逐出庭、被拘留的危险。

实在忍不住时，就拿出藏在衣襟内的相机，“咔嚓”一下……8小时的庭审，法警共收缴笔记60余份，胶卷11个、录音磁带4盘，有3位记者灰溜溜地被驱逐出法庭……

这是笔者收集到的记者在法庭内暗访的最典型例子。这样一幅画面实在是太难看了——在公开审判的法庭上，记者们普遍违反法庭纪律却深感光荣，法官宣布的纪律只能在法警的强力看守下大打折扣。这究竟是哪里出了错？难道如此不文明、不严肃的场景就是中国法院公开审判的法庭吗？因此受到损害的不是记者，也不是法官，而是司法尊严与秩序。

（二）法庭审判需要良好的秩序

法庭总是给人庄严神圣的感觉。从外形上看，法庭的建筑总是高耸壮观，令人仰望。

这里是实现公平正义的地方：依据人人平等的法律，政府在这里追究犯罪，公民在这里主张权利。

这是决定人们命运的地方：法官身着法袍，手持法槌。槌起之时，有关的诉求即将定论；槌落之时，当事人、被告人的生杀予夺便尘埃落定。

这里也是显示国家权威的地方：法官身后，国徽高悬，表明法官代表国家行使审判权，他所做的一切，由国家强制力保证实施。

正因如此，世界各国的法庭都是秩序最为严格之地。这个庄严的场所必须保持良好的秩序，这是公民获得公正审判权利的需要，也是确保司法权威的需要，因此要对记者在法庭内的采访行为给予一定的限制，由此与公开审判的宪法原则发生冲突。冲突的实质，是公民获得公平审判的权利与公众对庭审活动知情权和对司法审判的监督权的冲突。

笔者认为，在法庭审判活动中，法庭秩序是第一位的。为了确保秩序，法律（包括宪法、人民法院组织法及其他规定）将维护法庭秩序的权力交给了法院。为此，最高人民法院曾先后颁布了一些相关规定，包括《中华人民共和国人民法院法庭规则》（1993）和《最高人民法院关于严格执行公开审判制度的若干规定》（1999）等，对新闻记者在法庭上的采访行为加以规范。

这种作法也是世界各国的通例。比如，在英联邦国家的法庭上，记者可以旁听、记录，却不准许录音、录相和摄像；我国香港特区的新闻媒体上也从未出现过法庭内的照片。近年来，美国个别州的法院开始允许电视摄像机进入法庭，运动员辛普森涉嫌杀妻案开庭时，美国进行了电视转播，但很快受到高度质疑。我国中央电视台先后在1998年、1999年和2001年三次直播了几起重大案件的开庭实况。如今，若干年时间过去了，庭审直播并未成为央视的常规节目，而对庭审直播问题的争论也不绝于耳，从一个侧面表明新闻采访与法庭秩序的冲突问题的复杂所在。

（三）违反法庭纪律将受到处罚

暗访有无合法性，是记者们经常提出的问题。如果以“法无禁止即为权利”之说加以解释，那么只有法律没有明文规定的灰色地带才会出现暗访的空间。但法庭绝不是灰色地带。1999年3月8日公布的《最高人民法院关于严格执行公开审判制度的若干规定》第十一项规定：“依法公开审理案件，经人民法院许可，新闻记者可以记录、[1]录音、录相、摄影、转播庭审实况”。这一规范以列举的方式，几乎包括了新闻记者所有的采访手段。它表明，在公开审理的法庭上，记者的任何采访行为均需经过法院（而非法官）许可，这里根本不存在暗访的空间。

近年曾经有如下案例可供参考：

2002年8月22日，广州市东山区法院开庭审理一起名誉权纠纷案，因涉及个人隐私，依法不公开审理。审理中，先是有庭内当事人举报现场有人偷偷录音，后又有庭外人士举报称，庭外有两个人拿着类似接收器样的仪器不断调整方位，好像在收听庭审内容。庭审中断，法官决定检查庭上所有诉讼参加人，从一名被告人身上搜出一个性能良好的微型发射器。法院立即将这

[1] 关于记录是否需要经过法庭批准，请参阅本书文章《媒体案件报道的自律规则》“5.不针对法庭审判活动进行暗访”部分的注释。

名被告及庭外接收庭审实况的另外两人留置。当天下午，该案审判长宣布，对在庭上发射庭审实况的被告人处罚款1000元，对庭外接收庭审实况的两名公民罚款各500元。

2003年11月24日，江苏省南通市港闸区法院开庭公开审理一起农业承包合同纠纷案。在法庭的旁听席上坐着的被告的朋友金某，他偷偷将随身携带的微型数码录音机打开，对庭审情况暗中录音，被法官发现。经检查，金某承认已经录音28分钟。法官严肃批评其不守法庭纪律，并收缴其录音设备。金某未接受法官批评，认为“庭审是公开的”，自己的行为不是“暗中录音”。12月16日，法院对金某处以200元罚款，录音机经技术处理后发还本人。

以上两例，分别涉及不公开审理和公开审理的案件，违反法庭纪律，转播、偷录庭审情况的相关人都受到了法院的处罚。对于新闻记者而言，这是一个很好的参照系。我国宪法规定“中华人民共和国公民在法律面前一律平等”，新闻记者并无特权。公民因违反法庭纪律遭遇的制裁，在新闻记者身上完全可能再现。至于原因已如本文第二节所述。

（四）法庭纪律不应超越维护法庭秩序的必要限度

尽管本文提醒记者们应当遵守法庭纪律，但也提醒记者们在必要时据理力争正当的采访权利——文字记录。这是实现记者职业责任的最低保障。

如前所述，对记者在法庭上的采访行为加以限制是为了维护法庭秩序，也仅仅是为了维护法庭秩序，而不是其他原因。如果说广播记者录音会搞出声响，摄影记者为拍照而在法庭里走来走去，电视转播的大量设备搞得法庭像个剧场，照明灯晃得法官睁不开眼……这一切都会影响法庭秩序，那么默默无闻坐在旁听席上记录的文字记者妨碍了谁，又妨碍什么？记录有必要经过法官的许可吗？

到目前为止，笔者未见到任何一个国家在公开审理的法庭上限制记者记录的相关资料，倒是有一些反证，如美国法庭虽然不准记者在法庭内拍照，却允许画师在庭内为当事人画像并在报纸上发表；香港法庭不准记者在法庭上拍照、录音，却允许记者使用笔记本电脑记录……

显然，在公开审理的法庭上，记者们不是普通的旁听人，他们负有职业责任。他们是公众的耳朵和眼睛，替公众看到或听到法庭内发生的一切。这是公众对法庭审判活动知情权的需要，也是公众对庭审活动行使监督权的需要。如果准许记者进入法庭旁听，却不准记者记录，他们连当事人的名字都搞不清楚，又如何“自负其责地如实报道”？因此，不准记录的核心是“不准报道”。这完全超越了维护法庭秩序的必要限度，构成了对公众知情权和监督权的不合理限制，违反宪法的基本原则。

鉴于以上原因，我建议记者们要据理力争。这个理是法学之理，是宪法之理。在每一个具体案件的采访中，可以向宣布或即将宣布“未经许可不准记录”的法官据理力争记录的权利；从长远看，记者们应当团结起来，通过行业的努力，争取将“经过许可方可记录”的内容从《最高人民法院关于严格执行公开审判制度的若干规定》中彻底取消。[1]

当然,在这一规定未取消之前,记者们对这样的纪律除了遵守而别无选择。

九、不做诉讼一方代言人 [2]

任何一场诉讼官司都有双方，而法官位居中央，充当案件是非的裁判者。报道诉讼案件的新闻工作者不是诉讼案件的当事人，也不是法官，而是诉讼过程的旁观者和记录者。他们是公众的眼睛和耳朵，其责任是将法庭上的所见所闻通过新闻报道报告给公众。

前不久有消息说：某地法院在审理一起名誉权案时决定不公开审理，其理由并非法定的，而是说“为了避免媒体做倾向式报道”。[3] 显然，对于一起诉讼案件，没有法定理由而不公开审理，不仅是明显违反程序法的行为，也直接违反宪法规定的公开审判原则。法院的作法完全失当，应予纠正。这一

[1] 由于 2012 年刑事诉讼法的大修，记录需要经过法庭许可的规定已经取消。

[2] 本文发表于《新闻三昧》2004 年第 5 期，是本作者提出《媒体案件报道的自律规则》之六。

[3] 请参阅本书文章《涉密案情一般不宜详细报道》。

事件也从一个侧面告诉我们，审判机关对新闻媒体的倾向式报道是多么担忧和抵触，以致不惜公然违法。

（一）新闻与司法的职业理念没有根本冲突

在研究新闻与司法的相互关系时，两界的冲突问题总是无可回避。但如果认真讨论，则会发现新闻与司法虽然是两个不同的职业，但其价值取向中却有许多相同之处，其中最为重要的是同样追求公平正义。

在人民法院的徽记上有一架天平，表明执法公平。法官通过执法活动，谨慎地权衡双方或各方的权利义务，不断地、一点一点地给各方加上事实或法律的法码，最终实现各方利益的平衡。这种象征性的表达几乎是世界各国法院的共同之处。

新闻职业也追求公平正义，实现这一目标的基本方式就是客观公正，或称为真实性。《中国新闻工作者职业道德准则》中规定：新闻工作者要“报实情，讲真话，不得弄虚作假，……防止主观性，片面性，不得从个人或小团体的利益出发，利用自己掌握的舆论工具发泄私愤，或作不公正报道……”

在中国，新闻与司法两界的关系就更具有本国特色。在共同的执政党领导下，两界是在同一政治框架下承载不同社会功能的机构，将二者关系纳入对抗的模式中认识有害无益。因此，就法庭新闻报道探索并选择恰当的行为模式，做到新闻报道既满足公众的知情权，又不妨碍司法公正，不仅应当，而且可能。

（二）最糟糕的选择——只替一方当事人代言

某地有一家少数民族办的企业，就其是否应当享受国家对少数民族企业的税收优惠政策一事，企业认为应当享有，地方税务机关认为不该享有，双方发生争执纠纷，还有肢体冲突。某家报纸将其定性为“暴力抗税事件”加以报道。“暴力抗税”是十分严重的事件，有当事人进了看守所，多家国家机关展开联合调查，还打了行政诉讼官司。最后法院认定：企业应当享有税收优惠政策。当初将其定性为“暴力抗税事件”的报纸陷入了极为被动的境地。

媒体报道诉讼纠纷时，所以不应替一方当事人代言，是因为媒体责任是报道事实，而不是充当纠纷事件的裁判者。在市场经济体制下，司法的裁决具有终局性。所谓终局性，是说利益冲突之下，人们有许多解决问题的渠道，和解、仲裁、行政复议等，但不论什么纠纷，什么解决方式，到了人民法院两审终审，便是纠纷的最后了结，就不再争执了。由于媒体并不享有这种终局裁判的地位，因而只替诉讼一方当事人代言的案件报道总是存在着错误和失败的机率。

有人可能会说，你的主张在民事、行政案件中有一定道理，但在刑事案件中却不然。难道我们还应当给刑事被告人申辩的机会吗？是的，尽管目前媒体上的刑事案件报道并不选择这样的模式，但这一点十分重要。

为什么？我们先看一个数字：2003 年两会期间披露的数字，过去五年间，经人民法院审判而被无罪释放的刑事案件被告人有 2.8 万人。这意味着，每年均有几千名刑事案件被告人——当初被公安机关依法立案侦查，经检察机关依法提起公诉的刑事案件被告人，到了司法审判阶段，由于各种各样的原因，或事实不清，或证据不充分，或适用法律不当，或程序不合法，被告人被无罪释放了。这就是我国经 1997 年修订后的《刑事诉讼法》所采纳的“疑罪从无”原则，表明了我国司法文明的进步。因此，刑事案件被告人的自我申辩及其律师的辩护意见在报道中占有一席就成为理所当然的事情了。也就是说，刑诉法确立的“未经人民法院审判，任何人不得确定有罪”的原则对新闻报道的影响，绝不仅仅在于使用“嫌疑人”“被告人”等字眼，而应当影响到整个报道方式的变革。

2004 年最高人民法院提审了刘涌案，新闻媒体在改判过程中扮演了重要的角色。我国国著名的媒体法专家魏永征先生撰文指出：媒体对刘涌案的报道起始就与刑诉法的规定相悖。新华社的两篇电讯稿《沈阳“黑道霸主”覆没记》《“黑道霸主”刘涌是如何当上“人民代表”的》虽然刻意用“恶行”代替“罪行”，用“血案”代替“罪案”，但是这种以公布罪案方式撰写的报道，无异已经在法院判决前确定了刘涌有罪，而且“组织黑社会性质的犯罪集团”“黑道霸主”“黑帮”“黑老大”一类的词语，远胜过“罪犯”一词的份量，事实上宣布了刘涌的罪行十分严重。这种以国家通讯社名义发布的公告式报道，其权威性无疑要在一年多后才来到的一家中级人民法院的判决之上，这全然不符合法治的精神。

（三）“一方代言人”的行为损害媒体形象

新闻业者宣称：我们追求客观公正。但在报道司法案件时，却有意无意地成为案件一方的代言人，令自己的职业形象大大受损。究其原因，不外乎以下几类：

一是偏听偏信。北京曾经发生一起所谓“性骚扰第一案”。法院以侵害名誉权为案由受理后，媒体迅速跟进报道，不少新闻记者与原告方保持了密切联系，就所谓案件事实进行了大量单方面的信息披露。由于公众获得的案件信息并不对称，在一定程度上误导了舆论。然而法院审理的结果是判决驳回了原告的起诉，令一些公众或陷于茫然，或疑窦丛生。在这一案件报道中，媒体的主要教训在于未报道另一方当事人对事实的陈述和其所持的法律观点，使媒体客观上成为一方当事人的发言平台。当然，这一案件因涉及个人隐私，法院依法不公开审理，而媒体亦不应详细报道。[1] 笔者在上一篇文章中有具体论及。

二是将新闻事实等同于法律事实。虽然同为“事实”，但“新闻事实”和“法律事实”并非一个概念。所谓“新闻事实”，是指发生于世界各个角落的最新发生的事情，它是客观存在的，人们发现了它而传播于他人，便成为新闻事实。而“法律事实”是指引起法律关系产生、变更和消灭的原因，它必须是能够用合法证据证明的事实。二者虽然都是事实，但其构成要件并不相同，能够成为新闻事实的未必能够成为法律事实。某些新闻工作者以自己调查获得的事实为依据并做出判断，认定张三对，李四错。但他们所调查的事实未经法院开庭依法定程序举证、质证，不是有效的法律事实，无法成为法官对案件定罪、定性的依据。于是，记者与法官对案件性质的认定出现差别。某些记者未搞清缘由，就认定司法机关没有依法办事，张三或李四未获得公平的审判。这样的判断主观武断，是对法律无知的表现。

三是获取了一方当事人提供的物质利益。曾经出现过这样的情形：在一

[1] 请参阅本书文章《涉密案情一般不宜详细报道》。

起案件开庭审理的法庭上，某些来自不同新闻单位的记者在旁听席上见到了本单位的同事——他们是受这一案件双方当事人的分别邀请前来法庭旁听的。人们有理由怀疑：他们的交通费用是由谁提供的？案件当事人是否向他们发放了红包或输送了利益？他们就此案所撰写的新闻报道可能是公正的吗？大约十年前，曾有一名律师朋友当面对我说："有些记者，你给他俩钱儿他就敢胡说八道！"这种斥责在我心里留下了深深的烙印，它时刻提醒我：如何让自己的职业受人尊敬？

（四）平衡报道是避免成为一方代言人的良方

平衡报道是重要的新闻工作理念，但它在中国记者中却不太受重视。喻国明先生曾经主持一项关于《中国新闻工作者职业理念和职业意识问卷调查》，将世界各国记者共同认可的若干职业理念一一列出，让中国新闻工作者确认其重要与否。调查的结果，中国新闻工作者对报道要"真实""准确""抢时效"等认同度都很高，有百分之九十以上的中国新闻工作者认为这些很重要；但到"报道要全面"时，认同度下降至百分之八十几；而到报道要"平衡时"，有百分之四十多的中国新闻工作者认为这对我们"不重要"或"很不重要"。

所谓"报道要平衡"，是指给纠纷双方或多方以平等的陈述事实和表达观点的机会。这一原则在民事、行政案件中显然不难做到，但在刑事案件的报道中却较为困难。不仅因为人们对嫌疑人早有对其犯罪危害性的心理认同，也因为诉讼过程中控辩双方的信息披露并不对称。仍以刘涌案为例，当他被公安机关拘押后，公众从新闻中获得的相关信息几乎全部是由警方提供的，显然对嫌疑人不利；案件判决前，新闻报道完全是一边倒，律师的辩护意见难见只言片语。而被告律师的辩护意见，正是导致刘涌案在二审中改判为死缓的重要原因。正是由于庭审信息的披露不全面，不对称，致使公众对改判死缓的质疑之声骤起。魏永征先生指出："可以设想，如果控辩双方自始至终都处于公开的地位，那么后来对二审判决井喷式的声讨就不会发生，甚至不会出现二审改判那样的曲折。"我深以为然。

十、评论一般在判决后进行 [1]

谈到新闻评论问题，可能是媒体报道与司法公正冲突中最典型的领域。尽管媒体与司法在新闻采访、报道中都存在一定不同意见，然新闻评论领域却是分歧最多、最尖锐的部分。因此可以说，能够较好地解决案件新闻中发表评论的规则，就可以较好解决媒体与司法间的矛盾。

（一）报道和评论的法律空间不同

虽然同为“新闻”这个大概念下，但“报道”和“评论”却是新闻的两种不同文体，它们有许多重要的区别。其一，内容不同。报道说的是事实；而评论表达的是观点和意见。其二，来源不同。报道所说的事实来源于客观现实；而评论所表达的观点和意见来源于人们的主观判断。其三，存在方式不同。报道所说的事实，其真相是惟一的，因此不论多少记者参与报道，只能互相补充事实；而评论所表达的观点和意见，因为表达者的立场、利益、角度和个人写作风格不同，所以对同一个事实，人们所持的观点却可能完全不同，即观点是多元的。

然而报道和评论最重要的区别是法律的空间不同。在报道的问题上，法律的要求是“真实”。一旦发生纠纷，新闻机构和新闻记者必须证明自己的报道是真实的。如果报道内容基本失实或严重失实，将构成新闻侵权，要承担法律责任。但是对新闻评论，就不能用“真实”来要求了。法律对新闻评论的要求是“公正”或“公允”。按照发达国家媒体法的通例，“公正评论”应当免责。

在我国，现行有效的法律规范中尚未吸收“公正评论免责”这一良性制度，

[1] 本文发表于《新闻三昧》2004 年第 6 期，是本作者提出《媒体案件报道的自律规则》之七。

法律规定中只有“报道”和“文章”的概念，基本上没有评论的概念。但是依据“公正评论免责”原则处理的案例已经出现，而且已有多起。其中最典型的案件是北京国贸中心起诉吴祖光先生侵犯名誉权一案：

两位女青年在国贸中心地下商场购物被搜身，二人认为受到污辱，以侵犯名誉权为由起诉至法院。北京市朝阳区人民法院受理案件后，此事被新闻媒体报道，吴祖光先生看到报道后十分生气，写了一篇言辞激烈的批评性评论，发表在报纸上。国贸中心认为这篇评论侵害其名誉权，又将吴祖光先生诉至法院。此事产生了连环官司。诉讼的结果是吴祖光先生胜诉。

吴祖光胜诉的依据即为“公正评论免责”。发达国家诽谤法中，公正评论有四个条件：第一，有可靠的事实来源，女青年被搜身之事是吴祖光从报纸上看到的，不是道听途说或自己杜撰的；第二，评论的事项与公共利益有关，购物遭搜身是所有消费者都可能碰到的事情，并非吴祖光的一己私利；第三，言辞不能过于偏激，意即可以有点偏激，因为人与人不同，风格特点和主张都会不同，偏激难免，但不能过份；第四，非恶意。恶意是行为人的一种主观状态，一旦发生诉讼，应当被证明。比如有的记者曾经公然讲，我写文章“就是要臭臭他”，表明作者主观上有恶意。符合上述四个条件的就是公正评论，公正评论应当免责。

（二）“报道和评论分开”是新闻写作的基本要求

在发达国家的新闻职业道德准则中，几乎无一例外地见到一项规范——将报道和评论分开。反对将记者的主观意图渗入报道之中，以损害报道的客观公正。与其说这种选择是为了尊重受众的判断力，还不如说是新闻界为了更好地保护自己的从业者。因为如上一节内容所说，如果新闻工作者要像吴祖光先生一样享受公正评论免责的法律待遇，其前提条件是要将报道和评论分开，主张免责待遇的作品应当是一个典型的评论。

目前，我国许多新闻工作者还没有掌握“将报道与评论分开“的要义，写作中经常是报道与评论不分，最典型的写作风格是夹叙夹议，一边说事实，一边讲观点，写着写着“笔者认为”“记者认为”就出现了，让人搞不懂究竟哪些内容是客观事实，而哪能些内容是作者的主观认识。这样的文章如果没有发生纠纷，则可以各有各的风格，而一旦发生诉讼纠纷，因报道和评论不分，当然也就无从适用公正评论免责的法律原则。

在涉及案件的新闻报道中“报道和评论分开”更具特殊的价值。因为新闻事实与法律事实有很多差别，[1]记者或媒体依据新闻事实发表的观点（或评论）与法律事实和法官的判断（判决书）可能会有很多不同，甚至是巨大的差别。而偏听偏信、倾向一方、渲染炒作的案件报道和评论不恰当地引导的了社会舆论，从而影响了司法判决的公正性，这样的例子屡见不鲜。所以，就诉讼案件做出客观报道至关重要，而“平衡报道，不作诉讼一方代言人”的行为模式是实现客观报道最具操作意义的选择。在法院就案件做出判决前，媒体只是平衡地报道事实，一般不发表观点，可以在相当程度上避免新闻评论损害司法公正。这是本条自律规则的一个基本出发点。

（三）新闻评论是言论自由的重要载体

本条自律规则的另一个重要基本出发点是宪法保障的两项公民权利，一是三十五条规定的“言论自由”，二是四十一条规定的公民“对任何国家机关及其工作人员有批评和建议的权利”。

所谓言论自由，很大程度是发表意见的自由，意见不可能都是好听话，就可能会有批评、有建议。因此，所谓言论自由也可以理解为批评的自由。虽然宪法规定“人民法院依法独立行使审判权”，它意味着司法裁判不应受到媒体报道和评论的影响，但并不能简单理解为不准许媒体发表不同意见。尤其是按照宪法关于“任何组织或者个人都不得有超越宪法和法律的特权”的规定，并没有任何国家机关或国家工作人员可以享有特权，因此作为国家机关的人民法院，以及作为国家工作人员的法官都没有不受批评的权利。

新闻评论是表达意见包括批评意见的重要载体。如果说人民法院尚未裁判，新闻评论就开始言说公正与否，或者提出什么建议，那将是无源之水，

[1] 请参阅本书文章《不做诉讼一方代言人》。

无本之木。因为司法并未做出任何决定，如何判断公正与否，又如何确定司法的判决不保护某些人的诉求呢？此时发表批评和建议，其影响司法判决结果的作用超过了促进司法公正的作用，而前者即“影响司法判决结果”正是新闻界所应当极力避免的负面效应。

但是司法判决一旦做出，特别是案件已经终审，独立的司法裁决已经实现，就应当允许社会各界自由评说。此时的各种观点和意见已不再能影响裁判结果，言论自由的价值明显提升，应当占主导地位。因此笔者主张“评论一般应当在判决后进行”。

我国诉讼实行两审终审制。所谓“评论一般应当在判决后进行”，究竟是指一审，还是二审呢？有一种主张认为终审判决后方可评论，但这种主张似乎超过了保障司法独立的必要限度。既然宪法规定“各级人民法院依法独立行使审判权”，则每一级法院所做的都是独立的裁判。裁判既已做出，就不再会影响已经做出的裁判结果。新闻评论针对的是一审而非二审。是否维持原判或是否改判，则可以由上级法院独立做出，新闻评论对司法公正产生的积极影响大于消极影响。所以笔者主张一审判决做出后即可评论。当然这种评论应当遵循一些重要的原则，如善意、说理、建设性等等。

（四）关键是在二者间找到平衡点

2003年6月，广东省高级人民法院发布文件规范媒体对案件的报道与评论，其中规定“公开宣判的案件，不得做出与法院裁判内容相反的评论”，笔者曾撰文批评这是一个荒唐的规矩。是不是当今中国司法审判水平很高，没有提升的余地呢？是不是只要新闻媒体发表了对生效判决的批评意见，法院就一定要改判呢？显然，尽管某些人对判决有不同意见（这完全是正常和正当合法的，它与拒不执行法院生效判决根本不是一个性质），但握有审判权的法院并不一定要改。原因很简单，司法活动自有一套专业化的思维模式和运作规律，对于不合法、不恰当的批评完全可以置之不理。不同意见的存在，不会影响既有的判决生效，也不应影响生效判决的执行，这有明确的法律依据，为什么“不得评论”？更何况，道理越辩越明，许多对判决的不同意见并非简单地渲泄不满，它来自专家学者的理性思考和研究成果，发表他们的不同意见（很多是富于智慧的建设性意见），对总结审判经验教训，促使法官们把判决书写得更具说服力，进而提高司法审判水平有益无害，为什么“不得评论”？

谈到权利冲突，不少人总会循着“谁比谁更重要”的思路思考问题。但既是权利，就同等重要，均应获得保护。公民言论自由的权利和公民获得公平审判的权利（这是宪法保障法院独立行使审判权的基础）都是重要的人权，规则制定者必须避免落入非此即彼的误区，关键是要在两种权利的冲突中找到恰当的平衡点。

根据笔者在北京进行的一项问卷调查结果，法律人（法官、律师）与媒体人对案件进程中客观平衡的报道均给予肯定，两界的主要分歧在何时评论和如何评论方面。所以，确立新闻媒体对案件报道进行评论的原则，是解决媒体与司法之冲突的核心问题。媒体“不得做出与法院裁判内容相反的评论”绝不可取，它彻底取消了公民通过新闻媒体对司法公正发表批评和建议的权利，违反宪法的基本精神。而“判决前一般不发表评论”的自律规则在权利冲突中找到了主要的平衡点，兼顾了几项重要的宪法性权利，应当成为媒体案件评论的一般性原则。

十一、批评要抱有善意[1]

展开健康的批评，是新闻的重要功能。笔者主张：“批评要抱有善意，避免针对法官个人的品行和学识”。这是媒体案件报道的第九条自律规则。

新闻批评应当抱有善意。这一原则不仅限于案件新闻，它应当适用于所有的批评性报道和评论。

[1] 本文发表于《新闻三昧》2004年第8期，是本作者提出《媒体案件报道的自律规则》之九。

（一）关于“善意批评”的依据

在中国，批评的善意原则并不是法律的规定。也就是说，我们不能在法律上直接找到“善意批评”的字眼。目前而言，它是集中国共产党的传统、我国相关法律规范以及外国法律的有关规定而成的学术观点。

首先，批评与自我批评是中国共产党的三大作风之一。党历来主张开展批评的目的是惩前毖后，治病救人。1950 年中共中央关于报刊上开展批评和自我批评的决定指出：批评应当是建设性的。1956 年关于改进报纸工作的决定中也有类似的说法。可以说，关于批评内容的“建设性”，是对“善意”的一个具体诠释。

其次，现行法律的某些规定可以为批评的善意原则提供支持。新闻出版署 1999 年颁布的《报刊刊载虚假失实报道处理办法》规定：“报纸、期刊刊载虚假、失实报道和纪实作品，有关出版单位应当在其出版的报纸、期刊上进行公开更正，消除影响；致使公民、法人或其他组织的合法权益受到侵害的，有关出版单位应当依法承担民事责任。报纸、期刊刊载虚假失实报道和纪实作品，致使公民、法人或其他组织的合法权益受到侵害的，当事人有权要求更正或者答辩，有关出版单位应当在其出版的报纸、期刊上予以发表；拒绝发表的，当事人可以向人民法院提起诉讼。”在这里，行政规章将出现虚假失实报道时发表更正，以及发表被批评者的答辩作为媒体在诉讼前承担责任的方式，如果拒绝发表更正或答辩，当事人有权通过诉讼保护自己的权益。这也是国际新闻界通行的规则。

此外，批评的善意原则在外国法律中也有规定。英国是具有古老法律文明的国度，为了维护司法的尊严，它所制定的《藐视法庭法》举世闻名。任何人，包括新闻机构及其从业者如果触犯相关规定，随意公开法庭禁止或限制公开的信息，损害司法公正，将被判入罪。但该法也明确规定了例外情况，其中“在善意状态下对公共事务或其他涉及到公共利益事务的讨论部分的相关公开行为将不被视作藐视法庭罪行”。在这里，“善意状态”和“公共利益”是媒体免除法律制裁的两个重要理据。

（二）“以阶级斗争为纲”的时代已经过去

十年动乱颠覆了中国人很多优良的传统，人们对“四大（大鸣、大放、大字报、大批判）”之一的“大批判”越来越熟悉，而对正当善意的“批评”则逐渐陌生了。虽然文革早已结束，但遗毒却仍有市场。表现在新闻批评中，是批评一人、一地，攻其一点，不及其余；一棍子打死，不准许被批评者申辩和反批评；刻意表现被批评者的张惶、尴尬和丑态，对人不对事，甚至过度伤害个人；只做表面文章，不考虑客观环境，不触及深层原因……凡此种种，究其思想根源，就是“把他打翻在地，再踏上一只脚，让他永世不得翻身”。尽管“以阶级斗争为纲的时代”早已结束，但仍以这种你死我活的阶级斗争的方式来开展新闻批评，当然会导致某些新闻批评缺少善意，以致产生“杀伤力过强”的负面评价。依笔者之见，某些新闻批评“缺少善意”破坏了新闻媒体客观公正的形象，是导致拒绝采访频频出现、“打记者”现象屡见不鲜、舆论监督日益困难的客观原因之一。

遗憾的是，尽管如此，新闻界内仍然有人反对提批评的善意原则，认为这将妨碍中国本不发达的言论自由。这种观点反映了媒体对被批评对象（主要是国家机关及国家工作人员）强烈的监督愿望，也表现了民众对社会丑恶现象的憎恶，固然有可取之处，但笔者仍然坚持认为：在应当接受公众舆论监督的三种公权力（立法、司法、行政）之中，司法权是一种日益上升、但目前仍较为弱小的力量。由于司法公正的价值对于一个市场经济体制的社会至关重要，因此媒体对司法的批评应当保持必要的克制。这种“克制”并不意味着司法尽善尽美，而是将这一问题放在一个更为广阔的背景下综合考量后做出的选择——如果新闻媒体一方面不断通过普及法律常识，告诉公众有了矛盾纠纷要寻求依法解决，到法院去打官司；而另一面却在公众中不断强化“司法不值得信任”的判断，那么百姓一旦出现矛盾纠纷，将做何种抉择？显然，或者对司法将信将疑，以至不必要地加大诉讼成本；或者根本不选择司法途径，而以找媒体、上访、私了或其他非理性的方式（如自杀、非法游行、暴力相向等方式）解决问题。在媒体这种缺少克制的选择中，整个社会究竟是获得的多，还是失去的多？因此，在针对司法的新闻批评中坚持善意原则，追求较高的标准，是符合中国国情的选择。

（三）何为善意的批评？

“善意的批评”，应当有可供操作和判断的标准。笔者提出如下四个条件：

其一，非恶意。“恶意”直接对抗“善意”。恶意是一种主观状态，虽然较难证明，但也不是无法证明。在以往的新闻侵权诉讼中，有些原告曾经举证证明身为被告的新闻记者或作者公开说“就是要整垮他”，“就是要臭臭他”，“不搞得他身败名裂就不算胜利”……如此批评的目的不在于被批评事件本身，而在乎被批评者个人的命运；不在于意见的流通和观点的碰撞，而在于一个实质的结果。这种批评引导社会片面注重相关责任人的处理结果，而忽视深层的原因，也在社会上制造不尊重不同意见，不尊重被批评者权益的不良风气。简单说，“恶意”就是借事整人。

其二，允许被批评者申辩。“非恶意”的不一定就是“善意”。鉴别是否善意的一个重要条件，是看是否准许被批评者申辩，具体表现在媒体的行为中就是执行答辩制度。具体内容见本文第一部分介绍的新闻出版署1999年颁布的《报刊刊载虚假失实报道处理办法》中的规定，它的核心内容就是允许被批评者的反批评。答辩权是世界各国新闻法治发展过程中产生的一种良性制度，它平衡各方权利，弥补新闻报道可能产生的部分缺陷，大大降低了新闻纠纷的频次和解决成本。事实究竟是什么样的，新闻媒体只要公平地、充分地报道了，公众自然有他们的判断。不允许被批评者答辩，是对公众判断力的蔑视，更是对被批评者权利的侵害。试想，一个犯罪者尚允许他自我辩护、最后陈述，即使罪责至死，还可以刑场喊冤，一个犯了错误的被批评者为什么就不该有一个自我申辩的机会呢？更何况，如今的中国，探索无处不在，新事物层出不穷。道理只会越辩越明，实践才是检验真理的惟一标准，难道只有媒体传播的观点才是“惟一正确”的吗？在笔者看来，新闻机构不善于运用答辩制度，不给被批评者平等的陈述事实和表达观点的机会，也是近年来我国新闻官司频出的一个重要原因。

其三，富有建设性。批评的目的不在于批评本身，即不是为批评而批评，而是为了解决问题。因此，仅仅指出错误是可以的，却是不够的。如果不仅指出错误，还提出建议，这种批评无疑是善意的，积极的。比如，2002年高考期间，央视《焦点访谈》播出了记者追踪山东“助考公司”利用手机向考生传递高考答案作弊的全过程。很快，有作者在报纸上发表《履行媒体职责不能忘记做人的准则》的批评性评论，文章指出："我们看到的结果是，由于记者的参与，一个利用手机进行高考作弊、扰乱考试秩序的事件被揭穿，一个参与此事的考生被抓获，而作弊公司的人则在收取了应考者大量定金之后逃之夭夭……这个作弊考生的前途可能就此毁掉了"。作者接着提问：有没有更好的办法呢？作者建议：

在作弊母女购买手机之后，会同公安部门，将手机截获，在考试当天等候作弊公司打来的电话，如果没有电话，则可定性为诈骗，如果打来电话，则证明其确实在犯罪，可利用公安机关的监听手段，跟踪电话来源，将犯罪嫌疑人一举抓获。这样做同样会有一期精彩的节目与我们见面。

上段引文便是建设性批评，也是善意批评的典型之作。

其四，避免针对法官个人的品行和学识。任何善意的批评都应当对事不对人。能够尽可能避免或减轻对个人的伤害，就可能在相当程度上避免新闻侵权纠纷。在我国，部分法官的素质较差，这是导致公众批评司法的一个重要原因。但是，相当数量的低素质人员进入司法队伍，主要是历史原因造成的，简单将原因归结于个人是不公正的。为了从根本上改变司法队伍素质较差的现状，国家正在采取有力措施，加强司法队伍建设，司法职业化的进程正在加快，但也需要一个过程。法官依法裁决社会上的各种纠纷，司法需要权威和尊严。虽然法官个人的尊严不能等同于司法尊严，但二者也密不可分。如果新闻批评不能将公众的注意力引向制度建设，不能将关注的焦点落在对法律的正确理解和应用上，而是在报道和评论中刻意突出某些司法人员的无知和愚蠢，无疑将在公众中强化"法官素质如此低下，司法根本不值得信任"的观念，因此而受到损害的将是整个社会。

符合上述四个条件的，有理由被视为善意的批评。

十二、不在自己的媒体上为自己的诉讼申辩[1]

法律正在日益深入社会生活的各个领域，新闻媒体的市场化行为逐渐增多,因此面对诉讼,打官司、当被告早已不是什么新闻了。一旦出现纠纷和诉讼,任何人都可能倾尽资源，争取胜诉，媒体也不会例外。那么媒体对自己的话语优势应当如何把握？这是一个涉及法律和职业道德的问题。笔者主张：“不在自己的媒体上发表自己涉诉的报道和评论”。这是媒体案件报道的第十条自律规则。

（一）任何时候都不能丧失客观公正

某家著名的报纸版面上曾经出现一则大字标题：“中国司法史上最黑暗的一天！”内容惊人，引人注目。细读下来，原来是该报在一起诉讼中败诉了。可能这家报社确实委屈，有苦要诉，但也有读者说：“你败诉了，你就用报纸说这是司法史上最黑暗的一天; 可对方胜诉了,说不定还要说这是司法公正,是最光明的一天呢！不过是对方没有版面罢了”。这种议论反映出司法问题的复杂性，也反映出受众就客观公正的新闻理念对媒体业的基本要求。

笔者提出“不在自己的媒体上发表自己涉诉的报道和评论”，是从法律精神、新闻职业伦理出发抽象而来的学术观点。主要有如下理由:

其一，在自己的媒体上发表自己涉诉的报道和评论破坏公正原则。新闻追求客观公正，其基本操作模式是超脱于纠纷之外，从中立的立场出发，对事件进行冷静的观察和独立的报道。因此，公众有理由相信媒体的报道是客观的，而评论也是公正的。但当新闻媒体成为诉讼一方当事人的时候，媒体原有的中立地位被打破了，它不再是一个独立和中立的观察者，而成为利益

[1] 本文发表于《新闻三昧》2004 年第 9 期，是本作者提出《媒体案件报道的自律规则》之十。

纷争中的当事人，它本应具有的客观性受到了自身利益的影响或妨碍，公众便有理由怀疑媒体是否坚守了自己一贯宣称的公正原则。

其二，在自己的媒体上发表自己涉诉的报道和评论破坏公平原则。公正与公平常常相伴而生，丧失了公正，就难实现公平。媒体享有话语优势，某些专家甚至称其为“话语霸权”。利用自己的行业优势打官司，不断发表某些对自己有利、对对方不利的事实和观点，造成了诉讼双方信息披露不对等，这显然是不公平的。虽然中国有句俗语谓“有理不在声高”，但这种不对等的信息却完全可能令公众产生错觉，认为不断喊冤叫屈的一方可能确实有理。法西斯德国的宣传部长戈倍尔曾经说：“谎言重复千遍就成为真理”，说明舆论工具对公众确有巨大的影响力。因此，理性的媒体如果确实坚守客观公正职业理念，就有必要考虑到信息披露弱势一方应当享有的基本公平。如果作为诉讼对手而不能做到主动保护对方的权利的话，至少应当尊重对方的权利，不滥用自己的话语特权。

其三，在自己的媒体上发表自己涉诉的报道和评论违背为人民服务的宗旨。在西方，媒体被称为社会公器；在中国，宪法规定新闻事业要为人民服务，为社会主义服务。《中国新闻工作者职业道德准则》(1997) 中也规定：“采写和发表新闻……不得从个人或小团体利益出发，利用自己掌握的舆论工具发泄私愤，或作不公正报道”。[1] 但是某些媒体打起官司来，为人民服务就变成了为自己服务，社会公器成了自家私器，这既有违法律的基本精神，也有违媒体的职业伦理。

其四，在自己的媒体上发表自己涉诉的报道和评论涉嫌妨碍司法公正。避免媒体报道妨碍司法公正是笔者提出《媒体案件报道的自律规则》的初衷，可以说这十条中的每一条都与这个主题相关，而本条却有特别意义。这是因为，如果说媒体在报道各类案件时，自觉或不自觉地偏袒一方，或带有倾向性，从而妨碍了司法公正，由于这一案件与媒体并无直接利害关系，都可以用“法制观念不强”“报道水平不高”为由进行自我辩护。但因在自己的媒体上发表自己涉诉的报道和评论而招致批评时，“法制观念不强”“报道水平不高”

[1] 1997 年版《中国新闻工作者职业道德准则》中的这一规范在 2009 年该准则再次修订时被取消。

等理由均显得苍白无力，难以服人，而“出于本新闻机构的利益，向审判机关施加压力”则可能是最恰当的评价，与《中国新闻工作者职业道德准则》关于“维护司法尊严”的规定背道而驰。当这一点与“从个人或小团体利益出发，利用自己掌握的舆论工具发泄私愤，或作不公正报道”的行为相加时，其非正当性就尤为严重。

个别新闻机构在自己的媒体上发表自己涉诉的报道和评论，或许可解一时之难，但它带给自己和和整个新闻界的后果是公信力下降。令人高兴的是，媒体对“在自己的媒体上发表自己涉诉的报道和评论”的非正当性质逐步有了恰当判断。就是本节开篇时举例的同一家著名报纸，在另外一起诉讼纠纷中做出了完全不同的选择。大约一年后，该报与另外一家杂志发生著作权纠纷，社会较为关注。该报发表一则声明，大意是：“鉴于本报与某杂志的著作权纠纷已经起诉至法院，自本期起本报不再报道此纠纷，有待司法的判决。”

（二）一个用媒体话语优势打官司的失败个例

事实胜于雄辩。笔者在上一个小节中列举了一系列理由，说明在自己的媒体上发表自己涉诉的报道和评论是媒体的不良行为，是有违法律和职业道德的。接下来的案例将以事实支撑上述观点。

1994年，上海《新闻记者》杂志曾经以《新闻官司中的新闻》为题发表专稿，披露四川某专业报因“凭借便利干扰诉讼，被长沙市中级人民法院罚款”的案例。

被罚款的报纸以报道有关电子专业信息而全国闻名，发行量不断上升。1992年该报“曝光栏”刊登一封读者来信，对一种市场走俏的电子产品的设计原理及有关广告提出质疑，并以“编者按”的形式表明了报纸对产品“可悲、可叹、可痛”的评价。被质疑产品的生产企业对报社提起侵害名誉权之诉，法院一审判决企业胜诉，责令报社向企业赔礼道歉，并赔偿52万元。收到判决书后，该报以“法律何在？科学何在？真理何在？正义何在？”为大字标题，向全国法学界、律师界、新闻界，向全国读者、作者呼吁支持，称判决结果是“令人欲哭无泪的恶果”，称“最担心50多万元国有资金非正常地落入私人腰包”，暗示法院错判。

据统计，该报先后在六期报纸上刊登了针对一审判决的内容，累计达8个版，占该报同期出版内容的11.66%。

该报报道的内容引起一些读者的反映，有读者给法院写信提出批评，有些是匿名的，其中有的谩骂办案人员，伴有侮辱性言辞。该报的做法也引起另外一些读者的意见，一位读者说："我对报纸这样无偿地、大量地占用版面说官司的事很反感，因为我不是为了了解官司才订这张报纸的。这样一来，读者得少获得多少知识和信息呀！这是不是也可以叫侵犯消费者权益？"

涉诉报纸针对一审判决刊登8个版的文章后，审判机关做出了反应。法院认为，该报已构成严重妨碍民事诉讼的行为，该报社及法定代表人对此负有主要责任。依据《民事诉讼法》第一百零二条第一款第四项的规定做出《罚款决定书》，对"严重妨害法院工作秩序及案件正常审理的报社罚款两万元，对该社法定代表人罚款500元"。据报道，这是我国法院首次对新闻机构动用罚款权。

作为罚款法律依据的《民事诉讼法》第一百零二条第一款第四项是这样规定的："诉讼参与人或者其他人对司法工作人员进行侮辱、诽谤、诬陷的，人民法院可以对其主要负责人或者直接责任人员予以罚款"。专家们注意到，根据《民事诉讼法》的规定，对单位罚款，最高不超过三万元。法院确定的罚款额靠近上限，十分严厉。

长沙市中级人民法院副院长黄国保对记者说："该报不服一审判决，完全可以按正常诉讼程序行使上诉权。但这家报社无视法律的规定，无视法院的告诫，把法律赋与新闻媒介的权利当作自己的便利，并且一再以法律明令禁止的形式表达意见，无异于写'大字报'"。

据了解，报社后来上诉了。不论它最后胜败与否，这次程序性罚款都因"第一"而载入中国新闻的史册。它告诫媒体：法院不准许媒体在涉及本机构的诉讼中利用话语特权挑战司法权威。

（三）涉诉媒体可以选择的方案

强调"不在自己的媒体上发表自己涉诉的报道和评论"，并不是反对媒体发表新闻界涉诉的报道和评论。因为诉讼中，作为当事人的新闻机构享有与其他当事人同等的权利，更何况，新闻媒体作为公民言论自由的载体，承担着特殊的社会功能，公众有权知道媒体涉诉的新闻，而媒体也有权利在法律许可的范围内向社会披露相关信息，只是身为当事人的媒体应当避免利用自己的媒体。

可以选择什么方案呢？我们需要权衡以下各种利益：首先是媒体客观公正的职业理念，其次是媒体满足公众对司法活动的知情权功能，还有媒体维护司法尊严的社会责任，另外也必须考虑媒体自身的诉讼利益。权衡之后，笔者依自身的经验及见解提出如下方案供同行参考：

首先，身为媒体的当事人有权向社会包括其他媒体披露诉讼信息，可以接受其他新闻单位的采访，为采访创造便利，为报道提供素材。其次，如果法院没有禁止，身为当事人的媒体也可以召开新闻发布会，邀请同行参加，更加广泛地向社会发布相关信息。这也是目前诉讼当事人普遍采用的一些方式。而报道这一案件的其他媒体则应站在中立的立场，遵循案件报道的一系列自律规则，特别是要对诉讼纠纷做出平衡报道。

十三、尊重当事人的意思自治[1]

前不久，一起争执多年的著作权争议在北京和解。双方当事人经反复谈判达成了一致，就在即将签署《谅解备忘录》时一方当事人说，有一家媒体听说了双方的争执，准备采访并报道。这让本已心平气和的另一方顿生疑虑：如果媒体对双方曾经存在的争执大加炒作，已经谈好的和解方案还能正常履行吗？

这使我想到媒体的案件报道应当确立一条自律规则：尊重当事人的意思自治。

（一）“意思自治”说的由来及含义

所谓“意思自治”是一种法律学说，它最初的意思是指：不同国家的民

[1] 本文发表于《新闻三昧》2004 年第 10 期。

事行为当事人为解决合同法律冲突而进行协商，选择由什么法律解决他们之间的权利义务关系。这一学说最早由法国法学家在十六世纪提出，十八世纪西方资本主义国家开始采用，十九世纪盛行，到了二十世纪，这个学说事实上已经为世界各国所公认。不仅如此，其内容也从最初的对法律适用的选择，发展到对解决争议方式的选择、对法院管辖权的选择。

改革开放以来，我国法学发展迅速，意思自治学说的价值日益受到尊崇。它的核心内容是国家不以强制力干预民事行为当事人不违法的自主选择，或者以国家强制力保证民事行为当事人合法的自主选择。在这里，当事人受到了高度尊重。就一般而言，这是民事法律的普遍原则；从宪法层面而言，这是“国家尊重和保障人权”在民事领域中的具体体现。

（二）从意思自治看一个专题节目的标题之改

“意思自治”与案件新闻报道有什么关系呢？关系很大。不论从法律角度、政治角度，还是新闻传播学角度，或者新闻职业道德角度看，均应产生一条新的案件报道自律规则。

举例来说：当年中国足协曾经因报道纠纷取消了无锡日报对足球赛事的采访权，无锡日报向法院状告中国足协此举侵犯新闻自由，双方在二审中达成和解。事后有权威媒体制作电视专题节目报道此事，编辑取名为《中国足协当被告》。节目几经审查不能通过，最后由台领导决定改名为《握手》后播出，编辑对此颇有微词。

笔者认为，这一专题节目的标题从《中国足协当被告》改为《握手》十分妥当。

从新闻业务角度看，中国足协成为被告一事本身确有新闻价值。如果是新闻消息随着事件进展做动态式报道，以《中国足协当被告》为题并无不妥。但这次节目是在案件以和解结案后所做的专题报道，再以《中国足协当被告》为题就显得不妥。一则，对于纠纷双方当事人，媒体应当本着客观、公正、平衡的态度进行报道，以《中国足协当被告》为节目标题有偏袒一方、贬斥一方之嫌。二则，虽然“中国足协当被告”确属事实，但本案的核心事实却是“和解”，从新闻真实性的要求看，以《中国足协当被告》为题也有舍本逐末之嫌。

从法律角度看，以《中国足协当被告》为题制作节目是不尊重当事人的意思自治的表现。既然纠纷双方当事人选择了和解，媒体却偏要违背双方的意愿，自我选择一个角度报道和评价事件，这种对双方意愿的违背实际是对法律精神的违背——法制节目不讲法，这是冠以“法制”名称的节目的硬伤。

从政治角度看，主管机构一直要求要“政治家办报”“政治家办台”，要讲大局，求稳定，帮忙不添乱。纠纷已经平息，当事人已经和解，一个《中国足协当被告》为题的节目却可能致双方或社会又起波澜。标题之改，反映出相关从业者政治敏感性的高下。

最后再从新闻职业道德角度看，以《中国足协当被告》为题制作专题节目有不计社会效益，通过炒作追求轰动效应之嫌。纠纷当事人已偃旗息鼓，握手言和，而媒体却为争夺眼球而不依不饶，纠缠不休，大有惟恐天下不乱之嫌。《握手》的标题虽然平和，不那么抢眼，但不论是对社会，还是对双方当事人，都充满善意和责任感。

可见，一个标题之改，确实大有文章。

（三）刑事案件报道也存在“意思自治”问题

如果将“尊重当事人意思自治”的原理推而广之，我们会发现法律准予当事人自治的机会并不止于民事纠纷和民事诉讼，在刑事诉讼中，自诉案件的原被告双方当事人也可以和解。其法律依据规定在《刑事诉讼法》(1996) 第一百七十二条:“人民法院对自诉案件,可以进行调解;自诉人在宣告判决前,可以同被告人自行和解或者撤回自诉。”[1]

根据最高人民法院的司法解释，有八类刑事案件在一定条件下属于自诉案件，包括：轻伤害、侮辱诽谤、暴力干涉婚姻自由、重婚、破坏军人婚姻、虐待、遗弃以及法律规定由人民法院直接受理的其他刑事案件。

从上述案件类型可以看出：自诉案件或属于犯罪较轻（如轻伤害），或属于自诉人与被诉人存在一定的亲属关系（如虐待、遗弃、暴力干涉婚姻自

[1] 刑事诉讼法 2012 年大修后，这一规定的内容为第二百零六条。作者注。

由等），总之是社会危害不十分严重。在这种情况下，法律尊重当事人的选择，给双方以和解的机会，最大限度地留下了以非强力方式解决社会纠纷的可能性，有利于创造和谐有序的社会秩序。[1]

媒体关于这一类案件的报道准则，应当完全符合上述基本法律精神，不应因媒体报道的介入而破坏可能出现的和解机会。如果举例来说，最典型的莫过于遗弃案。此类案件的自诉人一般是丧失劳动能力的老年人和未成年人，他们需要负有扶养或赡养义务的被诉人履行义务，而这些被诉人往往是他们的亲人，如父母诉子女、子女诉父母。这种诉讼的目的，常常是要求被诉人受到教育并履行义务，一旦被诉人被定罪量刑，则自诉人不仅感情难以接受，其生活可能更加困难。这时，和解就成为实现诉讼目的的较好选择。但是我们也常常看到这样的报道，媒体大胆向社会披露了某个自诉案件尤其是与亲属关系相关自诉案件的案情，搞得社会轰动，舆论沸腾，当事人以及法院都被媒体选择的报道角度定格在某个价值范围内（如被诉人是“负心汉”、原告人是“维权者”、法官是“正义的化身”等等），双方情绪对立，难以自拔，更难以自主——当事人和解的机会因此而丧失了，社会失去了一个以较低代价弥和裂痕的机会，而媒体却获得了报道资源、眼球和广告。这不是一个负责任的媒体应有的选择。

司法审判讲究公开原则，除非法律另有规定的几种情形外，案件一律公开审理。公开审理就意味着准许新闻记者公开报道，一般没有必要再征求案件当事人的同意。但正是出于上述考虑，笔者坚决主张新闻记者采访报道自诉案件，特别是报道涉及亲属关系的自诉案件时，要征得双方当事人的同意，未经当事人同意的暗访和偷拍因剥夺了当事人表达意思及意思自治的权利而丧失了正当性。这也是笔者反对暗访与偷拍采访方式泛化应用的理由之一。

作为媒体案件报道的自律规则，将其表述为“尊重当事人的意思自治”

---

[1] 修改后的刑事诉讼法于2013年1月1日正式实施，将刑事和解扩大到公诉领域。新刑诉法第5编第2章第277至279条对刑事和解的公诉案件诉讼程序进行了专门规定，按照法律规定，因民间纠纷引起，涉嫌侵犯人身权利民主权利、侵犯财产犯罪，可能判处三年有期徒刑以下刑罚的故意犯罪案件，以及除渎职犯罪以外的可能判处七年有期徒刑以下刑罚的过失犯罪案件纳入公诉案件适用和解程序的范围。但是，犯罪嫌疑人、被告人在五年以内曾经故意犯罪的，不适用这一程序。对于当事人之间达成和解协议的案件，人民法院、人民检察院和公安机关可以依法从宽处理。作者注。

显得过于学术化或专业化了。如果以新闻从业者便于理解的语言来表达，它应当被表述为：

对当事人已经和解的法律纠纷或案件，媒体不宜作倾向一方的报道。报道涉及亲属关系的刑事自诉案件，应当征得双方当事人的同意。

十四、“准确”应当成为生命线[1]

笔者曾在一线从事法制新闻报道18年，有一个深切的体会即：准确是案件报道的灵魂。

这里所说的准确，包括事实准确和法律准确两大组成部分。如果说“事实准确”是所有新闻报道所共同的基本要求，那么“法律准确”则属于案件报道或法制新闻所独有。在法律准确中，可以细分为法律术语、法律条文、法律逻辑和法治精神四个组成部分。

（一）法律术语要准确

偶尔看到一张广播电视系统办的报纸，发表日期是2004年7月16日。其中一篇文章的标题为《高虎提出申诉不上诉》，显然是一则打官司的新闻。一篇数百字的文章，有若干法律术语的错误或表达含混之处。

首先，报道称：“青岛市南区人民法院正式宣判：被告高虎犯过失致人死亡罪，判处有期徒刑一年，缓期执行一年”。在这里，人民法院宣判的肯定是“缓刑一年”，而“缓期执行一年”则肯定是缺少法律常识的编辑记者望文生义的创造。

其次，文章中一则小标题称：“当事人高虎：不上诉但要提起申诉”。在这里，称高虎为“当事人”虽然不错，但却不准确。因为刑事案件的“当事人”内

[1] 本文发表于《新闻三昧》2004年第11期、12期，本书出版时合并为一篇。

涵较广，包括被告人和被害人，也包括刑事附带民事诉讼中的原告人和被告人。本案报道中对高虎的准确称谓应当是“被告人”。

再有，文章中另一则小标题称：“受害家属张某某：不抗诉但会考虑上诉”。区区16个字，出现一处错误，一个模糊之处。这则标题的错误在于：在刑事诉讼中，抗诉是人民检察院的权力，受害人家属无权提起抗诉，而只能向检察机关申请提起抗诉，但却不必然启动抗诉程序。这则标题的模糊之处在于，刑事案件受害人家属的上诉权仅在附带民事诉讼部分存在，但报纸上的标题可能会令人产生误解，认为受害人家属对有期徒刑一年、缓刑一年的刑事判决不满，可能上诉。这则标题可以这样表述：“受害人家属：不申请抗诉但可能就赔偿额上诉”，虽然比报纸上的标题多了3个字，却无一错误，更无模糊之处了。

不要认为只有一些影响力较小的媒体才会出现术语错误。

如“权利”与“权力”是两个最基础的法律术语，也是使用频率很高的日常用字。但是这两个词被滥用、混用、错用的现象在电视字幕中几乎每天都会出现。2004年9月15日的央视第一套先后在《今日说法》和《焦点访谈》两个高收视节目中出现这样的错误。

午间首播的《今日说法》节目主题是“监狱中的法律援助”，字幕表达主持人和嘉宾的交谈内容：“根据《监狱法》赋予警察的权利……”。这里，本应使用“权力”的地方错误地使用了“权利”。

笔者应邀参加一个电视法制节目的评选，不料术语错误百出：“村委会主任”成了“村长”；“侦查权”成了“侦察权”；“罪刑法定”成了“罪行法定”；“刑事诉讼法”成了“邢事诉讼法”……参加评奖的节目尚且如此，平时节目更可想而知了。

影响力最大的电视业尚且如此，全国媒体业案件报道的法律术语水平更可想而知了。

有媒体报道了这样一件事：某法律院校的教师给学生布置了一个作业——在所有传媒的报道和节目中寻找法律错误。结果短短一周时间，学生们找出了三百多个法律错误，诸如将“刑事拘留”“行政拘留”和“司法拘留”混为一谈，将“起诉”称为“上诉”，将“罚款”与“罚金”用错了地方，对刑事制裁和行政处罚不加区别，其中为数最多的是法律术语错误。

这则消息可以令所有的传媒人汗颜。案件新闻或法制新闻早已不是法制类媒体（如《法制日报》）的专利了，已经有越来越多的媒体用越来越多的版面和节目时段传播有关案件或法制的内容。但不准确的报道如此之多，不仅有损传媒的声誉和公信力，也向社会传播了错误的概念和信息，有的甚至从根本上违背法治精神。其中，法律术语的错误出现最多，也属于最低级的错误，因为它最能体现从业者的职业素养和媒体的管理水平，而这正是一个媒体受到社会认同和同行尊重的必要条件。

（二）法律条文要准确

“法律条文准确”是任何一个严肃媒体的最低标准，它不需要从业者有多么高的理论水平，只需要一点职业素养和责任心。尽管如此，职业素养和责任心也不是那么容易具备的。

2004年9月份在中央电视台《焦点访谈》节目播出的《中国人大五十年》的报道中，对《中华人民共和国宪法》条文“中华人民共和国的一切权力属于人民”的字幕引文就出现了错误，错将“权力”写成了“权利”。这种错误虽然是低级的，却是不可以原谅的：不仅因为这是对我国根本大法——宪法的引文错误，还因为这是全国收视最高的新闻评论节目犯下的最低级错误，更因为这是最容易避免的错误——只要核对一下原文。

“权力”与“权利”两个词的含意有根本性的区别。它们在英文中分别为“power”和“right”，很难被用错，但在中文中却经常被混淆，因而许多公民包括许多电视工作者搞不清其基本区别。必须承认的是，这样的错误在广播中因两个词的读音相同是不会出现的，纸质媒体因有丰富的防错经验和完善的纠错机制也较少出现，它差不多是电视独有的疑难病，而它出现在央视黄金时段的名牌节目中，特别是在引用宪法条文这样最严肃、最郑重的时刻，则属于最低级的、最难以原谅的错误。央视尚且如此，地方台更可想而知了。

这种错误产生的后果显而易见：表现了对宪法的不恭，传播了错误的观念，降低了媒体和节目的公信力。

（三）法律逻辑要准确

在大学的法学院里，形式逻辑是必修课。因为法律最讲究逻辑——严谨的思维，缜密的论证都需要逻辑的力量。所以，法律职业也是最具逻辑思维训练的职业，而从事案件报道的新闻工作岗位也不应例外，好的案件报道，字里行间都渗透着逻辑的魅力。

有一篇报道讲警官如何给正在服刑的罪犯讲解法律。警官说："虽然你被判刑了，但你还是个公民，因此你可以……"。如果反问：谁又不是公民呢？警官该如何作答？显然，此话虽然不错，却经不起推敲，因为它存在着明显的逻辑漏洞。"公民"是一个法律概念，它通常是指具有一个国家的国藉，享有权利并承担义务的人。有的人其权利受到限制，比如罪犯的人身自由受到限制，有的罪犯被法院判决没收了个人财产等等，但其国藉在，生命在，当然还是一个公民，那些没有被判决剥夺政治权利的罪犯，服刑期间还可以在监狱中享受选举权。因此可以说，只要一个人有国藉，有生命，他就是公民。所以对于上述报道中警官的话应当这样表述："虽然你被判刑了，个人权利受到了一定的限制，但你还有很多正当的权利。"

另一篇文章讲劳动教养场所如何为劳动教养人员解除教养后的就业创造条件，称这是为了减少"重新犯罪"。这里也存在着明显的逻辑错误。"重新犯罪"的前提是"曾经犯罪"。但被政府施以劳动教养的人员是有轻微违法犯罪行为，尚未构成犯罪者，他们不是罪犯；以后即使他们真的犯罪，也不属于"重新犯罪"。[1]

在各类法制题材的报道中，类似的例子举手拈来，俯拾皆是。依笔者的体会，写作、讲故事需要形象思维的能力，而法律题材更要求作者同时具有逻辑思维的本领。法制题材、特别是案件题材的报道，最能考验一个撰稿人能否将形象思维和逻辑思维的能力有机地结合起来，恰当地处理报道中的逻辑问题，是作者文字修养和法律素养的集中体现。能够有效避免法律逻辑的错误，是作者法律专业水准的重要标尺，是从事案件报道的职业记者成熟的表现。

---

[1] 新华社电：2013 年 12 月 28 日闭幕的第十二届全国人民代表大会常务委员会第六次会议通过了《关于废止有关劳动教养法律规定的决定》，这意味着已实施 50 多年的劳教制度被依法废止。作者注。

（四）法律精神要准确

2002 年夏季，中宣部和司法部在北京举办“全国电视法制节目制片人和业务骨干培训班”，中国社会科学院法学所所长、著名的人权理论专家夏勇应邀授课。他从人权角度介绍了世界法律发展的趋势，指出目前有些法制节目不仅不符合这些趋势，而且明显背道而驰。他无奈地说：“你说不对都没关系，千万不要反着说！”法学家的这番话令我印象深刻。

依笔者的理解，“千万不能反着说”的是指法律精神。它是法律科学的基础，决定了法律发展的趋势，是先进文化的组成部分。它的一些重要内容虽然没有直接规定在法律当中，却是全世界法律人的共同信仰。作者有了对它的认识和理解，法制题材、案件题材的报道才能进入较高的境界，这也是法制题材、案件报道的最高境界。

试举一例：2004 年 8 月 5 日，一家权威媒体的法制栏目播出节目《我给孩子找爸爸》，说的是某市一位未婚妈妈在和男友同居一年以后因感情不和分手，几个月后生下了自己和前男友的儿子。由于无力单独抚养孩子，在多次寻求前男友帮助都遭到拒绝的情况下，这位单身母亲在当地的报纸上刊登广告诉说自己的不幸并公开征婚，希望能给孩子和自己找到幸福。这是一档法制节目，当法律标准与道德标准有差别时，究竟应当遵循何种标准来表现主题，是法律至上还是道德第一，是对采编者法律信仰和专业素质的考验。

节目对一个两性关系的双方当事人采用了不同的表现方式：对主动寻找媒体自我曝光的女主角采用了保护（打马赛克）的方式；而对拒绝接受采访的男主角采用了强迫曝光（偷拍）的方式。这表明采编者并未用人人平等的法律标准对待双方当事人，而是令节目充满了道德审判、道德制裁的意味。

节目中还出现了这样的镜头，记者在街头随机采访，有位激动的女市民对着镜头说：“像这样的男人（指男主角），就应该拉出去枪毙！”事实上，当地两级人民法院均认为男主角的行为没有构成遗弃罪。退一步说，即便男主角的行为真的触犯了刑法，那么该判处什么刑罚，也应当由法官来确定。因为经过修改并于 1997 年生效的刑事诉讼法规定：“未经人民法院审判，任何人不得定为有罪”。不懂法的激动市民可以说出“该枪毙”这种话，而理性的媒体，特别是法制节目却不宜传播这种非法治的内容。

或许有人认为，男主角虽然没有犯罪，但他对自己的非婚生子女不尽抚育之责应当受到道德谴责。但是以“点滴记录中国法制进程”为宗旨的法制节目却不是制作这类选题的恰当栏目，由某些社会类节目制作似乎更合适。

毕竟，法制节目的每一个毛细血管都应当流淌法治精神的血液。

后记

整理完这本自选集的全部文章，正是2015年的腊月二十九，北京的冬日天空已有爆竹声声——农历乙未年就要到来了。

这本小书记录自2003年以来，我在传播法及传播法与传播伦理结合方面的科研心得与成果，是2002年出版的《中国新闻侵权纠纷的第四次浪潮》、2003年出版的《暗访与偷拍，记者就在你身边》两本小书之后，我的部分论文和评论。

看着这一篇篇文章，如同看到了自己的一个个脚印。

一

自1983年从中国政法大学毕业，我一直服务于中央人民广播电台。先是在法制新闻采编岗位工作近20年，又在首席法务岗位上工作了10年。可以说，媒体内与法律相关的两个主要岗位都做过了，这是我的本职。2014年退休，回首在中央台的工作经历，自认为中规中矩，尽职尽责，算是一个好员工，也做了一份应有的贡献。现在以一本小书来纪念自己的职业生涯，倒是别有一番滋味。

我始终认为，自己所受的教育不完整，正规教育不足。小学五年级文革开始、学校就不正经读书了，混到初中毕业，16岁就参加了工作。当文革结束后考入中国政法大学时，我已经工作了9年。才受了4年的大学教育，又开始工作了，一干就是31年。虽然从事自己所热爱的新闻职业，但仍时时羡慕大学里的硕士、博士们，向往可以沉下心来读书，并受到系统的科研训练。

所以内心总是有一份大学情结：每到一地，最爱去参观大学，最好能在图书馆内拍照留念。

应当感谢这个迅速发展的时代，它使得新问题层出不穷。要解决这些问题，需要中国人自己努力。这些年来，我的科研兴趣一直都在大众传播内容的标准领域，写作也始终围绕这一主题。在媒体工作的经历，使我比一般的研究者更贴近中国实际，从而保有自己独特的观察视角。我通过写作论文、评论来提高与完善自己，这本书中的大部分文章就是这一完善过程的记录。

2006 年以来，我先后在中国青年政治学院新闻系、中国政法大学新闻与传播学院、法律硕士学院给研究生讲授大众传播法，指导传播法方向的硕士研究生，先后主持了十几项相关科研，给新闻界的年轻编辑记者上的传播法培训课也有上万人次。现在回想起来，在大学里教书、带学生近十年了，这以另一种方式满足了我的大学情结。

二

我将书名确定为《探索第三种规范：对媒体法与伦理结合模式的研究》，是因为这篇发表于《国际新闻界》的论文是本书的代表作，它集中反映了这十几年来我的科研兴趣及主要成果所在。

本书的内容分为五个部分。

第一部分为“传播内容规范论”。这是作者近年来投入精力最多、研究兴趣最浓的领域。其成果集中反映为三个有关传播内容规范的手册：其一《广播电视节目审议规则》，2008 年发表；其二《互联网视听节目内容审核参考手册》，2009 年由国家广电总局网络视听节目管理指导司推荐给网络行业参考；其三《媒体人新闻业务守则》，2015 年另行出版。制作这些手册类文件的理论思考成果集中反应在本书“传播内容规范论”的各篇论文或文章内，其中第一篇《探索第三种规范——对媒体法与媒体伦理结合模式的研究》是代表作。

第二部分为“诽谤法论”。我始终认为，诽谤法，是大众传播领域的第一个法律问题，由于其内容丰富、问题复杂，是所有传播法领域的研究人士均充满兴趣、也不可回避的问题。随着形势发展，中国诽谤法的发展出现了一些颇具本国特色的现象，我的一些论文、文章对此有所记述与评价，某些内容在国际研讨会上发表，个别文章收入了国外出版的论文集。

第三部分为“隐性采访论”。这是我曾经投入许多精力研究的领域，论文《偷拍偷录问题的法律研究》曾获第九届中国新闻奖论文一等奖，2003年又出版《暗访与偷拍，记者就在你身边》一书。本书收录的几篇文章是在上述论文、著作出版之后，我在该领域撰写的几篇文章，记录了自己对这一问题的新思考。

第四部分为“媒体与司法关系论”。我认为，媒体与司法的关系，是大众传播法领域除诽谤法之外第二个较为复杂的问题，且极具中国特色。由于出身法制记者，我对该领域保持了长期的关注与研究，对这一领域的中国特色有着切身体会与独特心得。这部分论文或评论文章紧紧围绕司法公开原则，针贬时弊，对依法公开、依法不公开问题发表了若干见解。特别是刑事诉讼法经2012年大修之后，我曾经撰文对该领域的形势变化做出了一些重要的预判，如“未成年人犯罪领域成媒体报道禁区”等已被实践证明。

第五部分为“案件报道的自律规则”。这是本书第一部分“传播内容规范论”在“案件报道”领域的具体延展。其中第一篇《案件报道的自律规则》是代表作，引用率较高。其它14篇系列文章，一一细化了案件报道自律规则的各项具体内容，连续发表在《新闻三昧》杂志2002-2004年各期上。2014年中共十八届四中全会决定提出：“规范媒体对案件的报道，防止舆论影响司法公正”。此时再看十年前撰写的这些文章，具独特意义。

上述五个方面各自独立，又相互联系，其中最重要的关键词是：媒体法、媒体伦理、结合、专业规范。

三

感谢几位重要的指导者与引路人。

感谢陈力丹教授赐序。作为新闻传播学的大家，陈老师对传播法、传播伦理的很多理论问题都有深刻见解，我也曾多次因此受益。我虽非学术中人，但却曾在学术研究的一些重要时刻获得陈老师的宝贵帮助，令人难忘。

感谢魏永征先生。长期以来，虽然天各一方，但我们的联系与沟通却经常不断。作为大众传播法的权威学者，他对许多理论问题的精妙见解鞭辟入理，常令人豁然开朗。他是我大多数论文的第一读者，我的成果中渗透他的智慧与心血。

感谢展江教授。他是中国新闻法治的积极推进者，克服种种困难，不断搭建平台、展开科研、促进交流、推动出版，并因此而令人钦佩。是他将我引入中国青年政治学院新闻与传播系的课堂，让我在不脱离本职工作的同时，能够满足那一份大学情结。也由于他的努力，我才有机会整理这些文章，得以集结出版。

谢谢你们！

徐 迅

2015 年 3 月